Breve historia
de la Literatura
española

BREVE HISTORIA
DE LA LITERATURA
ESPAÑOLA

Alberto de Frutos Dávalos

nowtilus

Colección: Breve Historia
www.brevehistoria.com

Título: *Breve historia de la Literatura española*
Autor: © Alberto de Frutos Dávalos

Copyright de la presente edición: © 2016 Ediciones Nowtilus, S.L.
Doña Juana I de Castilla, 44, 3º C, 28027 Madrid
www.nowtilus.com

Elaboración de textos: Santos Rodríguez
Revisión y adaptación literaria: Teresa Escarpenter

Diseño y realización de cubierta: Universo Cultura y Ocio
Imagen de portada: DELTA, A. Retrato de grupo. Unamuno en el Café
La Rotonda en Montparnasse en una tertulia con diversos españoles
(1924). Disponible en: http://hdl.handle.net/10366/78746

ISBN edición impresa: 978-84-9967-790-3
ISBN impresión bajo demanda: 978-84-9967-791-0
ISBN edición digital: 978-84-9967-792-7
Fecha de edición: Abril 2016

Impreso en España
Imprime: Exce Consulting Group
Depósito legal: M-6528-2016

Índice

Prólogo-dedicatoria

Dedico este libro a los buenos profesores de literatura. Si son capaces de prolongar la afición por leer cumplida la servidumbre del calendario escolar, habrán obrado el milagro de convertir a unos oyentes pasivos en unos ciudadanos activos. Yo tuve varios profesores así, y gracias a ellos el verano fue siempre mejor y las tardes del resto del año un poco menos tristes.

Uno se da cuenta más tarde: la lectura es tiempo ganado, y el placer que proporciona no pasa. Se queda, como la música de un verso en los labios, y, cosa rara, es un placer a la vez saludable y adictivo. Todos tenemos unos dioses domésticos a los que rendimos culto, y, en mi caso, la mayoría tienen el rostro y el olor de los libros. Los abro por una página cualquiera, y soy el lector que fui, y eso, no hace falta decir por qué (sólo hace falta contar las canas de cada uno), es fantástico.

Esta *Breve historia de la literatura española* propone una inmersión literaria en la que debemos matricularnos sin la coacción del tiempo. No vale la pena pasar de página si no tiramos del hilo de la curiosidad y descubrimos las experiencias que nos aguardan detrás de cada título citado. No basta con saber de qué va *El Quijote* —no sé qué de un caballero andante y unos molinos—, hay que leerlo. En caso contrario, el texto que tienes entre las manos sería algo así como una sarta de pistas que, en el último capítulo, no desvelan la identidad del asesino. Menuda decepción, ¿no? ¡Tanta intriga para nada! ¿Qué sentido tiene que una leyenda nos hable de El Dorado si luego no somos capaces de estirar el brazo a la caza de ese tesoro que brilla ignorado en nuestra biblioteca?

A veces sucede que termino un libro, busco otro que leer y no lo encuentro, o siento que quizá no le ha llegado aún la hora, porque los libros tienen su destino, igual que las personas. Pues bien: en esa disposición de ánimo, los clásicos suelen ser una apuesta segura. Y clásicos, ojo, pueden ser también los libros que se escribieron antes de ayer. En esta *Breve historia de la literatura española*, empezamos con las glosas emilianenses y acabamos con unos tipos que aún no han cumplido los cuarenta años. Mientras tengamos recuerdos, y mientras tengamos miedo a perderlos, seguiremos escribiendo y leyendo, y, si el día de mañana el mundo estallara en mil pedazos, otra vez vendrían los sumerios con sus carros con ruedas y sus pictogramas, y vuelta a empezar.

Pero confieso, en fin, que ante todo me gustaría haber recuperado algunos nombres y títulos que no suelen figurar en estos breviarios. Los amantes de la literatura, ya se sabe, somos negligentes y caprichosos, y nos cuesta horrores zafarnos de las guías de la subjetividad y el canon. A ver si hay suerte y aquí lo conseguimos, hombre.

1

Sea el castellano, y el castellano fue

A modo de introducción, pongámonos en la piel de Howard Carter, el descubridor de la tumba de Tutankamón, o de Rodrigo de Triana, si es que este fue el marinero que avistó por primera vez América. Nuestro Howard Carter particular se llamó Manuel Gómez-Moreno, un arqueólogo e historiador que, hasta que cerró los ojos, a los cien años, no cesó de abrir los nuestros. En 1911, trabajando en el monasterio riojano de San Millán de la Cogolla, algo le llamó la atención en los folios de un códice latino, unas notas al margen que transcribió para que el sabio Ramón Menéndez Pidal (1869-1968) las estudiara a sus anchas. Dos años después, este dio a conocer una de esas inscripciones, y en 1926, en su obra *Orígenes del español*, las presentó como la primera manifestación del castellano. Se trataba, sí, de las glosas emilianenses.

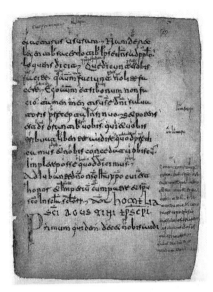

Las glosas emilianenses, redactadas en iberorromance, pasan por ser el primer testimonio escrito de la génesis del español.

No las recogemos aquí por su belleza, ni por esa molicie que lleva a los historiadores, o a los meros amantes de la literatura, a citarlas como pórtico para sus libros. No. Lo hacemos por su importancia. Cuando hace cosa de mil años, a mediados del siglo X o comienzos del XI, un monje del monasterio de San Millán –nombre que, por cierto, procede de Emiliano, *Aemilianus*, y de ahí el «apellido» de estas glosas– se propuso interpretar un texto en latín, apuntó en los márgenes del códice unas notas para orientarse. Lo hizo, en parte, en romance, por lo que cabe considerarlas la primera muestra de la «literatura» española.

El fragmento más extenso, que, más que un comentario al texto en latín, es una doxología o alabanza a Dios del propio copista, figura en el folio 72r, y reza lo que sigue: «Con la mediación de nuestro Señor, don Cristo, don Salvador, que comparte el honor y la jerarquía con el Padre y con el Espíritu Santo por los siglos de los siglos, Dios omnipotente nos haga servir de tal manera que nos encontremos felices en su presencia. Amén».

Ese fue el principio simbólico de una lengua que hoy hablan quinientos sesenta millones de personas, entre nativos y aprendices. Y, aunque el caso de las glosas no está «cerrado» del todo –¿quién podría jurar que se redactaron de verdad en ese *scriptorium*?–, bien podemos partir, para nuestra Breve Historia, de la «cuna del castellano», que lo es también del vascuence, pues dos anotaciones se registraron en esa lengua.

La aventura ha comenzado.

LOS PRECURSORES DE LA BELLEZA

El hebraísta Samuel Miklos Stern descubrió las jarchas ('salida' en árabe) en 1948. En un famoso artículo que vio la luz en la revista *Al-Ándalus*, publicó una primera antología de estas coplas mozárabes, las más antiguas fechadas en torno al siglo X, que venían a lacrar las moaxajas, una composición poética culta propia de la España musulmana.

Tal como apreció el arabista Emilio García Gómez, las jarchas se pueden considerar «análogas a nuestros antiguos "villancicos" o a nuestras actuales coplas y cantares». En su mayoría cuartetas, pero también pareados y octavillas, semejaban estribillos de tema amoroso, que susurraban, en labios de una mujer, la ausencia del amigo o su enfermedad, la sed de un beso, los celos o el desengaño. De irresistible belleza –«Vayse meu corachón de mib», como reza el principio de una de las más citadas, que luego completaremos–, su gracia y misterio

15

residen en la lengua romance que les sirvió de marco. Pero veamos, ¿a qué nos referimos cuando hablamos de mozárabe?

La población mozárabe, cristiana de origen hispanovisigodo, siguió viviendo en al-Ándalus como tributaria —*dhimmi*— de los musulmanes, sin perder sus raíces aunque marginada en el seno de la nueva sociedad. Los poetas cultos judíos y árabes quedaron prendados de la belleza de los poemillas que cantaban, y así, tal como los oían, los pusieron negro sobre blanco. Esta es una de las teorías. Otra, que no excluye la anterior, es que esos mismos vates alumbraran las jarchas inspirándose en la luminosa oralidad mozárabe.

De acuerdo con el antólogo del siglo XII Ibn Bassam, de Santarén, «[Al-Qabrï] tomaba palabras coloquiales y romances a las que llamaba *markaz* [estribo], y construía sobre ellas la moaxaja». Es decir, Al-Qabrï, un poeta ciego oriundo de Cabra (Córdoba), a quien la tradición ha señalado como el padre de la moaxaja, levantaba sus poemas a partir del *markaz* o, lo que es lo mismo, de la jarcha.

¿Qué fue primero, el huevo o la gallina, la moaxaja o la jarcha? De nuevo García Gómez acude en nuestro rescate: «En la moaxaja árabe primitiva la jarcha era la coplilla romance, y sobre ella —basándose en ella— se hacía toda la composición. El poema era, pues, una luciérnaga: tenía la luz en la cola».

Todas las jarchas, sobra decirlo, son anónimas, no así las moaxajas. Stern dio a conocer las primeras veinte en su artículo de 1948, a partir del cual nos vanagloriamos de que la lírica fundacional europea era «nuestra». El lingüista húngaro tituló su investigación *Los versos finales en español de las moaxajas hispanohebraicas* (las árabes no tardarían en hacerse un hueco en los estudios).

El corpus se iría ampliando con los años, y hoy podemos hablar de unas setenta jarchas, que nos siguen fascinando igual que ayer. ¿O no?

Vayse meu corachón de mib,	Vase mi corazón de mí,
Ya Rab, ¿si me tornarad?	Oh Dios, ¿acaso me tornará?
¡Tan mal meu doler li-l-habib!	¡Tan grande es mi dolor por el amado!
Enfermo yed, ¿cuándo sanarad?	Enfermo está, ¿cuándo sanará?

EL MONÓLOGO DE LOS TRES REYES

El teatro, por su parte, nació en las iglesias con el propósito de desentrañar a ojos de los fieles los misterios de la religión. ¿Era, pues, un espectáculo o un rito? Ambas cosas. El pueblo participaba en las obras activamente, al igual que en una misa, porque el «texto» de ambas representaciones provenía de lo sagrado, de las Escrituras. De hecho, ya en el siglo XIII el papa Inocencio III se dirigió al arzobispo de Gniezno para orientarlo debidamente sobre las normas que debían regir los juegos o espectáculos de la fiesta de Navidad, luego recogidas en diversas *summas* canónicas.

Nuestra primera obra de teatro fue la *Representación* o *Auto de los Reyes Magos*, un conjunto de 147 versos de distinta medida, con predominio de alejandrinos, eneasílabos y heptasílabos, en que toman la voz y la palabra Gaspar, Baltasar, Melchor, Herodes y unos sabios y rabinos, incapaces estos últimos de ver o expresar la verdad.

Escrito en Toledo en el siglo XII por un autor anónimo, probablemente un fraile de la Orden de San

Los 147 versos de *El Auto de los Reyes Magos* son la primera
obra teatral en español que se conserva.

Benito —para el filólogo Rafael Lapesa, pudo ser un catalán o un gascón—, el texto fue hallado en la biblioteca
del Cabildo catedralicio de esa ciudad por el erudito
Felipe Fernández Vallejo a finales del siglo XVIII. En
1863, Amador de los Ríos transcribió los fragmentos
conservados, que luego fijaría en una magistral edición
Menéndez Pidal, quien además les puso título. Hoy, la
Biblioteca Nacional atesora la obra en los folios 67v. y
68r. del códice Vitr/5/9.

Incompleto tal como ha llegado hasta nuestros
días, pese a la opinión de dos reputados hispanistas
británicos, Hook y Deyermond, que la creen íntegra,
el *Auto de los Reyes Magos* bebe de la fértil tradición
generada por los primeros versículos del capítulo 2 del
Evangelio de San Mateo; el Evangelio árabe de la infancia (o del seudo Juan) sería otra de sus fuentes.

En el contexto europeo, estas piezas litúrgicas no eran excepcionales; así, en Francia hablamos de *mystères*; en Italia, de las *sacra reppresentazione*; en Inglaterra, de los *miracle plays*; o en Alemania, de los *Weihnachtsspiele*. No obstante, el *Auto de los Reyes Magos* —insistimos, nuestra primera obra de teatro—, sí es excepcional, no tanto por su naturaleza precursora, sino por incardinarse en pleno Renacimiento europeo del siglo XII desde uno de los focos más radiantes de la cultura de entonces, Toledo, concretamente desde la escuela de su catedral.

Dividido en siete escenas —que incluyen hasta cuatro monólogos—, el *Auto de los Reyes Magos* cumple perfectamente con su finalidad didáctica, a la vez que lanza las pullas rutinarias contra la ceguera de los judíos, protagonistas de la disputa final. Todo lo cual ha llevado a pensar que el texto pudo componerse en torno a 1146, coincidiendo con uno de los pogromos o persecuciones contra este pueblo en la Ciudad de las Tres Culturas. Es precisamente uno de los rabinos quien pone punto final a la obra, respondiendo así a la pregunta de por qué no dicen la verdad: «Por que no la habemos usada, / ni en nostras uocas es falada».

Un héroe para una lengua

A diferencia de lo que sucede en Francia, los cantares de gesta en España brillan casi por su ausencia. Afortunadamente, siempre nos quedará el *Poema de Mio Cid;* un escaso centenar de versos en castellano del *Cantar de Roncesvalles*, en los que Carlomagno se lamenta de la muerte de Roldán; y las tardías e irregulares *Mocedades de Rodrigo*, ya del siglo XIV. Se sabe que hubo otros, como el *Poema de Fernán González* o el legendario *Los siete infantes de Lara*, y los arqueólogos de las palabras rastrean por ahí el *Cantar de la campana de Huesca* o el de *Sancho II y el Cerco de Zamora*.

En 1995, el profesor Alan Deyermond registró en *La literatura perdida de la Edad Media castellana* un total de 29 obras de épica tradicional que habían sido víctimas de la desidia, el fuego, las guerras, el silencio o el deterioro material. ¿Qué habría pasado, nos preguntamos ahora, con nuestro *Cantar* si en 1960 la Fundación Juan March no lo hubiese adquirido a un particular por diez millones de pesetas para regalárselo a la Biblioteca Nacional? No habría sido pasto de las llamas, claro, pero es más que probable que hoy se custodiara en alguna fundación de Estados Unidos o una universidad de Gran Bretaña. Pero dejemos ya de lamentarnos como Carlomagno, que al menos podemos disfrutar, aquí, del *Poema* o *Cantar de Mio Cid*, una obra comparable al *Beowulf* inglés, la *Chanson de Roland* francesa o el *Cantar de los Nibelungos* germano. Y, encima, ha llegado prácticamente íntegro hasta nuestros días: faltan sólo tres hojas, una al principio y dos más en el interior.

Destinado a ser declamado por los juglares ambulantes —es decir, formaba parte del «repertorio» del mester (arte, oficio) de juglaría—, consta de 3.730 versos de extensión variable, de catorce a dieciséis sílabas en su mayoría, divididos en sendos hemistiquios separados por una cesura. Sus tres partes abordan el destierro del héroe, las bodas de los infantes de Carrión con las hijas del Cid, doña Elvira y doña Sol, y la Afrenta de Corpes, humillación a que someten los infantes a sus esposas.

En la primera, Rodrigo, tras el exilio impuesto por Alfonso VI, llega a Burgos con sus fieles y nadie quiere alojarlos; para ganarse el favor real, emprende una campaña militar en la que conquista Alcocer y Castejón. En el cantar de las bodas, el héroe entra triunfal en Valencia y el rey, agradecido, manifiesta su

La obra *Las hijas del Cid*, del pintor del siglo XIX Ignacio Pinazo, muestra la humillación que sufrieron las hijas del héroe a manos de los infantes de Carrión en la afrenta de Corpes. Todo un ejemplo de la victoria de la fantasía literaria sobre la historia.

interés en que los infantes de Carrión desposen a sus hijas, pese al recelo que a su padre le despiertan tales personajes («Os he puesto en sus manos, hijas, a las dos. / Creédmelo bien: él os casa, no yo»). Finalmente, la afrenta de Corpes confirma las sospechas del Cid: los infantes son unos cobardes y no llevan nada bien el arrojo de su suegro; en venganza, golpean y abandonan a sus esposas, y Rodrigo prepara su venganza. Tras su victoria, la boda queda anulada y se proyectan nuevos matrimonios con los herederos de Navarra y Aragón.

Su copista fue el monje Per Abbat en 1207, sólo unos años después de que el *Poema* fuera compuesto, hasta el punto de que algunos estudiosos llegaron a atribuirle su autoría. Pero, como sucede con tantas obras medievales, el *Cantar de Mio Cid* sigue siendo anónimo. La unidad de su estilo hace presumir que un solo redactor, tal vez notario o letrado, próximo a la zona de Burgos, trabajó en ella, si bien el sabio Ramón Menéndez Pidal sugirió que cuatro manos habían obrado el milagro: un juglar de San Esteban de Gormaz y otro de Medinaceli, artífice este del tercer cantar y de parte del segundo.

Tras la versión de Per Abbat, el manuscrito volvió a copiarse en la primera mitad del siglo XIV, alrededor de 1325, tal vez a partir de un ejemplar prestado al monasterio burgalés de San Pedro de Cardeña. Esa es la copia, el tesoro, que ha llegado hasta nuestros días.

Pocos libros han suscitado tantos debates académicos como este. La obra se concibió para ensalzar la figura de un héroe castellano auténtico, Rodrigo Díaz, el Cid Campeador (h. 1043-1099), infanzón de una aldea del norte de Burgos llamada Vivar, para unos blasón de la raza, para otros un simple mercenario, que luchó contra moros y cristianos, sufrió el destierro, conquistó Valencia, y murió y ganó batallas después de muerto.

El Cid literario ha acabado imponiéndose al Cid histórico, aunque, en este caso, la victoria no puede parecernos tan asombrosa. Si en los cantares de gesta franceses son frecuentes los recursos a lo sobrenatural, el *Cantar de Mio Cid* sigue unos esquemas «realistas», exceptuando el encuentro con el león, la aparición del arcángel San Gabriel o, por supuesto, el lance de la afrenta de Corpes. No es la biografía de Rodrigo Díaz de Vivar ni lo pretende, pero su autor supo cuidar los detalles de manera que el público no «desconectara» de la narración por un desliz extemporáneo.

Al igual que vimos antes con el *Auto de los Reyes Magos*, también el *Cantar* cumplía un propósito, en este caso sociopolítico. Si nos preguntáramos por qué se centró en la figura de El Cid, dentro del inabarcable tapiz de la Reconquista, encontraríamos tantas respuestas como hipótesis se siguen manejando sobre sus autores. ¿Quién estuvo detrás de esos cerca de cuatro mil versos? ¿Acaso los monjes del monasterio de Cardeña, lugar en que fue enterrado el héroe en 1102, tras la caída de Valencia en poder de los almorávides? ¿Quizá los políticos aragoneses? ¡Quién sabe si algún día lo sabremos!

Ahora, cerremos los ojos un momento e imaginemos una plaza medieval, o acaso un castillo donde un juglar concentra las miradas de los señores. Con voz recia, no exenta de patetismo, el artista comienza a declamar los primeros versos de la gesta del Cid, aquel hombre para la eternidad que, partiendo de cero, tocó el infinito con sus manos:

De los sos ojos / tan fuertemientre llorando,
tornava la cabeça / e estávalos catando[1].
Vio puertas abiertas / e uços[2] sin cañados,
Alcándaras[3] vazías, / sin pielles e sin mantos,
e sin falcones / e sin adtores[4] mudados.
Sospiró mio Cid, / ca mucho avié grandes cuidados,
fabló mio Cid / bien e tan mesurado:
«¡Grado a ti, Señor, / Padre que estás en alto!
¡Esto me an vuelto / mios enemigos malos!»

[1] *Catando:* mirando.
[2] *Uços:* puertas.
[3] *Alcándaras:* perchas para colgar la ropa o varas donde se posaban las aves de cetrería.
[4] *Adtores:* azores, ave similar al gavilán y el halcón.

Anónimos e inmortales

El *Poema de Mio Cid* es la obra por excelencia para cali-
brar la gran tradición del romance en España, pero los
juglares se ganaban las monedas con el recitado de otras
piezas de la misma cuerda, datadas a partir del siglo xiv.
El Romancero Viejo se distingue del Nuevo –desde el
siglo xvi– en que los autores de este ya no son anónimos
y suscriben conscientemente el acervo de sus mayores, a
los que imitaban y festejaban.

Durante la Edad Media, las canciones del Romancero
–manifestaciones típicamente hispanas de las baladas
medievales en boga por toda Europa– solazaban a un
público que nunca probaría la zarabanda de un concierto
multitudinario. El repertorio era ilimitado: junto a la
tradición histórica nacional propia de los cantares de
gesta, había romances fronterizos, sobre la Reconquista
cristiana; novelescos; hagiográficos; caballerescos; o de
regusto grecolatino; y el soporte en que se imprimían era
la sola memoria del juglar o de su audiencia.

Para Menéndez Pidal, que se dejó los ojos en su
estudio, estos romances pudieron desgajarse de los grandes poemas épicos del epígrafe anterior (*Un héroe para
una lengua*), por lo que no faltan muestras de romances
históricos en nuestras letras; si bien los más abun-
dantes son los novelescos, de temática amorosa y, en
ocasiones, bastante pícaros. Dentro de este grupo podemos encuadrar el *Romance del caballero burlado*, en el que
una joven esquiva al caballero que la conduce hasta París
diciéndole que es hija de leprosos:

> Tate, tate, caballero,
> no hagáis tal villanía,
> hija soy de un malato
> y de una malatía;
> el hombre que a mí llegase
> malato se tornaría.

El Romancero Viejo atestigua la dignidad de la literatura oral peninsular, en manos (y memoria) del pueblo y de los juglares que cantaban sus versos.

Al final, le confiesa que es hija del rey de Francia y de la reina Constantina, y «el hombre que a mí llegase / muy caro le costaría». ¿Cómo no rendirse ante tal encanto?

Entre los romances fronterizos, el de Abenámar («Abenámar, Abenámar / moro de la morería...») es delicioso. El rey Juan II de Castilla habla con la ciudad de Granada, que se niega a rendirse:

> Si tú quisieses, Granada,
> contigo me casaría;
> daréte en aras y dote
> a Córdoba y a Sevilla.

Se trata de una composición perfecta, de apenas 46 versos, en la que el anónimo autor presenta al protagonista, Abenámar (vv. 1-10); relata el diálogo que este mantiene con el rey (vv. 11-36), en el que le describe

Granada; y concluye (vv. 37-46) con la plática entre este último y la ciudad, la cual rechaza sus amorosas pretensiones:

> Casada soy, rey don Juan,
> casada soy, que no viuda,
> el moro que a mí me tiene,
> muy grande bien me quería.

Los diversos cancioneros cortesanos del siglo XV y primeros del XVI no omitieron estas obras, tal era el «grande bien» y la consideración que se les tenía; y, así, en el de Palacio figuraban ya unos cuarenta romances, entre ellos varios medievales o «viejos».

Toda esta literatura oral, creada por un poeta, aprendida por sus vecinos y transmitida a otras comunidades más remotas, se renovaría con el paso del tiempo, procurándose nuevas voces y hechuras. Por ejemplo, las de la literatura de cordel, aquella que interpretaban los buhoneros ciegos por los caminos, ahormando a sus coplas el aire de un crimen, las correrías de un bandolero o la salida a hombros de un matador en una plaza, escenas que el vulgo consumía en forma de cuadernillos sujetos con un cordel de bramante.

2

Las luces de la Edad Media

La literatura de la Edad Media, período que suele considerarse entre la caída de Roma en el año 476 y la de Constantinopla en 1453, sólo puede abordarse en una Breve Historia como esta de forma fragmentaria. ¡Ay de aquel que pretenda resumir mil años, o quinientos en este caso (ya que partimos del origen del español), en unos pocos folios!

Si en el capítulo anterior, a modo de prefacio, desenterrábamos los vestigios de las glosas emilianenses, las jarchas, nuestra primera obra de teatro, el gran poema épico de nuestras letras y el Romancero viejo, en este vamos a avanzar unos cuantos años, no muchos, hasta el asentamiento del mester de clerecía, una escuela poética docta, vinculada a la Iglesia, que convivió con el mester de juglaría.

A través de sus principales títulos y autores, desde los libros de Alexandre y Apolonio al *Poema de Fernán González*, desde Gonzalo de Berceo a la sátira irreverente del Arcipreste de Hita, asimilamos el ascendiente del clero en la conservación y la transmisión de la cultura medieval.

Ignoramos, es cierto, la identidad de los autores del *Libro de Alexandre,* el de *Apolonio* y el *Poema de Fernán González*, pero a nadie se le escapa que los tres fueron clérigos —«somos los simples clérigos errados e viçiosos», señala el padre del primero—, muy cultos, con un exquisito manejo del lenguaje y un evidente propósito didáctico y moralizante.

¿Acaso los monjes eran los únicos que escribían entonces? Bueno, no sólo, pero prácticamente. Hubo también autores ligados a la nobleza, como el príncipe don Juan Manuel, un brillante prosista nacido en el castillo de Escalona (Toledo), a quien no le sentaría nada mal el título de representante del «mester de cortesía», por eso de la corte y la nobleza. Don Juan Manuel fue, como veremos, sobrino de Alfonso X el Sabio, el gran custodio de los saberes medievales, que a su vez era hijo de Fernando III y Beatriz de Suabia, una dama «optima, pulchra, sapiens et pudica» en palabras del cronista Rodrigo Jiménez de Rada (h. 1170-1247).

Y cuajaron más géneros aparte del poético, como la novela sentimental y de caballerías, que acotaremos en otro capítulo, o la didáctica, en la que descuella *El Corbacho o la reprobación del amor mundano*, del Arcipreste de Talavera (1398-1468), otro hombre de Iglesia. *El Corbacho* constituye todo un catecismo que advierte a los lectores contra la lujuria y la perdición de las malas mujeres, dentro de la corriente misógina medieval. Dicen las malas lenguas, en concreto la del sacerdote toledano Francisco Fernández, quien lo puso en conocimiento del Papa en 1427, que el Arcipreste estaba casado. El hispanista Derek W. Lomax no lo descartaba: «Dejo para otros, si quieren, especular sobre el efecto que este incidente tendría sobre su observación de los pecadillos femeninos, su misoginia y ¿por qué no? sus sueños de mujeres vengativas».

Finalmente, y atendiendo al señalado carácter fragmentario de la época, cerraremos este segundo tramo por la Edad Media con la excepcional poesía del siglo XV –transición entre el feudalismo y el Renacimiento–, la del marqués de Santillana, Juan de Mena y, cómo no, Jorge Manrique, que, por supuesto, coexistió con la herencia viva de los siglos anteriores.

En esta línea, habría que mentar, al menos, las contundentes danzas de la muerte, que surgieron en el

Las *Danzas macabras* personificaban la figura de la muerte y advertían al público de que nada ni nadie podría salvarlo de su destino.

siglo XIV y cuyos esqueletos no sólo asaltaron la representación iconográfica. De principios del siglo XV data uno de los poemas más solemnes y escalofriantes de la época, una danza macabra en la que van tomando la palabra un cardenal, un predicador, un condestable, un caballero, un mercader, un labrador, y hasta el emperador, todos, en fin, los que en el mundo han sido y van a dejar de ser a medida que la Muerte los vaya convocando a su danza. Y, cuidado, que «todos los que aquí no he nombrado / de cualquier ley y estado o condición / les mando que vengan muy toste priado / a entrar en mi danza sin excusación». ¿Cómo no pensar en las *Coplas a la muerte de su padre*, que transfiguraron esas macabras octavas de arte mayor en un ejercicio de resignación y melancolía?

EL MESTER DE CLERECÍA

Y, ahora sí, hechas las presentaciones, empecemos a danzar...

Dos nombres se nos vienen a la cabeza cuando pensamos en el mester de clerecía: el primero, Gonzalo de Berceo; el segundo, Juan Ruiz, Arcipreste de Hita. Pero, ¿qué era exactamente el mester de clerecía? Como su propio nombre indica, era el «arte» u «oficio» del clero, es decir, una poesía culta, erudita, de raíces supranacionales, europeas, y, por ende, de carácter religioso, que se extendió en España a lo largo de los siglos XIII y XIV.

En el *Libro de Alexandre*, del primer tercio del siglo XIII, su anónimo autor aludía así a este concepto:

Mester traygo fermoso non es de joglaría,
mester es sen pecado, ca es de clereçía,
fablar curso rimado por la cuaderna via,
a sýlabas contadas, que es gran maestría.

Si el mester de juglaría, como sugerimos en el *Poema de Mio Cid*, se regodeaba en las batallas de los grandes héroes, el de clerecía se proponía sobre todo ejemplarizar al pueblo mediante la exposición de episodios de índole moral. A pesar de que sus autores provenían de un estamento «privilegiado», no pontificaban desde el púlpito. Como se suponía que el mensaje tenía que ser universal, no había lugar al lucimiento con el latín, sino que se usaba el román paladino, o sea, la lengua de la gente. Ya lo apostilló Gonzalo de Berceo (h. 1195-h. 1265): «Quiero fer una prosa en román paladino en el qual suele el pueblo fablar a su veçino».

Los poemas se organizaban según el modelo de la cuaderna vía: cuatro versos alejandrinos de rima consonante, repartidos en sendos hemistiquios, otra diferencia respecto al mester de juglaría, más «anárquico» formalmente. En el *Libro de buen amor*, del siglo xiv, el Arcipreste de Hita (h. 1283-h. 1353) incorporaría nuevas estrofas, ampliando el número de versos hasta las dieciséis sílabas.

Los amantes de la poesía medieval pueden gozar hoy de un generoso muestrario de esta escuela. Tanto Gonzalo de Berceo como el Arcipreste de Hita, de los que hablaremos más extensamente, son de lectura ineludible, pero también el citado *Libro de Alexandre*, sobre la vida de Alejandro Magno, el *Libro de Apolonio* (h. 1250), o el *Poema de Fernán González* (h. 1250), un ejemplo de la variedad de temas de la clerecía. Sin duda, todos ellos merecen librarse del polvo que están criando en nuestra biblioteca.

Tras el esplendor del siglo xiii, la siguiente centuria asistió a la decadencia de esta escuela que, aun así, nos dio títulos como el aljamiado *Poema de Yusuf* –incompleto, en aragonés con caracteres arábigos–, el *Libro de miseria de omne*, o, desde luego, el *Libro de buen amor* o el *Rimado de palacio* (1378-1403), del canciller Pedro López de Ayala. Palabras mayores en ambos casos.

El contador de milagros

Gonzalo de Berceo, nuestro primer poeta, nació a finales del siglo XII, ejerció como clérigo en el monasterio riojano de San Millán de la Cogolla, a cuya gloria empeñó su pluma, y murió hacia 1265. Compuso su obra más conocida, *Los milagros de Nuestra Señora*, al final de sus días, pero tampoco podemos pasar aquí por alto sus vidas de santos, entre ellas la de Santo Domingo de Silos.

Berceo, al igual que tantos de sus hermanos de hábito, no se sacó nada de la chistera, sino que refundió, adaptó o copió obras preexistentes. Durante mucho tiempo, los estudiosos rastrearon en los archivos en busca de la inspiración que había guiado al padre del mester de clerecía, hasta que se toparon con una colección de milagros marianos en latín, el llamado Manuscrito Thott 128 de la biblioteca de Copenhague.

De los veinticinco milagros de Berceo, veinticuatro se encuentran en esa obra, ¡lo que no quiere decir, evidentemente, que fuera un plagiario! Era un copista, en una época en la que este término no se interpretaba en un sentido literal. En palabras del profesor César García Álvarez, «Berceo se diferencia del manuscrito porque da al tiempo histórico de los hechos que narra una dignidad literaria, doctrinal y ejemplar que los eterniza». Por eso es –sigue siendo– un clásico.

La estructura de los veinticinco milagros –que vienen precedidos por una amena introducción en la que el poeta se presenta: «Yo, maestro Gonçalvo de Verceo nomnado, / yendo en romería caecí en un prado»– es bastante similar: un devoto de la Virgen,

Gonzalo de Berceo, el primer poeta en lengua castellana, acomodó a la cuaderna vía –la estrofa propia del mester de clerecía– unas colecciones de milagros marianos en latín. ©Ayuntamiento de Berceo

«amigo de la Gloriosa» –su adorada imagen de la Virgen de Yuso–, pasa una serie de apuros, hasta que la Madre de Dios acude en su auxilio y lo salva. No importan los ejemplos: el monje borracho, el náufrago, el labrador avaro o el pobre caritativo... El final es siempre feliz, halagüeño, con una moraleja común a todos: a poco que sirvamos a Nuestra Señora, ella estará ahí para recompensarnos. Todo aderezado con un toque de humor y presentado con simpatía, para deleitar a los peregrinos que se dejaban caer por su monasterio.

¿Una autobiografía amorosa?

¿Qué tiene que ver entonces Gonzalo de Berceo con el Arcipreste de Hita, los *Milagros de Nuestra Señora* con el *Libro de buen amor*? Formalmente, ambos autores

33

Monolito que recuerda el picante encuentro del Arcipreste de Hita con una serrana en el puerto de Malangosto, junto a Sotosalbos (Segovia). Lo religioso y lo profano conviven en armonía en el *Libro de buen amor*.

pertenecen a la misma escuela, la del mester de clerecía, si bien Juan Ruiz renovó las formas y sublevó el fondo característico del siglo XIII.

Del Arcipreste de Hita sabemos poco, apenas nada. Que se llamaba Juan Ruiz. Y que el de arcipreste era, en efecto, su cargo. Nacido hacia 1283, quizá en Alcalá de Henares (o quizá no), cerró los ojos en torno a 1353. Su *Libro de buen amor* se resuelve como una autobiografía amorosa ficticia («Assí fue que un tiempo una dueña me priso»), que viene precedida por una introducción en la que el autor revela sus intenciones, que, como diría Cervantes, no son otras que poner en aborrecimiento de los hombres las «maestrías e sotilezas engañosas del loco amor del mundo, que usan algunos para pecar».

Pero, al igual que Cervantes, sin gravedad ni desazones inoportunas, con el espejo cóncavo de la parodia que ha tendido a producir las mejores páginas de nuestras letras.

Lo mismo que el poeta, el protagonista de la obra es un arcipreste pecador que relata en primera persona sus andanzas eróticas, con el antecedente probable de los infames clérigos del *Poema de Fernán González* o el *Roman de Renart*. Síntesis del mester de clerecía —es notoria la influencia del *Libro de Alexandre*—, el *Libro de buen amor* va más allá de sus postulados formales. Juan Ruiz decantó en sus versos lo lírico con lo narrativo, lo sagrado con lo profano, completando su guiso con innovaciones como las citadas dieciséis sílabas en hemistiquios octosilábicos, que llegan a sumar un veinte por ciento del conjunto.

Coincide Ruiz con Berceo en su didactismo, sólo que, en lugar de mostrar un ejemplo virtuoso para que el pueblo lo siga, expone una conducta reprobable, con el fin de que sus destinatarios, conociéndola, no la imiten. La obra rezuma alegría de vivir, fiesta, incluso un punto de bufonada. En la escena de las horas canónicas (vv. 372-387), el autor se marca la descripción de una conquista amorosa al compás de una oración y comienza: «Rezas muy bien las oras con garçones folguines» que sería «Rezas muy bien las horas [canónicas] con jóvenes disolutos», para concluir de esta guisa: «"Salve, Regina", dizes, si de ti se han de quexar», es decir «"Salve, Regina", dices si las oyes quejar».

Algunos de los mejores momentos nos sorprenden a partir del verso 653 (hay más de 1.700), cuando el protagonista se transforma en don Melón de la Huerta para conseguir, con la mediación de Trotaconventos, la primera Celestina de nuestras letras, los favores de doña Endrina: «Ay, Dios, cuán fermosa viene doña

Endrina por la plaça. / Qué talle, qué donaire, qué alto cuello de garça!».

La unidad del *Libro de buen amor* se alcanza por la suma de sus partes, cuando menos heterogéneas. La panadera Cruz, la difunta monja doña Garoça o la mora son arquetipos que no se pierden en meandros psicológicos. En su viaje a la sierra, el Arcipreste de Hita, o su *álter ego*, «lucha» un rato con una «vaqueriza traviesa», se entretiene en los brazos de otras serranas asilvestradas y, a renglón seguido, honra a la Virgen. Por su parte, la carnavalesca batalla de Don Carnal y doña Cuaresma es hoy una fuente inapelable para conocer la gastronomía de la época; y la muerte de Trotaconventos, a partir del verso 1.520, se solventa con una impresionante elegía, o «planto», por seguir la denominación del Arcipreste: «¡Ay muerte!, ¡muerta seas, muerta e malandante!». Pero ni siquiera aquí el autor puede esquivar la vena burlesca: «Desque los sus parientes la su muerte varruntan, / por lo heredar todo menudo se ayuntan».

Monumento de la literatura medieval, el *Libro de buen amor* –que gozó de una rápida difusión en la época, a juzgar por las copias conservadas, la más extensa de las cuales data de 1417– se lee en pleno siglo XXI con la misma felicidad, con idéntica sonrisa, que en el XIV.

El discurso del rey

Hoy en día, los reyes sólo escriben discursos o, más bien, sólo leen los discursos que otros les escriben. Pero hubo un tiempo, allá por el siglo XIII, y un lugar, Castilla, en los que un rey, Alfonso X el Sabio (1221-1284), cargó sobre sus hombros con el peso de toda la cultura que hasta entonces había iluminado el mundo, no sólo en Occidente, sino también en Oriente.

En lugar de escuchar a cortesanos arribistas, se dejó guiar por los más eminentes sabios cristianos, judíos y musulmanes. Creyó en el castellano, e impulsó la traducción de la Biblia, el Corán, el Talmud y la Cábala. No menospreció por ello el latín, arropado por sus colaboradores fray Juan Gil de Zamora, su *scriptor* y secretario regio, y Bernardo de Brihuega; y de paso compuso en galaico-portugués las *Cantigas de Santa María*.

Alfonso X el Sabio dejó una huella intensísima en todos los saberes, científicos, históricos o jurídicos y, por supuesto, probó los sinsabores del gobierno regio, incluida la guerra civil que lo enfrentó a su propio hijo Sancho.

Si traemos a colación a Alfonso X en esta Breve Historia, es por su contribución a la hora de limpiar, fijar y dar esplendor a la lengua castellana, así como por el ímpetu que desplegó en todos sus trabajos, fueran estos acabados o inconclusos.

A lo largo de su reinado, apuntaló la prosa que floreciera en tiempos de su padre (véase la *Fazienda de Ultramar*, un libro de viajes del primer tercio del siglo XIII); coordinó e inspiró las *Siete Partidas* (1256-1265), que pueden leerse no sólo como una suma de las leyes de Castilla, sino también como una enciclopedia de saberes humanísticos; sus proyectos para elaborar un compendio de historia se cifraron en sendas obras, la *General Estoria*, que preveía llegar hasta su época pero se quedó bastante atrás, en el nacimiento de la Virgen, y la *Estoria de España* o *Primera Crónica General*, más de seiscientos capítulos que, en sus múltiples versiones o refundiciones, se remontaban a Moisés y alcanzaban al padre del rey, Fernando III el Santo. Este afán de saberlo todo y abarcarlo todo se repite en sus libros de ajedrez y astronomía.

Entre las obras que nos dejó la corte de Alfonso X el Sabio, las *Cantigas de Santa María* ocupan un lugar muy relevante, no sólo por sus valores literarios, sino también por sus virtudes musicales y pictóricas.

Pero, sin duda, su obra más personal son las *Cantigas de Santa María,* escritas en galaico-portugués, que nos revelan a un consumado poeta, si bien él no las escribió todas. Existen cuatro códices, todos procedentes de su misma corte; el más completo de ellos lo alberga la Biblioteca de El Escorial.

Una cantiga es una composición poética destinada al canto, propia de los trovadores galaico-portugueses; y, en efecto, es una delicia escucharlas hoy en día con la música de los laúdes, salterios, vihuelas, zanfoñas, címbalos o flautas que recrean la magia de la corte alfonsina. Las «Cantigas de Nuestra Señora», hasta un total de cuatrocientas, nos brindan un inacabable catálogo de milagros y maravillas de la Virgen, en la tradición de la pujante devoción mariana del siglo XIII. Junto a poemas más serios y graves, se intercalan otros francamente divertidos, como el 327, sobre un cura que roba un paño del altar para hacerse ropa interior con él y sufre sus consecuencias, lo que lo hermana con las «cantigas de escarnio», un subgénero dentro del frondoso árbol de la lírica medieval galaico-portuguesa.

EL PRIMER AUTOR

Don Juan Manuel (1282-1348), sobrino de Alfonso X el Sabio y nieto de Fernando III el Santo, no se vio en la tesitura de elegir entre las armas y las letras. Luchó en las batallas de Guadalhorce y El Salado, y escribió el *Libro de los enxiemplos del conde Lucanor et de Patronio*, del que se han conservado cinco partes. La primera de ellas incluye cincuenta y un apólogos o cuentos, —«azúcar o miel en la medicina para el hígado», en sus propias palabras—, que la crítica considera los ejemplos más acabados de la prosa del siglo XIV.

Don Juan Manuel siguió los pasos de su tío. En su obra, que comprende también el *Libro del caballero y el escudero*, el *Libro de las tres razones* o *de las armas* o el *Libro de los estados*, persigue un fin didáctico y moral, que alcanza su cénit en esta colección de piezas.

La estructura se repite a lo largo de todos los ejemplos. El Conde Lucanor plantea un dilema a su criado Patronio, quien gustoso lo resuelve mediante la exposición de un relato *ad hoc*, que, sentenciosamente, cierran unos versos no menos oportunos. No hay lugar a la frustración: el conde acaba siempre satisfecho con

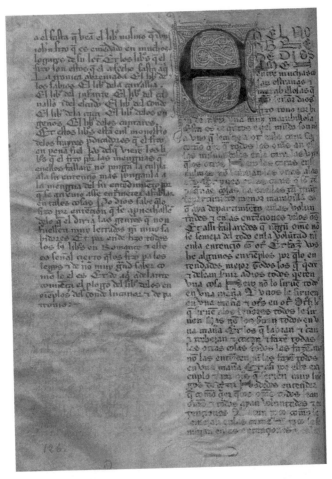

El íncipit o comienzo de *El conde Lucanor* en la Biblioteca
Nacional de España se abre con estas palabras: «En el nombre
de Dios: amén». Tras el prólogo, empiezan los *exempla* o
cuentos.

la lección de su ayo, tan ingenioso como sabio. Además, siguiendo los cánones de la tradición, varios relatos están protagonizados por animales.

¿Qué diferencia esta obra de otras de su mismo corte? Para empezar, la ambición y variedad de su contenido. El príncipe, que no infante, don Juan Manuel, presenta a una vasta galería de personajes de distintas épocas y extracción social, reyes, filósofos, magos, mercaderes, santos…, sin otro objeto que ensanchar las miras de sus lectores, tanto presentes como futuros.

Se diría que la literatura fue, para este autor, una vía de escape de sus agobios políticos y sus empresas marciales. Hombre de Estado frío y calculador, dueño y señor de varias ciudades, tutor y enemigo de reyes, don Juan Manuel escribía con la inocencia de los descubridores. Y tan remarcable como su contenido es su visión: celoso de la posteridad, el autor veló por que su trabajo perdurara. A diferencia de tantos creadores anónimos que lo precedieron, don Juan Manuel informó de su obra completa al principio de *El Conde Lucanor* –desgraciadamente, no todos los títulos han sobrevivido–, corrigió sus manuscritos y los puso al recaudo del monasterio dominico de Peñafiel (Valladolid). Los restos del príncipe fueron enterrados, precisamente, en el convento de San Pablo de esa localidad, que él mismo había promovido. Don Juan Manuel fue, tal vez, el primer «autor» de la literatura española.

¿Qué cantan los poetas del siglo XV?

La periodización en la historia, que hace que hoy hablemos de Edad Antigua, Media o Moderna, fue una ocurrencia de un historiador alemán, Christophorus Cellarius, allá por el siglo XVII. Desde cualquier punto de vista, la división es útil, lo que no significa que sea inamovible. Por eso, algunos consideran que la Edad Moderna empieza en 1453, con la caída de Constantinopla, y otros en 1492, con el descubrimiento de América. Pero si hay un avance cuya trascendencia pone de acuerdo a unos y otros, ese es el de la imprenta, que otro alemán, el orfebre Johannes Gutenberg, regaló al mundo hacia 1440. A los libros impresos antes del 1 de enero de 1501 se les denomina «incunables», y el primero de nuestro país, que pasó por la imprenta de Juan Parix de Heidelberg en 1472, es el *Sinodal de Aguilafuente*, que contiene las actas y documentos de un sínodo provincial celebrado en esa localidad segoviana. Quien tenga el gusto, puede verlo en el museo de la catedral de Segovia o, por qué no, aturdirse *on-line* con la colección de incunables de la Biblioteca Nacional, que supera los tres mil ejemplares.

En todos los tiempos hay un período de transición, que comparte los miedos del pasado y las esperanzas del futuro. A caballo de la Baja Edad Media y la Moderna, el Prerrenacimiento fijó en la Península las coordenadas estéticas de un porvenir que se presuponía con viento propicio. Si la literatura es hija de su época, tanto la poesía como la prosa del siglo xv en España nacieron en un momento en que los nobles se enseñoreaban de las ciudades, con una burguesía urbana a la que le costaba sacar la cabeza tras su apogeo en los años de Pedro I el Cruel, y una corona vacilante, representada en los principales reinos peninsulares –Castilla, Aragón y Navarra– por la Casa de Trastámara.

Muchos de los poetas del siglo xv que comentaremos a continuación fueron «antologados» en diversos cancioneros. El de Baena, hacia 1445; el de Stúñiga, entre 1460 y 1463; el de Palacio, a partir de 1505; y el Cancionero General de Hernando del Pulgar (1511)

La imprenta de Gutenberg cambió la historia de la humanidad y allanó el camino a un futuro caracterizado por la rápida difusión de las ideas.

fueron los más valiosos. Este último estrechaba la obra de 138 poetas, entre ellos el marqués de Santillana, Juan de Mena o Juan Álvarez Gato. Y no eran tantos: en *El resurgimiento de los trovadores*, el especialista Roger Boase apuntaba que en la España del siglo XV había ¡unos novecientos poetas!

¿Cuántos de ellos eran anónimos? Proliferan en la lírica tradicional castellana las canciones de amor, las religiosas o las de burla cuyo autor ignoramos pero que parecen cerner el vuelo desde una tradición muy anterior. Rimas como «Mira que te mira Dios / mira que te está mirando, / mira que te has de morir, / mira que no sabes cuándo» o «A las mozas, Dios las guarde, / y a las viejas, rabia las mate» nos arrullan con la sabiduría y el atrevimiento populares, y alimentan el caudal de nuestros dichos y refranes hasta hoy mismo.

Las serranillas del marqués de Santillana

El primer gran poeta del siglo xv, Íñigo López de Mendoza (1398-1458), fue, inevitablemente, noble: marqués de Santillana y conde de Real de Manzanares por la gracia de Juan II –a quien había apoyado en la batalla de Olmedo–, provenía de una familia culta y pronto reunió una magnífica biblioteca, la mejor de su tiempo. En sus intereses se dibuja el hombre del Renacimiento, que mira a otras culturas, estudia la Antigüedad clásica, aprende otras lenguas y apadrina a quienes, como él, veneran el arte de las palabras.

Su espejo es Dante, cuya *Commedia* llega al castellano, parcialmente, de la mano de Enrique de Villena, el Astrólogo, tras la fascinación que ejerciera en autores como Francisco Imperial (h. 1350-h. 1409), autor de varios poemas alegóricos y didácticos a finales del siglo xiv. El divino poeta, Petrarca y Boccaccio son los tres pilares de una nueva sensibilidad que reemplaza el capricho francés del siglo xiv. «Los ytálicos prefiero yo, so enmienda de quien más sabrá, a los franceses, solamente ca las sus obras se muestran de más altos ingenios e adórnanlas e compónenlas de fermosas e peregrinas hestorias; e a los franceses de los ytálicos en el guardar del arte», señaló en una carta.

Al marqués de Santillana, olvidada su prosa, lo recordamos hoy por sus serranillas, una composición en metros cortos de temática rústica, sobre el encuentro amoroso de un caballero con una mujer de la sierra, tal como pasaba con el Arcipreste de Hita. Son poemas juguetones, de aires trovadorescos, en los que el marqués idealiza a las serranas. Una vez aprendidos,

El marqués de Santillana, que implantó el endecasílabo en la lengua castellana, despuntaría también en el campo de batalla.

es imposible olvidarlos: «Moza tan fermosa / non vi en la frontera, / com'una vaquera / de la Finojosa».

Pero el marqués de Santillana compuso algo más que serranillas: escribió los primeros sonetos de la lengua castellana, recopilados con el título *42 sonetos fechos al itálico modo*, que, como puede verse, no esconde sus influencias. Tanto el Cancionero de Petrarca como los sonetos de Dante de la *Vita Nuova* quedan lejos, son todavía inalcanzables para nuestro poeta, pero hay que tener en cuenta que en Italia esa composición, «inventada» por Giacomo da Lentini en la corte siciliana de Federico II de Hohenstaufen, llevaba curtiéndose con el *Dolce stil novo* desde el siglo XIII. Una larga tradición, pues, que el marqués de Santillana importó a nuestras letras.

Juan de Mena en el laberinto de las alegorías

Otro poeta de esa misma corte, la de Juan II, que lo empleó como secretario de cartas latinas, fue Juan de Mena (1411-1456). A diferencia de su amigo, el marqués de Santillana, la política le interesaba lo justo, lo que explica que se llevara bien tanto con López de Mendoza como con el condestable Álvaro de Luna, que no eran lo que se dice de la misma cuerda. Al primero le dedicó las quintillas dobles de la *Coronación del marqués de Santillana* o *Calamicleos*, mientras que el *Laberinto de Fortuna* o las *Trescientas* (1444) propendía al buen gobierno del segundo (si bien la obra se puso bajo la protección más alta de su rey).

Los restos de Juan de Mena yacen en la iglesia de santa María Magdalena de Torrelaguna (Madrid).

LA *CARAJICOMEDIA*, UNA DIVERTIDA PARODIA

El *Laberinto de Fortuna*, de Juan de Mena, gozó de gran estima en su tiempo, y no tardó en ser considerado un clásico. Pero, junto con los estudios críticos o lexicográficos sobre la obra, encontramos una sensacional parodia titulada *Carajicomedia*, que vio la luz en 1519 en el *Cancionero de obras de burlas provocantes a risa*, un obsceno monumento a la sátira que pocos lectores conocen. En la *Carajicomedia*, compuesta por fray Bugeo Montesino, lógicamente un seudónimo, el autor imita «el alto estilo de las *Trezientas* del famosísimo poeta Juan de Mena», para cantar el «muy antiguo carajo del noble caballero Diego Fajardo, que en nuestros tiempos en gran lujuria floreció en la ciudad de Guadalajara».

Remedo procaz, inteligente sátira literaria, crítica del clero, la *Carajicomedia* es uno de esos tesoros escondidos de la lengua que muy pocos toman en serio precisamente por su temática. ¿Cómo podrían los eruditos dignificar este mapa prostibulario? Nosotros, para apreciar el brillante juego de sus coplas, os proponemos comparar el modelo original de Juan de Mena y la chusca versión presente en el *Cancionero*.

Laberinto de Fortuna

> Del Mediterrano fasta la grand mar,
> de parte del Austro, vimos toda Greçia,
> Cahonia, Molosia, Eladia, Boeçia,
> Epiro e su fuente muy singular,
> en la qual, si fachas[1] queriendo quemar
> muertas metieren, se ençienden de fuego,
> si bivas las meten, amátanse luego,
> ca puede dar fuegos e fuegos robar.

Carajicomedia

En Medina del Campo ganando vi estar
a essa Narbáez, que ya encanecía,
cachonda, lendrosa[2], y en la mancebía,
vi [a] Ana de Medina, la muy singular,
en cuyo coño se pruevan llegar
carajos elados se encienden de fuego
y arrechos[3], calientes, ahóganse luego,
que puede dar fuegos por pixas[4] robar.

[1] *Fachas: hachas, antorchas.*
[2] *Lendrosa: que tiene muchas liendres.*
[3] *Arrechos: tiesos, erectos.*
[4] *Pixas: pija, miembro viril, pene.*

Escribió prosa, pero a Juan de Mena le interesaba sobre todo la poesía, y a ella se consagró en tiempo y alma. Cautivado, al igual que su mentor, por los ecos clásicos, los cultismos, latinismos y la sintaxis de tipo italianizante fueron marca de la casa.

El *Laberinto de Fortuna*, un poema alegórico compuesto por 297 coplas de arte mayor —de ocho versos dodecasílabos— aspira sin disimulo a la épica de la *Divina comedia*, dentro de esa corriente prerrenacentista española que se dio en llamar alegórico-dantesca. Su intención era advertir del poder de la Fortuna, entendida como suerte, azar o destino, pero el resultado fue más allá. Hay tres ruedas —Pasado, Presente y Futuro—, siete círculos planetarios presididos por dioses, cinco regiones del globo… El poeta accede al conocimiento gracias a la Providencia, princesa que dispone las jerarquías de todos los estados, le muestra la realidad del mundo y le presenta a sus figuras más notables. El viaje acaba con una glosa de distintos reyes, ninguno de los cuales aventaja, claro, a Juan II.

Los versos más conmovedores son, quizá, aquellos que hablan de la muerte de Lorenzo Dávalos, «el que era de todos amado», camarero y hombre de confianza del infante Don Enrique, fallecido a temprana edad en un enfrentamiento contra las tropas del poderoso Álvaro de Luna. Es un planto que pone a la Fortuna en su sitio: «¡O dura Fortuna, cruel tribulante / por ti se le pierden al mundo dos cosas: / la vida e las lágrimas tan piadosas / que ponen dolores de espada tajante».

Jorge Manrique o el arte de la elegía

¿Leyó Jorge Manrique (1440-1479) a Juan de Mena? Sin duda. Aunque el autor de las *Coplas a la muerte de su padre* se inspiró sobre todo en las que su tío, Gómez Manrique, compuso con el título de *Coplas para el señor Diego Arias de Ávila*, la influencia de Mena, a través de sus celebradas *Coplas contra los pecados mortales,* se deja notar en la escasa obra de este hijo de Paredes de Nava (Palencia).

Manrique saboreó también los poemas de asunto amoroso, pero muy pocos podrían recitar hoy esos versos. Ahora bien, ¿quién no recuerda alguna de las *Coplas a la muerte de su padre* que aprendió en la escuela? En esta elegía, la más hermosa de la literatura medieval, Jorge Manrique homenajeó a Rodrigo Manrique, su progenitor, maestre de la orden de Santiago, como lo fue también él.

Don Rodrigo falleció de cáncer el 11 de noviembre de 1476, pero es posible que su hijo escribiera las primeras coplas con anterioridad. A temprana edad, fue capaz de mirar a la muerte con los ojos viejos de

«Aquí cayó mortalmente herido Jorge Manrique, luchando por la unidad de España», reza la leyenda bajo la cruz del autor de las *Coplas a la muerte de su padre*, en las inmediaciones del castillo de Garcimuñoz (Cuenca).

un sabio y recreó los grandes motivos medievales que heredaría el Renacimiento –el *ubi sunt*, la vanidad de vanidades, la fama que nos sobrevive…–, con la fugacidad de la vida y la exaltación de la figura paterna como hilos conductores.

A lo largo de cuarenta estrofas –llamadas coplas de pie quebrado, propias hasta entonces de temas frívolos–, el poeta descifró todos los secretos de la vida. Sus primeros poemas (I-XIII) especulan sobre la muerte de forma abstracta; a partir del XIV, el poeta recuerda el fin de grandes personajes históricos, para concluir su largo lamento con la figura de su padre (XXV-XL). Las dos primeras partes, excepcionales en su ejecución, siguen el discurso literario de su época, pero, a partir de la copla XXV, la intimidad de la muerte trasciende el tópico.

Don Rodrigo Manrique, «aquel de buenos abrigo» que «no dejó grandes tesoros, / ni alcanzó muchas riquezas» recibe en su villa a la Parca, que lo llama a su lado con dulces razones, hasta que consiente en su morir «con voluntad placentera».

Tres años después de escribir las *Coplas*, Manrique, hombre de armas al igual que su padre, falleció por las heridas causadas en el asalto al castillo de Garcimuñoz (Cuenca). Seguirán pasando los años y nosotros no dejaremos de perseguir quimeras, sin darnos cuenta hasta el final de que nuestras vidas no son más que «ríos que van a dar en la mar, que es el morir». Pero ahí quedarán las verdades como puños de Jorge Manrique, aquel que vislumbró «que a papas y emperadores / y prelados, / así los trata la muerte / como a los pobres pastores / de ganados».

El hombre del callejón

El mismo año que vio la luz Jorge Manrique, nacía el madrileño Juan Álvarez Gato (1440-1509), un poeta de la lírica cancioneril, amigo suyo, que hoy da nombre a uno de los rincones más literarios de la capital: el valle-inclanesco callejón del Gato. Ese sería motivo suficiente para citarlo en estas páginas pero, por supuesto, le sobran méritos personales para figurar en ellas, aunque muchos manuales tiendan a olvidarlo. No es este el caso. Bienvenida, pues, esta copla de Juan Álvarez Gato:

En esta vida prestada,
do bien obrar es la llave,
aquel que se salva sabe,
el otro no sabe nada.

O esta otra enseñanza:

> Ninguno sufra dolor
> por correr tras beneficios
> que las fuerzas del amor
> no se ganan con servicios.
> Los grados y el galardón
> que de sí da la beldad
> ninguno sufre razón
> mas todos la voluntad.
> Quien menos es amador
> recibe más beneficios
> que las fuerzas del amor
> no se ganan con servicios.

Maestro de la poesía profana y amorosa, pero también de la religiosa y la moral, su principal aportación fue la utilización de motivos populares en la lírica religiosa. Juan Álvarez Gato fue protegido de Beltrán de la Cueva y amigo de fray Hernando de Talavera (1428-1507), sirvió a Enrique IV y fue mayordomo de la reina Isabel. Gómez Manrique dijo de él que «fablaba perlas y plata» y Menéndez Pelayo que «elevó la sátira a la dignidad de función social». ¿Lo leemos?

La calle de Álvarez Gato asistió, varios siglos después de la existencia de este poeta madrileño, al nacimiento del esperpento en *Luces de bohemia*.

3

Entre la tierra y el cielo

El Siglo de Oro fueron, en realidad, los Siglos de Oro: el XVI y el XVII. No existe unanimidad sobre su principio y su final, pero sí un relativo consenso a la hora de situar esas fechas en 1492, año en que Elio Antonio de Nebrija (1441-1522) publicó la *Gramática castellana*, y en 1681, con la muerte de Calderón de la Barca.

Para unos, el auténtico Siglo de Oro fue el XVI, el de Carlos I, Felipe II y el Renacimiento; mientras que para otros el Barroco, surgido en el XVII, fue el que le dio forma y consistencia. No hay por qué suprimir uno para ensalzar al otro. Algunos de sus grandes autores –Cervantes, Góngora, Lope…– vivieron a caballo entre ambas centurias, y la decadencia que se atribuye a los reinados de Felipe III (1598-1621) y Felipe IV (1621-1665) empezó en realidad mucho antes, tal vez desde que Carlos I se doblegó a la banca alemana para costear los gastos de su

Imperio y su hijo tuvo que declarar una serie de bancarrotas –las guerras en Europa se comían hasta el Quinto del Rey de las Flotas de Indias, un tributo que equivalía al veinte por ciento de lo capturado–, incapaz de hacer frente a la deuda.

El Siglo de Oro fue, como decía la silva de Lope, una «inmensa arquitectura», bajo cuya cúpula sirvieron los menestrales de la narrativa, la poética, el teatro y el pensamiento político.

Los viajes de Colón y las expediciones de conquista de Cortés y Pizarro europeizaron el mundo, expandieron el catolicismo, impulsaron el comercio y consagraron el capitalismo como doctrina económica. Pero el encuentro entre la metrópoli y América fue, en una primera fase, harto precario. Hay que recordar que, hacia 1550, el número de indígenas rondaba los doce millones y el de los pobladores españoles no pasaba de cien mil. Mientras la teoría política y moral trataba de integrarlos en el orden del derecho, los escritores, con notorias excepciones, miraban a su entorno más cercano. Fruto de esa observación fue la literatura de los desheredados, de la picaresca, la sátira y el pesimismo de que se proveería todo el Siglo de Oro.

Junto con los *Naufragios* de Álvar Núñez Cabeza de Vaca y la *Historia verdadera de la conquista de la Nueva España*, de Bernal Díaz del Castillo, la *Araucana* de Alonso de Ercilla (1533-1594) constituyó uno de los puentes más sólidos entre España y el Nuevo Mundo. A los veinticuatro años, Ercilla se enroló en la expedición contra los mapuches de Chile, que se habían sublevado contra el gobernador Pedro de Valdivia y lo habían ajusticiado en 1553. La experiencia de lo que oyó y vivió le inspiró aquel libro, un ambicioso poema épico que ofreció en tres entregas, en las cuales se remontaba a la conquista de Chile por Valdivia para revivir los hechos de la toma del valle de Arauco, en la que él había

Entre el mito
y la crónica,
Alonso de Ercilla
«descubrió»
América a
muchos lectores
del siglo XVI con
la *Araucana*, un
canto al amor
y a la guerra en
el contexto del
conflicto contra
los araucanos.

participado. En su acercamiento a los mapuches, Ercilla no menoscababa su valor, antes al contrario, lo alababa en su justa medida, y reconocía sus razones al defender su tierra frente al invasor. La *Araucana* fue uno de los documentos más reputados sobre la conquista, y desde luego uno de los primeros con vocación de perdurar.

De armas tomar

Quizá para olvidar el azote de la pobreza, los lectores del Siglo de Oro se guarecen en la lectura de los *Amadises* y los *Palmerines*, ciclos caballerescos que sorben por igual el seso de sabios y mentecatos. En el *Libro de la Vida*, Teresa de Jesús (1515-1582) se confiesa víctima de «tan vano ejercicio», embebida día y noche en esas páginas artificiosas (¡como si tuviera que avergonzarse de algo!).

Los libros de caballerías asoman el morrión a finales del siglo XV, pero es en el XVI cuando acaparan las

55

imprentas. No en balde, fueron estas obras —y, a partir del éxito de *Guzmán de Alfarache*, también las picarescas— las que estimularon estos negocios. El *Amadís de Gaula*, cuya versión definitiva quedaría fijada en 1508 por el impresor alemán radicado en Zaragoza Jorge Coci, abrió la veda a un sinfín de nombres retumbantes y hazañas quiméricas.

Junto a las noticias de incas y aztecas y las victorias de los tercios en Flandes, el siglo XVI se desayuna cada mañana con la última gesta de Florisando, Renaldo de Montalbán, Esplandián, Florambel de Lucea o el Belianís de Grecia. Como es lógico, no todos los libros tenían la misma gracia ni la misma calidad literaria, lo que llevaría a Miguel de Cervantes a parodiarlos en las dos partes del *Quijote*: «No ha sido otro mi deseo —señaló— que poner en aborrecimiento de los hombres las fingidas y disparatadas historias de los libros de caballerías». Cuando en el libro de los libros el cura y el barbero proceden al donoso y grande escrutinio, se salvan de la quema, entre otros, el *Amadís* y *Tirant lo Blanc*, que comentaremos en estas páginas. El primero porque, en palabras del barbero, «es el mejor de todos los libros de este género que se han compuesto», y el segundo, parafraseando al cura, porque es un «tesoro de contento y una mina de pasatiempo».

Entre el *Amadís* y *Tirant lo Blanc*

El *Amadís de Gaula* presenta los mismos problemas de autoría inherentes a tantas obras medievales. Quizá de origen portugués, se cita ya en el siglo XIV. Lo que hace Garci Rodríguez de Montalvo (h. 1450-h. 1505), a quien hoy se le atribuye, es refundir los tres primeros libros y componer el cuarto. Tal fue su éxito que el escritor publicó una continuación, *Las sergas de Esplandián*, en la que se menciona la isla imaginaria de California, que no mucho después, en 1533, bautizaría el auténtico estado

Amadís contra el endriago, litografía para la edición de 1838, ilustra la naturaleza de las hazañas que acometía el caballero de la verde espada.

norteamericano. O sea, que los libros de caballerías estaban en boca de todos, también allende los mares.

Los cuatro libros del *Amadís de Gaula* poseen el encanto fundacional de la inocencia. Hay hechizos y batallas, brujas y magos, reyes y princesas, amores y peligros, caballeros y monstruos. El entretenimiento está garantizado, pero sin olvidar la enseñanza moral, que aprovechaba a los lectores de toda condición, fueran patricios o plebeyos.

Cuando un profesor hizo de menos los libros de caballerías ante Mario Vargas Llosa (1936), este, entonces un joven estudiante de Letras, acudió a la biblioteca a confirmar por sí mismo si esas novelas eran en verdad confusas, obscenas y, en fin, prescindibles. Leyó *Tirant lo Blanc* y descubrió que su profesor era, cuando menos, un hombre lleno de prejuicios: «La lectura de ese libro es uno de los recuerdos más fulgurantes de mis años universitarios, una de las mejores cosas que me han pasado como lector y escribidor de novelas».

Tirant lo Blanc, «el mejor libro del mundo» en palabras del cura del *Quijote* –¿o de Miguel de Cervantes?–, se publicó en 1490 en la imprenta de Nicolás Spindeler, otro alemán peregrino por tierras de España. Su autor, el valenciano Joanot Martorell (1413-1468), un viajero impenitente que conoció la Inglaterra de Enrique VI, Portugal o Italia, murió unas décadas antes de que su caballero probara la gloria, pero su influencia fue descomunal, al igual que la de su coetáneo Ausiàs March (1397-1459), quien ejercería su magisterio sobre poetas de la talla de Boscán, Garcilaso, Fernando de Herrera (1534-1597) o Gutierre de Cetina (1520-1557). Martorell y March, cuñados tras la boda del segundo con la hermana del primero, Isabel –que falleció dos años después del enlace–, representan la cumbre del Siglo de Oro de las letras valencianas.

Durante mucho tiempo, se creyó que el *Tirant* lo había rematado Martí Joan de Galba, un amigo de Joanot, pero esa hipótesis aún no ha sido demostrada. A diferencia de tantas novelas caballerescas, esta, erótica y carnal, se impone por su verosimilitud. Ya lo notó Cervantes, maravillado porque en sus páginas los caballeros comieran, durmieran y murieran en sus camas. Este héroe esforzado e invencible, cuyas andanzas fueron traducidas al castellano en 1511, trasluce, en efecto, unas dimensiones humanas: es fuerte y valiente, pero carece de dones sobrenaturales. Su periplo por Inglaterra, Sicilia, Rodas, Constantinopla o el Magreb, movido por un ideal de cruzada, no resulta descabellado, hasta el punto de que no pocos lectores la catalogan como una novela social o de costumbres. Dámaso Alonso, por ejemplo, pensaba que era una novela plenamente actual, que podría haberse escrito en el siglo XIX, por la concisión de sus diálogos, sus descripciones y la libertad de su narración.

Considerada la primera novela moderna de Europa, muy pronto se tradujo al italiano y hay quien sostiene, incluso, que el mismísimo Shakespeare se inspiró en ella para la trama de *Mucho ruido y pocas nueces*.

PASTORES, MORISCOS Y BIZANTINOS

Junto con las novelas de caballerías, otros géneros causaron sensación en el siglo XVI. Estos fueron la novela pastoril –*Los siete libros de la Diana*, de Jorge de Montemayor–, la morisca –*Historia del Abencerraje y la hermosa Jarifa*– y la bizantina –que encarna a la perfección un clásico del siglo XVII, obra de Miguel de Cervantes, *Los trabajos de Persiles y Sigismunda*.

Novela pastoril

La novela pastoril fue la cara B de un disco en cuyo lado A se escuchaban las églogas o idilios en verso entre pastores. La *Arcadia* de Jacopo Sannazaro puso de moda el género a principios del siglo XVI. No deja de ser curioso que este humanista se formara en la prestigiosa Academia Pontaniana de Nápoles, la misma que unas décadas después frecuentaría Garcilaso de la Vega, otro «colono» de la literatura pastoril, como veremos más adelante. En España, Jorge de Montemayor (1520-1561), nacido en Montemor-o-Velho (Portugal), fue su máximo exponente con la *Diana*, que asociaba verso y prosa para cantar los amores de una pastora de las riberas del Esla, en León. Lope de Vega, con la *Arcadia*, Cristóbal Suárez de Figueroa (1571-1644), con *La constante Amarilis*, o el sempiterno Cervantes, con la *Galatea*, fueron dignos continuadores de la tradición del italiano Sannazaro.

La novela pastoril triunfó en el Renacimiento con unos ingredientes muy oportunos: el amor y la exaltación de la naturaleza. Concebida en Italia, España no tardó en aclimatarla a sus paisajes.

Novela morisca

A su vez, la novela morisca llevó el idealismo de los libros de caballerías a un contexto sublimado de la Reconquista, en el que cristianos y musulmanes no eran correligionarios *stricto sensu*, pero sí que confraternizaban. De la amistad entre Abindarráez y Rodrigo de Narváez en el *Abencerraje* llegamos a la historia de amor entre *Ozmir y Daraja*, que el profesor Francisco Rico ha definido como una «muestra del multiforme talento narrativo» de Mateo Alemán, y cuya influencia sobre *La española inglesa* y *El amante liberal*, de Cervantes, ha sido ampliamente estudiada. Otro autor, el murciano Ginés Pérez de Hita (c. 1544-1619), noveló la *Historia de las guerras civiles de Granada*, recurriendo para ello a la presunta obra de un historiador árabe, años antes de que Cervantes hiciera lo propio en el *Quijote* con su Cide Hamete Benengeli. Es, sí, otro ejemplo de este género intrínsecamente hispano.

Novela bizantina

Por último, la novela bizantina, precursora de la novela de aventuras moderna —con sus viajes, sus peligros y sus amores, a menudo platónicos— fue desarrollada a mediados del siglo XVI por un escritor caracense, Alonso Núñez de Reinoso, quien publicó en Venecia *Los amores de Clareo y Florisea y los trabajos de la sin ventura Isea, natural de la ciudad de Éfeso*. Luego vendrían Jerónimo de Contreras con *Selva de aventuras*; Lope de Vega con las peripecias de Pánfilo de Luján y la bella Nise en *El peregrino en su patria*; o el citado Cervantes con *Los trabajos de Persiles y Sigismunda*.

Éxtasis de alta contemplación

La literatura mística llegó a España muy tarde. En la Edad Media el filósofo mallorquín Ramon Llull pudo vertebrar esta corriente en el conjunto de la Península, pero no sería hasta el siglo XVI cuando la cultura castellana se entregaría de lleno a un fenómeno que en el resto de Europa se había consolidado ya a lo largo de los siglos medievales. A la hora de fijar el catálogo de literatura religiosa producida en España en el siglo XVI, nos encontramos no con cientos, sino con miles de títulos, como si la Gracia se hubiera derramado sobre todos los autores que mojaban entonces la pluma en el tintero.

La traducción de la obra de diversos autores flamencos y alemanes, fomentada por el cardenal Cisneros, y el espíritu de la Contrarreforma alumbraron y marcaron el devenir de la escuela mística dentro de nuestras fronteras. Uno de sus pioneros fue Bernardino de Laredo (1482-1540), autor de la *Subida del monte Sión por la vía contemplativa*, de la que beberían santa Teresa de Jesús y san Juan de la Cruz. Su ideal contemplativo fundía la mística con la ascética, esto es, la unión del alma con Dios y los caminos de perfección moral que los hombres siguen para aspirar a tal plenitud.

A menudo se habla indistintamente de mística y ascética. Tal vez la principal diferencia sea estilística: la mística no puede vivir sin símbolos ni alegorías, mientras que el lenguaje de la ascética es más directo y hasta pedagógico si cabe, puesto que las órdenes religiosas se servían de estos tratados como venero moral para los suyos.

Sin embargo, aunque la mística, que proviene del griego *myein*, 'cerrar', aluda a lo arcano y misterioso, el fruto literario de esa experiencia no es indescifrable. ¿Qué lector no siente la intimidad de la unión divina en las páginas de santa Teresa o san Juan de la Cruz? Su lenguaje fusiona lo popular con lo culto, la luz prima sobre las sombras y, aunque no dejan de mirar al cielo, los místicos tienen siempre un ojo puesto en la tierra. Tal como detectó el filólogo Dámaso Alonso, la poesía profana y secular guio a la sacra, y nunca podríamos entender la particularidad de nuestra mística si no frecuentáramos antes, por ejemplo, la obra de Garcilaso de la Vega, de quien hablaremos más adelante.

Tres escuelas, cada una con sus principios y querencias, resumen la esencia de la mística en España: la afectiva, en la que lo sentimental se impone a lo racional; la intelectualista o metafísica; y la ecléctica o española, perfecta síntesis entre mente y corazón, actividad y quietud contemplativa, que fue la que practicaron nuestros autores.

Los misterios de santa Teresa

Teresa de Cepeda y Ahumada, canonizada en 1622, encontró tiempo, entre sus problemas de salud y sus fundaciones, sus viajes y sus éxtasis, para elaborar una de las obras más sugestivas de la historia de la literatura española. Reformadora de la Orden de Nuestra Señora del Monte Carmelo, fundadora de las Carmelitas Descalzas y patrona de los escritores católicos, los libros de santa Teresa son indisociables de su vida y, claro está, de su fe.

Hoy, pasados quinientos años de su nacimiento, nos siguen atrayendo la llaneza y la espontaneidad de su estilo, amable y coloquial. Y es que Teresa no quería confundir a sus lectores, sino comunicar sus experiencias de un modo ameno e instructivo.

En el *Libro de la vida*, su primera obra, escrita ya en plena madurez, mira hacia atrás y recuerda cómo el Señor la despertó en su niñez para las «cosas virtuosas». La Inquisición, atenta a sus movimientos y palabras, la

Estatua de santa Teresa de Jesús junto a las murallas de Ávila. La fundadora de las Carmelitas Descalzas fue una tenaz «propagandista» de su misión, y escribió algunas de las páginas más bellas de la mística española. ©Cristina Botello

examinó con lupa, en la sospecha de que sus páginas albergaban engaños para la fe o resabios de iluminismo, una especie de secta considerada herética por el Santo Oficio. Finalmente, salió con bien de la prueba y el teólogo que redactó la censura señaló que no había encontrado en el libro «mala doctrina».

Indiferente a los interrogatorios y las amenazas, Teresa tenía, sin embargo, algo que «esconder»: descendía de judeoconversos. Su familia se mudó de Toledo, de donde eran originarios y donde concluyó el *Libro de la vida*, a Ávila, ciudad en la que esperaban pasar desapercibidos.

Las Moradas del Castillo Interior o, simplificando, *Las Moradas*, es una alegoría de los grados de la vida espiritual desde la ascética a la mística, esto es, desde el constante «refinamiento» hasta la perfecta unión con Dios. Santa Teresa desgranó el ascetismo que debía imperar en su orden, a modo de guía para sus hermanas, pero también conoció la experiencia mística, como narra en el *Libro de la Vida*, donde habla de un ángel pequeño que le clava un dardo en el corazón que, al sacarlo, le deja «toda abrasada en amor grande de Dios».

Entre su «autobiografía» y *Las moradas*, Teresa de Ávila escribió otros libros muy notables, como *Camino de perfección*, con consejos para el progreso en la vida contemplativa y meditaciones sobre la oración, o el *Libro de las Fundaciones*, que fue redactando poco a poco, a lo largo de casi diez años, y en el que da cuenta de su reforma del Carmelo y la misión de fundar monasterios por toda España.

Sus poemas —«Vivo sin vivir en mí / y tan alta vida espero / que muero porque no muero», de dudosa atribución— perduran con la misma vigencia que su prosa, mientras que sus cuatro centenares de cartas son una fuente inagotable para los investigadores de la historia.

Santa Teresa, doctora de la Iglesia desde 1970 —sólo otras tres mujeres más ostentan ese «privilegio», Catalina de Siena, Teresa de Lisieux y Hildegard von Bingen—, fue, además, maestra del otro gran místico español del siglo XVI, el también abulense san Juan de la Cruz.

Escritoras en el Siglo de Oro

Ojalá pudiéramos hablar en este libro de tantas escritoras como escritores, pero los hombres dictaminaron que las mujeres eran inferiores a ellos, y unos y otros —clero, burguesía, aristocracia…— subestimaron su educación y vallaron su futuro.

Fuera de los muros de un convento, apenas encontramos nombres de mujeres escritoras hasta finales del siglo XIV, cuando ve la luz *La epístola al Dios de amores*, de la veneciana Christine de Pisan (1364-1430), «adoptada» por Francia y considerada la primera escritora profesional de la historia: le pagaban por escribir, una excentricidad incluso en nuestros días.

En España, Isabel de Villena (1430-1490), hija de Enrique de Villena, el Astrólogo, tomó los hábitos en 1445 y escribió una *Vita Christi* en valenciano. Beatriz Galindo (h. 1465-1536), la Latina que da nombre al popular barrio de Madrid, fue preceptora de los hijos de los Reyes Católicos y compuso varios poemas en latín («mujer que sabe latín, ni encuentra marido ni tiene buen fin», advertía un refrán de la época). A su vez, Florencia del Pinar (h. 1470-h. 1530) fue incluida en el Cancionero de Hernando del Castillo, publicado

La *Vita Christi*, de Isabel de Villena, fue una de nuestras primeras obras «feministas» y un altivo tesoro del Siglo de Oro valenciano. Fue dado a la imprenta por la abadesa sor Aldonça de Montsoriu.

en 1511; apenas sabemos nada de su vida, salvo que la citada antología la titula como «señora», lo que apalabra su buena cuna (fue dama de la corte de Isabel la Católica). Entre sus poemas, *Destas aves su nación* ha sido ponderado por su simbología sexual, en su tiempo escandalosa.

Ya en el siglo XVI, la toledana Luisa Sigea (1522-1560) pasó buena parte de su vida al servicio de María de Portugal y escribió el poema en latín *Syntra*. Apreciada por la armonía de su epistolario, epítome de los saberes humanísticos, el resto de su producción permaneció inédito hasta después de su muerte.

La antequerana Cristobalina Fernández de Alarcón (1576-1646) fue otra notable humanista, cuya obra ha quedado reducida por los estragos del tiempo a unos quince poemas, entre ellos los que Pedro Espinosa seleccionó para sus *Flores de poetas ilustres de España* (1605). Fustigada por Quevedo —en realidad, este no soportaba a ninguna dama «hembrilatina» y les dedicó un catecismo de vocablos para instruirlas—, Luis de Góngora le dio un premio en unas justas sobre Santa Teresa celebradas en Córdoba en 1614.

Finalmente, la madrileña María de Zayas y Sotomayor (1590-h. 1647) fue alabada por Lope de Vega, y se hizo un nombre en pleno Siglo de Oro con sus *Novelas amorosas y exemplares* y la *Parte segunda del Sarao y entretenimiento honesto*, sendas colecciones de novelas cortas que seguían el modelo de las «Ejemplares» de Cervantes y, desde luego, del *Decamerón* de Boccaccio. También probó fortuna con el teatro —*La traición de la amistad*— y, fuera de nuestras fronteras, fue casi tan leída como el autor de *Los baños de Argel*, Mateo Alemán y Quevedo.

San Juan de la Cruz, el símbolo sentido

Juan de Yepes Álvarez (Fontiveros, Ávila, 1542-Úbeda, Jaén, 1591) fue un hombre menudo y un poeta gigantesco. Huérfano de padre a temprana edad, estudió en el Colegio de la Doctrina de Medina del Campo (Valladolid), donde acudían los niños pobres, y sirvió como monaguillo. Tomó el hábito a los veintiún años y en 1567 conoció a Teresa de Jesús, con quien se embarcó en la reforma de la Orden del Carmelo. En 1572, asistió a uno de los éxtasis de la santa en el monasterio de la Encarnación de Ávila, del que ella era priora y en el que él ejercía de vicario y confesor. Para ella, Juan era su «medio fraile», en razón de su estatura y delgadez, pero su tenacidad suplía las fallas de esa constitución azotada por el hambre de los primeros años.

Tras los conflictos habidos en el seno de la orden entre carmelitas descalzos y calzados, fue encarcelado durante ocho meses en una prisión conventual. Allí, en 1577, escribió las 31 primeras estrofas del *Cántico espiritual*, lo que se ha dado en denominar el «protocántico», que remataría en los últimos años de su vida junto con obras como *Noche oscura, Llama de amor viva* y sus correspondientes comentarios en prosa. En efecto, san Juan de la Cruz glosó sus tres poemas mayores —escritos en versos endecasílabos— en una serie de exégesis que pretendían dilucidar su hermetismo. Algunas de ellas, como la *Subida al monte Carmelo* —comentario a la *Noche oscura*—, resumen bien las claves de la ascética. Al lado de esos poemas, el de Fontiveros escribió otras composiciones de arte menor, varios romances y un par de cantares.

La poesía completa de san Juan de la Cruz se puede leer en una tarde, pero está hecha para ser recordada toda la vida. Está llena de símbolos y metáforas cuyo significado se nos puede escapar, pero que sentimos sin dificultad.

San Juan de la Cruz, discípulo de santa Teresa, fue perseguido por los frailes calzados y acogido por los religiosos de Úbeda (Jaén), donde falleció en 1591.

San Juan de la Cruz es el poeta de la intuición, la hermenéutica sobra. Si aceptamos el misterio de la noche y la llama, el sigilo de la amada en su encuentro con el amado, la delicadeza de esa experiencia al alcance de unos pocos elegidos, lo de menos es entender todas las imágenes. En el fondo, los poemas de san Juan de Cruz son poemas de amor, pero no del amor profano de Garcilaso de la Vega, una de sus influencias, sino del amor sacro que traza la unión del alma con Dios.

Durante el siglo XVI, el Renacimiento, fascinado por la confrontación entre el amor humano y el amor divino, la *Venus Vulgaris* y la *Venus Caelestis* de Tiziano, encaró esa dicotomía en diversas obras, pero san Juan de la Cruz, más que del neoplatonismo renacentista, bebió del Cantar de los Cantares de la Biblia, un libro al que, si despojamos de su contexto –la esposa es el alma y Dios el esposo–, podría leerse como un tratado de literatura erótica.

Dicho de otro modo: no hay contradicción entre el amor profano y el amor divino, o al menos no en la expresión de ambos sentimientos. San Juan de la Cruz dice:

> ¡Oh noche que guiaste!,
> ¡oh noche amable más que el alborada!,
> ¡oh noche que juntaste
> amado con amada,
> amada en el amado transformada!

Y Petrarca, dechado del amor cortés, habla en *Triumphus Cupidinis* de que «l'amante nel'amato si trasforme», respaldando así el amor trascendente que alimentaba el credo de san Juan de la Cruz.

No es la meta, es el camino

Como hemos visto en el apartado anterior, la mística y la ascética han acabado confluyendo en una misma matriz espiritual y, de hecho, se podría decir que la primera ha absorbido conceptualmente a la segunda. Cuando hablamos de la mística española, pensamos también en los grandes representantes de la literatura ascética, como fray Luis de Granada o fray Luis de León, aunque sus obras no planteen, como sí sucedía en los casos de santa Teresa de Jesús y san Juan de la Cruz, la unión del alma con Dios.

La escuela ascética se centra en el camino, mientras que la mística es la meta. Los ascéticos hablan de la oración, la penitencia, las privaciones corporales y del resto de vías para llegar al Creador. La mística sublima ese encuentro. La ascética habla del esfuerzo de los creyentes por alcanzar la perfección de sus almas, un paso previo a la soñada «vecindad» con el Todopoderoso. Es un manual de ejercicios en virtud de la orden religiosa a la que pertenezca el autor. Así, hay una escuela ascética dominica –la de fray Luis de Granada–, una franciscana –por ejemplo de fray Antonio de Guevara, a quien saludaremos un poco más adelante–, una agustina –la del inolvidado fray Luis de León–, una jesuita o incluso una carmelita, ya que, como apuntamos a propósito de la mística, la misma santa Teresa publicó varios títulos dentro de esta corriente.

Todo lo que la literatura mística tiene de enigmático y espontáneo, la ascética lo tiene de voluntarioso y sacrificado. El asceta sigue distintas vías –la purgativa (*purgatio*) y la iluminativa (*illuminatio*)– hasta lograr la plenitud final, y, cuando habla de ello, lo hace con una claridad y una precisión que en la mística se someten a la subjetividad de la experiencia.

Esta literatura floreció durante el llamado segundo renacimiento español, bajo el reinado de Felipe II y en el marco de la Contrarreforma, tras la asimilación de las medidas llevadas a cabo por el cardenal Cisneros, quien mandó traducir numerosos tratados espirituales que ejercerían una notable influencia sobre los autores religiosos del siglo XVI.

La primera literatura ascético-mística hispana se asomó a comienzos de esa centuria tras la favorable recepción de los místicos europeos, que personalidades como el ya citado Hernando de Talavera o fray Francisco de Osuna (1497-1540), autor del *Abecedario espiritual*, llevaron a su terreno. Nosotros seleccionamos aquí a tres autores muy representativos de la ascética española.

Tres ascetas

En el siglo XVI, san Juan de Ávila (1500-1569), perseguido por la Inquisición como santa Teresa, encarcelado como san Juan de la Cruz, escribió un prodigioso tratado ascético, *Audi, filia, et vide* (1567), comentario al salmo XLIV; pero quizá resulte más sabroso apuntar aquí que fue maestro de fray Luis de Granada, su primer biógrafo, y, en parte, mentor espiritual de Teresa de Jesús, a quien dio su pláceme por el *Libro de la Vida*. Cuando Juan de Ávila expiró, la santa se lamentó porque la Iglesia de Dios perdía «una gran columna y muchas almas un grande amparo, que tenían en él». Algunos expertos le atribuyen el soneto *A Cristo crucificado*, si bien otras hipótesis apuntan al agustino Miguel de Guevara (h. 1585-h. 1646). Sea como fuere, qué mejor que coser ahora su belleza a estas páginas:

> No me mueve, mi Dios, para quererte
> el cielo que me tienes prometido;
> ni me mueve el infierno tan temido
> para dejar por eso de ofenderte [...].

El ascetismo de fray Luis de Granada (1504-1588), magnífico orador de raíces ciceronianas, no estorba su experiencia mística, que, según él, se podía alcanzar con «la perfección de la caridad». Obras como la *Guía de pecadores*, el *Libro de la oración y meditación*, el *Memorial de la vida cristiana* o la *Introducción del símbolo de la Fe* gozaron de gran popularidad tanto dentro como fuera de nuestras fronteras, gracias no sólo a su fondo, sino a la riqueza de su forma, una prosa llana, sin alambicamientos, lo bastante dúctil como para conducirse con la misma gracia en el realismo y el colorido poético. Sus roces con la Inquisición propiciaron que sus obras fueran arrinconadas por el temible Fernando de Valdés (1483-1568), que también había castigado a su maestro Juan de Ávila o a san Francisco de Borja.

Y de un fray Luis a otro, fray Luis de León. Este religioso agustino (h. 1527-1591), nacido en Belmonte y vinculado a la escuela salmantina —más directa y natural

Inaugurada en 1869 en el Patio de Escuelas de Salamanca, la estatua de fray Luis de León recuerda a una de las voces más hondas de la ascética patria.

que la sevillana—, escribía para distraerse, pero no hubiera sido justo que una oda como la de la vida retirada se quedara en su círculo de amigos:

> ¡Qué descansada vida
> la del que huye del mundanal ruido,
> y sigue la escondida
> senda, por donde han ido
> los pocos sabios que en el mundo han sido [...].

Pronto sus obras gozaron del aplauso de sus coetáneos, aunque su principal cuidado fueran los estudios de Teología.

No fue la envidia por sus rimas lo que lo llevó ante la Inquisición, sino la denuncia de un profesor de griego, León de Castro, que lo acusó de preferir el texto hebreo del Antiguo Testamento a la Vulgata latina que había adoptado el Concilio de Trento, así como de traducir sin permiso el Cantar de los Cantares a la lengua vulgar. No es nada fácil vestir ahora los hábitos de aquella época, pero lo cierto es que fue condenado a cinco años de cárcel por tales «delitos». Tras ese correctivo, recuperó su cátedra en la universidad de Salamanca y pudo desquitarse ante sus alumnos con aquel legendario «Decíamos ayer...», como si un lustro a la sombra le pesara lo mismo que veinticuatro horas. Su cautiverio le inspiró una décima perfecta que, según la tradición, grabó en la pared de su celda:

> Aquí la envidia y mentira
> me tuvieron encerrado.
> Dichoso el humilde estado
> del sabio que se retira
> de aqueste mundo malvado,
> y con pobre mesa y casa,
> en el campo deleitoso
> con sólo Dios se compasa,
> y a solas su vida pasa,
> ni envidiado ni envidioso.

Entre las obras de fray Luis, perspicaz lector de Jorge Manrique, descuellan *De los nombres de Cristo*, un extenso comentario sobre las denominaciones de Jesús en las Sagradas Escrituras, *La perfecta casada*, a propósito de las virtudes que deben adornarlas, o *Exposición del Libro de Job*, donde, además de la traducción y comentario del texto bíblico, se atreve a ponerlo en tercetos encadenados, «pretendiendo por esta manera aficionar algunos al conocimiento de la Sagrada Escritura, en que mucha parte de nuestro bien consiste».

«En esto veo, Melibea, la grandeza de Dios»

En La Puebla de Montalbán (Toledo) hay un museo que lleva el nombre de la Celestina. Allí, en esa población, con su característica plaza mayor y su enhiesta torre del siglo XVII, nació el bachiller Fernando de Rojas (h. 1470-1541), autor de la *Celestina* o de la mayor parte de ella…; pues, según él mismo confesó –¡quién sabe si para confundir aún más a los exegetas del futuro!–, se limitó a proseguir, a partir del primer acto, una obra que circulaba de mano en mano por ahí.

El tiempo ha hecho que este libro adopte el nombre de su personaje más memorable, una alcahueta que difiere de la Trotaconventos del *Libro de buen amor* en su avaricia y hedonismo. En su puesta de largo, entre 1499 y 1502, la obra se llamaba *Comedia de Calisto y Melibea* y tenía dieciséis actos, pero fue la edición de 1507, con el añadido de cinco actos nuevos –el *Tratado de Centurio*– que subrayaban los encuentros amorosos de los dos protagonistas, la que fijó su título definitivo: *Tragicomedia de Calisto y Melibea*. Unas décadas después se incorporaría un nuevo acto, ajeno a la trama principal, que pasó sin pena ni gloria.

La Celestina, tal como se la conoce desde el mismo siglo XVI, es una obra de teatro, la obra de teatro más importante de la literatura española, si bien su representación íntegra llevaría tanto tiempo que los distintos montajes se han visto obligados a meter la tijera. A su vez, los discursos de los personajes son tan largos, tan renuentes por tanto a la memorización, que hay quien prefiere catalogarla como novela. Lo cierto es que, si no fuera por el *Quijote*, la obra de Fernando de Rojas se izaría como la vela mayor en el navío de las letras españolas.

Se escribió entre los siglos XV y XVI, y, conscientemente o no, participa de las sensibilidades de ambos. Es una obra de frontera, como tantas comedias humanísticas que vieron la luz en latín en aquella época, siguiendo el magisterio de Plauto o Terencio. Más que medievales, sus temas —el amor, la fortuna, la muerte...— son atemporales, pero el tratamiento de los personajes, sinuosos y complejos, es radicalmente renacentista.

Siendo como es una obra moral, que pretende prevenir contra el loco amor y los malos sirvientes, Fernando de Rojas se ahorra los aspavientos en la pintura de sus criaturas y sus acciones. El final, cierto, es deplorable, pero, a lo largo de sus veintiún cuadros, la estética «prima» sobre la ética, el vitalismo disuelve la moralina y en todo momento subyace un retintín paródico, que se complace en bajar de su pedestal a Calisto: «no: no es nuestro Romeo, ni Melibea nuestra Julieta». El «héroe» se nos presenta como un adalid del amor cortés, tan exaltado que recita ante su amada: «En esto veo, Melibea, la grandeza de Dios», pero los lectores descubren pronto que este tiene de caballero lo que la Celestina de virgen inmaculada. La noche en que va a cumplir su voluntad amorosa y Melibea manda retirarse a su criada, Calisto, tan exhibicionista como bravucón, responde: «¿Por qué, mi señora? Bien me huelgo que estén semejantes testigos de mi gloria».

De acuerdo con varios especialistas, el personaje de Calisto caricaturizaría a Leriano, el héroe de *Cárcel de amor*, la novela epistolar y sentimental de Diego de San Pedro (h. 1437-h. 1498) que se publicó el mismo año del Descubrimiento. El planto de Pleberio, padre de Melibea, evoca claramente el de la madre de Leriano, mientras que sendos poemas religiosos de Diego de San Pedro podrían respirar en los dos últimos actos de la *Tragicomedia*.

Como hemos comentado, la obra narra los amores de dos jóvenes, el caprichoso Calisto, de humores petrarquistas, y la vehemente Melibea, a la que aquel descubre por azar en su huerto salmantino, mientras persigue un

El huerto de Calisto y Melibea, en Salamanca, celebra el amor de los protagonistas de *La Celestina*, la inmortal obra de Fernando de Rojas.

halcón que se le ha escapado. De Fernando de Rojas sabemos poco, pero sí que estudió Derecho en la universidad de esa ciudad, que era converso y que falleció en Talavera de la Reina, Toledo, en 1541. Melibea, hija única de Pleberio y Alisa, se resiste a la coquetería en el primer acto, hasta que la Celestina hace acto de presencia y la engatusa con su labia y sus hechizos. Entre tanto, los criados de Calisto, el fiel Pármeno y Sempronio, una manzana podrida, conspiran en la sombra, bien por amoríos, bien por dineros, hasta que en el acto XII se deshacen de la alcahueta, con fatales consecuencias para todos.

Los criados de Calisto; Lucrecia, que lo es de Melibea; o las prostitutas Elicia y Areusa, amantes de Sempronio y Pármeno respectivamente, completan un nuevo paisaje urbano –el mundo del hampa y la prostitución clandestina– y también lingüístico. Desde luego, no se puede decir que Fernando de Rojas guarde el decoro poético: todos los personajes, independientemente de su extracción, hablan *demasiado* bien, lo que encaja con la tradición retórica medieval. Pero, a la vez, tal como detectó Aline Schulman en una nueva traducción al francés de 2006, aunque el lenguaje es «más bien culto y elaborado, de vez en cuando explota, se desgarra, deja que se asome otra verdad».

¿Qué hace, en definitiva, que la *Celestina* sea un clásico y su lectura se recomiende en todos los estudios literarios? El valor de sus diálogos y la riqueza de sus personajes, claro, pero, sobre todo, la visión privilegiada de la nueva sociedad renacentista, que profesa el individualismo, el deleite aquí en la tierra, así como una filosofía alejada del teocentrismo medieval: Melibea es la única diosa a la que Calisto adora y en la que Calisto cree.

De esa tradición brotaría, años después, otro clásico de nuestras letras: *La lozana andaluza* (1528), de Francisco Delicado (h. 1475-h. 1535), que se desarrolla en los barrios prostibularios de Roma, la ciudad de las «treinta mil rameras». Toda una fiesta de la jerga italoespañola de las clases populares. Una obra tan divertida como recomendable.

Un *best-seller* del Siglo de Oro

En un célebre estudio de Keith Whinnom, *The problem of the 'best-seller' in Spanish Golden-Age literature*, descubrimos que *Cárcel de amor*, de Diego de San Pedro (h. 1437-h. 1498), fue la octava obra española por número de ediciones durante el Siglo de Oro, sólo superada por *La Celestina*; el *Libro áureo de Marco Aurelio*, de fray Antonio de Guevara —con la inolvidable leyenda del villano del Danubio—; la primera parte de la *Historia de las guerras civiles de Granada*, de Ginés Pérez de Hita; la *Diana* de Montemayor; *Don Quijote de La Mancha*; el *Guzmán de Alfarache*, de Mateo Alemán; y el *Amadís de Gaula*.

Vale la pena detenerse, pues, en este fenómeno, que guarda el quid de la novela sentimental, un brote privilegiado de los libros de caballerías y la poesía cancioneril.

Iniciada por *Siervo libre de amor*, de Juan Rodríguez del Padrón (1390-1450), Juan de Flores (h. 1455-h. 1525) sería otro de sus cultivadores con *Grimalte y Gradissa* y *Grisel y Mirabella*. Pero, sin duda, el género adquirió la mayoría de edad con Diego de San Pedro, que empieza su novela más famosa narrando su encuentro en Sierra Morena con «un caballero assí feroz de presencia como espantoso de vista, cubierto todo de cabello a

Diego de San Pedro tocó la tecla popular con su alegoría *Cárcel de amor*, ejemplo de novela sentimental y uno de los libros más vendidos e influyentes de su tiempo.

manera de salvaje». Es el Deseo, que lleva preso a Leriano a la cárcel de Amor, «donde con solo morir se espera librar». Más adelante, Leriano le cuenta al narrador que ama a Laureola, hija del rey Gaulo, y su interlocutor, no sin reticencias, acepta ponerse a su servicio para hablar con su amada y tratar de librarlo de sus cadenas. En mala hora…, y hasta aquí podemos leer.

El empleo de la alegoría es uno de los rasgos más obstinados de este texto, pero la novedad estriba aquí, como apuntara Alan Deyermond, «en el modo en que los personajes entran en el mundo alegórico y salen de él para tratar de influir en su propia vida real». Si hoy nos preguntáramos por qué triunfó la novela sentimental en aquella época, las respuestas serían tan imprecisas como las que hoy manejamos para justificar el éxito de la novela policiaca o histórica. Sencillamente, era lo que gustaba.

4

No son gigantes,
sino escritores

Los Siglos de Oro son inabordables. Cuando el canon literario empezó a «pensarse» allá por el siglo XVII y a fijarse a comienzos del XVIII, de acuerdo con una noción de identidad nacional, los sabios tuvieron que aplicar una criba feroz para dejar fuera a tantas lumbreras. Por supuesto, los autores que recogemos en este capítulo, desde Garcilaso de la Vega a Miguel de Cervantes, pasando por Lope de Vega o Tirso de Molina, son titanes de nuestras letras. Pero otros, como Agustín de Rojas Villandrando, también lo son, aunque no nos suenen tanto, y de ahí el homenaje. Hay muchos, muchísimos, como él, y nombrarlos de vez en cuando le quita un poco de iniquidad a la tarea que afrontan los historiadores y críticos de literatura.

Afirma uno de ellos, José Carlos Mainer, que «la literatura española es una construcción artificial [...] que determina la forma de agrupar un conjunto heteróclito de textos (literarios o ideológicos) con la idea de hacerles decir algo sobre la existencia colectiva».

Pues bien, ¿qué nos dicen hoy los poemas de Garcilaso de la Vega, el teatro de Lope o la picaresca sobre nuestra «existencia colectiva»? De algún modo, nos reconocemos en esas páginas. El amor cortés, la listeza y el idealismo son valores, o filosofías, con los que no nos cuesta empatizar. Es posible que un sueco sea incapaz de comprender la picaresca, lo mismo que nosotros no disfrutamos tanto como ellos con la visión de unos gansos salvajes sobre nuestras cabezas.

Pero no siempre fue así. Cuando Boscán y Garcilaso se propusieron «italianizar» la poesía española, no faltaron quienes les reprocharon su alejamiento de la métrica tradicional, y a Cervantes no se le tomó del todo en serio hasta mucho más tarde. Ambos merecieron, sí, el aplauso de sus contemporáneos, pero, si sus detractores hubiesen triunfado, posiblemente hoy hablaríamos de otros autores en su lugar. Si los poetas del 27 no hubieran salvado a Góngora, ¿estudiaríamos hoy a Góngora? ¿Y qué hay de San Juan de la Cruz, marginado hasta el siglo XIX?

Si nuestra memoria fuera infinita, no tendríamos que vernos en la tesitura de un constante escrutinio cada vez que nos da por restaurar los colores del pasado. Pero no lo es, y el cernedor está listo para separar la harina del salvado.

Más allá, los gigantes. Los escritores.

EL HIJO PRÓDIGO DE ITALIA…
QUE NACIÓ EN TOLEDO

«Escrito está en mi alma vuestro gesto». Así comienza uno de los sonetos más hermosos y citados de la literatura española. Su autor, Garcilaso de la Vega (h. 1499-1536), príncipe de los poetas, hizo de su vida una alegoría perfecta de los apetitos renacentistas, el saber y la aventura, el amor y la belleza, la paz y la guerra. Nacido en Toledo de noble cuna, se forjó en la corte de Carlos I y se casó en 1525 con la dama Elena de Zúñiga, que no sería, sin embargo, su único amor. Guiomar Carrillo y su prima Magdalena de Guzmán, que luego se metería a monja, vinieron antes, y Beatriz de Sá, segunda esposa de su hermano Pedro, llegaría después. Fue esta Beatriz, oriunda de las islas Azores, la pastora Elisa a la que dedicó algunos de sus versos, tal como reveló la profesora María del Carmen Vaquero Serrano hace unos años, desmontando el tópico que le ponía el nombre y los rasgos de otra dama portuguesa, Isabel Freire.

Poeta y soldado, Garcilaso murió joven, en Niza, en el curso de una de las múltiples guerras que el emperador Carlos sostuvo contra Francisco I de Francia. Antes, había tenido tiempo de escribir unas pocas obras, que su amigo Juan Boscán (1492-1542) rescató del olvido: tres églogas (composiciones de tema pastoril), dos elegías, cinco canciones, unas cartas, varias coplas tradicionales —como esa que comienza: «Nadie puede ser dichoso, / señora, ni desdichado, / sino que os haya mirado»—, dos odas en latín y cerca de cuarenta sonetos.

La amistad de Boscán y Garcilaso ha sido una de las más fructíferas de nuestras letras. Juntos, introdujeron en la poética española la lírica italianizante, a través de estrofas como el soneto y el terceto encadenado, así como el verso endecasílabo, que hubo de luchar con uñas y dientes para sobrevivir a las iras de los castellanistas y su secular octosílabo. Cristóbal de Castillejo (h. 1490-1550), paladín de este último grupo, les endilgó una sátira con trazas de rapapolvo: «Han renegado la fe / de las trovas castellanas / y tras las italianas / se pierden, diciendo que / son más ricas y lozanas».

La influencia de
Petrarca en la lírica
española es notoria.
Desde el marqués de
Santillana a
Lope de Vega,
pasando, cómo
no, por Garcilaso
de la Vega, todos
se dejaron tocar
por este humanista
italiano.

A Boscán, unos pocos años mayor que Garcilaso, no le costó reconocer el magisterio de su colega, un Petrarca redivivo capaz de adaptar sin traumas los versos de once sílabas a la poesía española. Hay una fecha crucial en esa revolución, 1526, cuando Boscán se entrevista con el embajador veneciano Andrea Navagero en Granada, y este le insta a probar en lengua castellana «sonetos y otras artes de trovas usadas por los buenos autores de Italia». Con la ayuda de Garcilaso, el juego se puso en marcha, y aquel soneto mágico que comenzaba diciendo: «Escrito está en mi alma vuestro gesto», concluiría con este terceto magistral: «Cuanto tengo confieso yo deberos; / por vos nací, por vos tengo la vida, / por vos he de morir, y por vos muero».

Fueron buenos tiempos para la lírica, inmejorables tiempos para la lírica, aquellos en que reinó Carlos I.

Junto a Garcilaso, Boscán o el mismo Castillejo, dejaron muestras de su genio Gutierre de Cetina o Hernando de Acuña (1520-1580), entre otros.

EL ADN HISPANO: LA PICARESCA

La novela picaresca es el género español por antonomasia y aquel que, por su honestidad, su ternura y, desde luego, su calidad, mejor ha resistido los embates del tiempo. Y, en efecto, el género resulta tan español como lo es la búsqueda de un padre: la crítica ha barajado tantos nombres para bautizar al posible autor del *Lazarillo de Tormes*, que la cosa empieza a parecer una novela policiaca en la que el culpable es el sospechoso que menos sale. De momento, este clásico de nuestras letras, que vio la luz en 1554, sigue siendo anónimo, aunque Diego Hurtado de Mendoza (h. 1503-1575), embajador de España en Italia, se ha apuntado algunos tantos en los últimos años. En 2010, la paleógrafa Mercedes Agulló descubrió unos documentos del corrector del *Lazarillo* que vendrían a refrendar su firma.

Fuera quien fuera su autor, bien pudo simpatizar con la corriente erasmista que anhelaba la reforma espiritual de una Iglesia corrupta y pecadora. El clero no sale bien parado en la carta que un ya maduro Lázaro de Tormes escribe «a Vuestra Merced» para ponerle al corriente de sus fortunas y adversidades desde que, siendo niño, quedara huérfano de padre y empezara a servir a un ciego en Salamanca. A lo largo de sus distintos tratados, Lázaro refiere su vida junto a sus amos –el ciego, el clérigo de Maqueda, un pobre hidalgo, un escudero, un fraile mercedario, un expendedor de bulas, un capellán, un pintor de panderos y un alguacil–, hasta que se casa con la criada de un arcipreste que le pone los cuernos.

85

El *Lazarillo de Tormes* contiene algunas de las escenas más inolvidables de la literatura española, como aquella del ciego, la longaniza y el nabo, aquí interpretada por el genial Goya.

El *Lazarillo de Tormes* es un retrato despiadado, patético, de la España del siglo XVI, sorda a las fanfarrias de un Imperio incapaz de curar el tumor que propiciaría su declive. Es una obra realista, desencantada y cáustica que pasa el espejo por una sociedad de míseros y egoístas. Con la razón de su sinrazón, el Santo Oficio la incluyó en su *Índice de libros prohibidos* en 1559. ¿Cómo iba a tolerar la bajeza de un personaje como el clérigo de Maqueda, que «comía como lobo» mientras mataba de hambre a su criado? ¿O las posibles insinuaciones sexuales sobre el fraile mercedario? ¿O los chismes que ligaban al arcipreste de San Salvador con una barragana?

Dicho lo cual, la obra es para todos los públicos. El *Lazarillo de Tormes* se lee con el ángel que suscitan las historias de supervivientes, sobre todo si estos son niños. Hay escenas y lecciones inolvidables. El ciego advierte al niño: «Necio, aprende que el mozo del ciego un punto ha de saber más que el diablo» y, más adelante, le dice: «¿Sabes en qué veo que las comiste tres a tres? En que comía yo dos a dos y callabas». ¡Toda una clase de picaresca!

Evidentemente, una obra de este calibre tuvo que cargar con muchas copias e imitaciones. Sólo un año después de su publicación, aparecieron varias secuelas, una anónima y la otra, más realista, firmada por Juan de Lena, para replicar a los desvaríos de la anterior. A lo largo del siglo XVII, nacieron otros Lazarillos, y ya en 1944 Camilo José Cela (1916-2002) alumbró las *Nuevas andanzas y desventuras de Lazarillo de Tormes*, confirmando la vigencia del modelo primario. En realidad, el tremendismo de *La familia de Pascual Duarte* bebe también del *Lazarillo*, como también las novelas de Pío Baroja que forman parte de la trilogía *La lucha por la vida*. La sombra del anónimo autor ha sido, como se ve, muy alargada.

Su fama ha empequeñecido a otra pequeña joya de la literatura picaresca, que muchos citan pero casi nadie lee ya. Hablamos de *Guzmán de Alfarache* (1599 la primera parte, 1604 la segunda), obra del sevillano Mateo Alemán (1547-1614). Espontánea confesión de su protagonista, el libro añade nuevas calamidades a la situación de España que, tras el reinado de Felipe II, cabalga hacia su ocaso fatal. Alemán, que ha asimilado la estética del *Lazarillo*, renueva su ética: el protagonista se arrepiente de sus pecados e invita al lector a una reflexión moral a partir de su conversión en un hombre bueno. Hay, pues, sermones, sentencias sagradas, digresiones... Doctrina, en una palabra. Pero hasta su arrepentimiento, Guzmán sigue los pasos del de Tormes. Mozo de varios amos, sirve a un posadero, a un cocinero y a un capitán, y el clérigo de Maqueda se «transforma» en un cardenal en Roma. En los años transcurridos desde el *Lazarillo*, la literatura española ha amparado, como hemos visto, un sinfín de obras de carácter ascético, que irremediablemente se «cuelan» en el discurso de Guzmán.

Con la arcilla de la picaresca, Alemán arma una novela educativa, que no todos los lectores han sabido disfrutar. Sin ir más lejos, Miguel de Unamuno la liquidó con una sucesión de exabruptos, definiéndola como una «sarta de sermones enfadosos y pedestres de la más ramplona filosofía y de la exposición más difusa y adormiladora que cabe».

Estebanillo González, el último pícaro

Publicada en 1646, *La vida y hechos de Estebanillo González, hombre de buen humor, compuesta por él mismo* cerró a lo grande el ciclo picaresco inaugurado por el *Lazarillo de Tormes*. Anónima como aquella, la novela lleva la autenticidad a las cotas más altas: el mozo se presenta como bufón del general florentino en Flandes Ottavio Piccolomini y, más tarde, del cardenal-infante Fernando de Austria, hijo de Felipe III, con el tapiz de fondo de la guerra de los Treinta Años.

A lo largo de trece capítulos, el personaje recorre con sus amos toda Europa, desde Portugal a Lituania: cabría leerla, pues, como una novela de aventuras en la que el protagonista es un arlequín desvergonzado que jamás aspira a las medallas, sino a vivir de la mejor manera posible. «Una de las novedades principales respecto del género es que el narrador no pretende moralizar», afirma el profesor Gerardo Fernández San Emeterio. Estebanillo es un bribón carente de moralidad, amante de los placeres y enemigo del sacrificio. La identificación del narrador con el personaje fue tal que muchos aceptaron que su autor era, en efecto, el bufón de Piccolomini, algo que la crítica actual ha descartado por completo. De acuerdo con un estudio de Antonio Carreira y Jesús Antonio Cid, el verdadero padre de Estebanillo sería Gabriel de Vega, un funcionario español que trabajaba en la corte de Bruselas.

La guerra de los Treinta Años es el lienzo en el que se desenvuelve Estebanillo González, postremo pícaro de la tradición de Lázaro de Tormes.

EL LIBRO DE LOS LIBROS

Si Miguel de Cervantes no hubiera escrito el *Quijote*, es posible que sus otros títulos –novelas como *La Galatea*, las *Novelas ejemplares* o *Los trabajos de Persiles y Sigismunda*, y sus comedias y entremeses– le hubiesen valido para conservar la supremacía en el Olimpo de las letras españolas.

Pero Cervantes (Alcalá de Henares, 1547-Madrid, 1616), hombre de armas y letras, soldado en Lepanto, cautivo en Argel, espía al servicio de Felipe II, preso en España en varias ocasiones, lo hizo, lo escribió, y puso el listón tan alto que desde entonces nadie ha podido igualarlo.

El padre de Alonso Quijano y Sancho Panza fue siempre consciente de su valía y también de sus carencias. La poesía, reconoció, fue una gracia que no quiso darle el cielo, pero, si bien Lope, Quevedo y Góngora lo aventajaron en esas lides, compuso en verso su *Viaje del Parnaso*, sus obras de teatro y algunos entremeses, y sembró el *Quijote* de poemas, algunos buenos y otros incluso mejores. Sobre el arte de la novela, no mintió cuando advirtió, en el prólogo de *La Galatea*, «que yo soy el primero que he novelado en lengua castellana», aludiendo a que, hasta entonces, la práctica común era refundir textos extranjeros.

Pero la fortuna, qué raro, le fue esquiva. Hoy, que tantos viven de Cervantes –profesores, críticos literarios, traductores, escritores, comisarios de exposiciones, políticos y hasta antropólogos forenses–, sólo cabe lamentar que a nuestra mayor gloria apenas le dejaran tiempo para sus ensoñaciones. Entre *La Galatea* (1585) y *El ingenioso hidalgo don Quijote de La Mancha* (1605), no dio nada a la imprenta, entretenido en sus negocios como comisario de provisiones y abastos y, en definitiva, en la penosa supervivencia que exigía ese Siglo de Oro, tan notable para el progreso de la humanidad como funesto para los hombres mirados uno a uno.

Y aun después del *Quijote*, y pese a la fama que gozó ya en su momento, como prueba la aparición del apócrifo de Avellaneda, no cesaron los sinsabores para su creador. Tal vez el día de su muerte, a los sesenta y ocho años de edad, en una calle del Madrid de los Austrias, evocara en él la claudicación de su ingenioso hidalgo, quien, en su último lecho, le pedía perdón por haberle dado motivo para escribir «tantos y tan grandes disparates».

Se dice, y bien dicho está, que el *Quijote* es el libro más traducido del mundo después de la Biblia. No hay una sola lengua que no haya gozado de la música de sus cerca de cuatrocientas mil palabras, y, sin embargo, las encuestas nos chivan que sólo el 21,6 % de los españoles lo han leído completo alguna vez. ¿Por qué su reputación crítica va acompañada del «fracaso» entre los lectores? No hay una razón plausible. Considerando el volumen de muchas sagas novelescas y *best-seller* de hoy en día, no parece que su extensión sea determinante, y ni siquiera el lenguaje es inaccesible. Sucede tal vez con el *Quijote* lo mismo que con las películas en blanco y negro, que accionan una especie de resorte llamado «prejuicio», y es una lástima, porque no hay libro más ameno y curioso que este que, por tantos motivos, se diría destinado a los ojos de un niño. Pero el recelo viene de lejos. Unamuno señaló que España era una de las naciones en que menos se leía el *Quijote*, y echó la culpa de ello a «los críticos y comentadores que como nube de langostas han caído sobre nuestro desgraciado libro, dispuestos a tronchar y estropear las espigas y a no dejar más que la paja».

A través de su personaje Cide Hamete Benengeli, a quien atribuye buena parte de la obra, Cervantes señala, como hemos dicho en alguna parte, que no fue otro su propósito que «poner en aborrecimiento de los hombres las fingidas historias de los libros de caballerías», pero es evidente que la intención era otra, o que esa se le quedó pequeña, entre otras cosas porque, a principios del siglo XVII, los libros de caballerías ya no gozaban del predicamento de antaño. En cambio, cumplió con creces Cervantes el deseo que expresara en el prólogo: «Sin juramento me podrás creer que quisiera que este libro, como hijo del entendimiento, fuera el más hermoso, el más gallardo y más discreto que pudiera imaginarse». ¡Y vaya si lo fue! Para el premio Nobel Mario Vargas Llosa «el gran tema de don Quijote de La Mancha es la ficción, su razón de ser, y la manera como ella, al infiltrarse en la vida, la va modelando, transformando».

A lo largo de dos partes, publicadas con diez años de diferencia –en 1605 y 1615–, Cervantes nos convida a una fiesta del lenguaje y la imaginación, que sigue los pasos de un hidalgo, que, a fuerza de leer libros de caballería, enloquece y se obstina en imitar a sus héroes. Tras rumiar su nombre durante ocho días, se hace llamar don Quijote de La Mancha y busca una dama de quien enamorarse, que será la aldeana Aldonza Lorenzo, natural de El Toboso (Toledo). En su primera salida, se arma caballero en una venta y un mozo de mulas le propina una paliza, hasta que un vecino suyo lo manda de vuelta a casa. Allí, sus amigos, el cura y el barbero, resuelven quemar los libros que tanto daño le han hecho, pero don Quijote sigue en sus trece y, en el curso de su convalecencia, persuade a otro vecino suyo, el labrador Sancho Panza, «hombre de bien pero de muy poca sal en la mollera», de que lo acompañe en calidad de escudero, con la absurda promesa de que le hará gobernador de una ínsula. Así empieza su segunda salida, repleta de lances, batallas y aventuras.

El *Quijote* es una humorada genial que, partiendo de la parodia de un género literario –el de los libros de caballerías–, muestra el camino que seguirá la novela moderna, ya sugerido unas décadas antes por el *Lazarillo de Tormes*. Al igual que aquel, pero con una ambición desbordante, don Quijote es un personaje que evoluciona constantemente. Su proyecto vital, descrito ya en la primera página, va virando hasta quedar revocado en los últimos capítulos por el peso de la realidad. Los papeles del caballero y el escudero se invierten. El idealismo de

El Senado hospeda el óleo *Discurso que hizo don Quijote sobre las armas y las letras* (1884), del sevillano Manuel García Hispaleto, en el que el caballero andante prepone las primeras a las segundas.

uno, don Quijote, contagia el realismo del otro, Sancho Panza, y viceversa; y ese es sólo uno de los hallazgos que ha deparado la lectura del *Quijote* a lo largo de los siglos. Juan Benet, en su breve ensayo *Onda y corpúsculo en* el *Quijote*, nos da otra clave: «Cervantes decidió inventar su propio mito, sin tener que pedir prestado nada a nadie, ni a la historia ni a la leyenda ni a la religión ni a la mitología, disciplinas que conocía bastante bien. Es decir, inventó la invención literaria».

La recepción de la obra no siempre fue igual, aunque rara vez fuera adversa. La verdad es que cuando el periodista César González Ruano dijo en el Ateneo de Madrid que parecía claro que Cervantes era manco porque había escrito el *Quijote* «con los pies» o cuando Borges confesó que, tras leerlo por primera vez en inglés, el texto de

Cervantes le pareció una «mala traducción», a uno se le viene a la cabeza el viejo concepto de «épater le bourgeois», esto es, descolocar –o despatarrar– al burgués mediante la provocación pura y dura.

Estamos seguros de que a Cervantes, el primer comentarista y crítico de su libro, le habrían encantado esas salvas. A la menor oportunidad, este prestidigitador de la ficción pone en boca de sus personajes disquisiciones sobre el curso de la novela, sus aciertos y sus yerros, así en el caso del bachiller Sansón Carrasco, que discute la conveniencia de las historias intercaladas: «Una de las tachas que ponen a la tal historia es que su autor puso en ella una novela intitulada *El curioso impertinente*, no por mala ni por mal razonada, sino por no ser de aquel lugar, ni tiene que ver con la historia de su merced del señor don Quijote».

El mito del Quijote se agrandó con los románticos alemanes, que lo vieron como «un cuadro vivo y épico de la vida española y de su carácter innato» (Friedrich Schlegel) y valoraron las virtudes de su sátira (Schiller) y su humor (Jean Paul). A comienzos del siglo XIX, el nombre de Cervantes se codeaba ya con los de Dante y Shakespeare en el panteón de dioses de la Literatura, y su legión de seguidores era cada vez mayor. ¿Habría escrito Laurence Sterne *Vida y opiniones del caballero Tristram Shandy* sin la autoridad cervantina? ¿Existiría acaso Dickens? ¿O los franceses Boileau, Racine y Molière? Ah, ni siquiera Borges habría podido alumbrar a su *Pierre Menard, autor del Quijote*.

Tras la inmediata traducción de la primera parte del *Quijote* al inglés y al francés –en 1612 y 1614 respectivamente–, la voz y el estilo de Cervantes empezaron a ser reconocidos en el resto de Occidente. Faltaban todavía unos años para que su eco alcanzara a Oriente, aunque el autor ya bromeaba con esa posibilidad en su dedicatoria

Don Quijote de La Mancha es una suma de todos los géneros literarios de su época. Tiene capítulos picarescos, pastoriles, moriscos, ejemplares y, por supuesto, de caballería.

al conde de Lemos, al comienzo de la segunda parte de su obra, cuando anuncia que el emperador de la China le ha suplicado una copia para que sus alumnos aprendan castellano en la escuela. Es incluso verosímil que Shakespeare leyera el *Quijote* en la versión de Thomas Shelton de 1612, ya que no tardó en escribir una obra, *Cardenio*, inspirada en uno de los personajes cervantinos y representada dos veces en 1613, antes de que el Teatro del Globo fuera pasto de las llamas.

Y, al igual que la percepción del *Quijote* ha cambiado en función de cada época y cada nación, la impresión que nos deja su lectura es también distinta según el momento en que la emprendamos. De ahí que lo ideal sea leerlo no una, sino al menos tres veces en el curso de la vida: de niño, en la madurez y cuando peinemos canas. Uno de sus estudiosos más entrañables, el medievalista

Martín de Riquer, solía decir que envidiaba a quienes aún no habían paseado por sus páginas, porque todavía les quedaba el placer de hacerlo.

Y ¿en qué consiste ese placer? Tal vez en su lección permanente de libertad y humanidad. Alonso Quijano es un héroe como nosotros, hecho de memoria y sueños, un niño en un mundo de mayores que va descubriendo a golpes y desengaños la verdad de la vida, sin perder nunca el sentido de la aventura ni la fe en las palabras. Son incontables las razones para asistir a esta clase magistral de historia y estilo, impartida por un profesor tan irónico como sabio, desprendido y torrencial. Los filólogos hallarán en sus páginas la génesis de la novela moderna y quienes no lo somos nos toparemos, como sin querer, con el presente de la narrativa universal. Porque no hay libro tan moderno como este, tan audaz y revolucionario. Tal es su vitalidad que se sigue prestando sin menoscabo a la reinterpretación de unos y de otros.

Hoy, el *Quijote* es mucho más que un libro. Un sinfín de óperas, conciertos y poemas sinfónicos se han inspirado en él. Cineastas como Orson Welles o Grigori Kózintsev trasladaron al lenguaje del séptimo arte la epopeya burlona del hidalgo y, en 2015, el escritor Andrés Trapiello lo «tradujo» a la lengua que se habla hoy en día, en un valiente ejercicio de amor y responsabilidad a partes iguales. «El *Quijote* –explicaba el autor en el prólogo– es una gran partitura en la que cada lector interpreta, y eso ha hecho uno, con el mayor respeto, desde luego: poner en ella mis propias cadencias». La institución pública para la promoción y enseñanza de la lengua española lleva el nombre de su «padre», Miguel de Cervantes. Y es que don Quijote de La Mancha es España, lo mismo que Ulises es Grecia o Fausto Alemania.

Y, no obstante, no es de recibo olvidar aquí el resto de obras de don Miguel, quien, por encima del

Quijote, prefería entre sus libros *Los trabajos de Persiles y Sigismunda*. Quienes no quieran acordarse de ese lugar de La Mancha pueden probar con *La gitanilla*, *Rinconete y Cortadillo*, *El licenciado Vidriera*, *El coloquio de los perros* o cualquiera de sus *Novelas ejemplares*. Son más cortas e igual de divertidas.

EL TEATRO DEL SIGLO DE ORO

España era el gran teatro del mundo. Los nombres de los autores se recitaban como hacemos hoy con el once de un equipo de fútbol. Al pueblo le cautivaban los temas, le embelesaban los trajes y los vestidos, y las palabras ejercían sobre él un raro conjuro. ¡Quién pudiera volver a aquellos años en que Lope, Tirso y Calderón (pero también Mira de Amescua, Ruiz de Alarcón o Agustín Moreto) eran los reyes en la sombra de Madrid! Los dramaturgos entretenían a la corte en los recintos palaciegos, y desde ahí las obras conquistaron el corazón del pueblo, que llenaba los corrales de comedia, mientras, en la calle, los galanes, damas y bufones se disputaban el verbo con gracia y soltura.

Ahora que está de moda el microteatro, no podemos obviar que en el Siglo de Oro cualquier escenario era válido para actuar, hasta las casas particulares o el patio de una universidad. Las ciudades más florecientes presumían, claro, de sus corrales de comedia, con su representación diaria, fuera o no de estreno. El Coliseo y la Montería de Sevilla, la Olivera de Valencia o los corrales del Príncipe y la Cruz de Madrid atraían a gentes de toda condición y, mientras unos reían y lloraban, otros cerraban negocios con un apretón de manos.

El alojero ofrecía agua, fruta y el compuesto que daba nombre a su oficio, la aloja –hecha de agua, miel y especias–, y, tal como señala José María Ruano de la Haza en *Historia de los espectáculos en España*, «una vez en el interior, esperando que comenzara la función, hombres y mujeres, pese a estar rígidamente separados como en las iglesias de entonces –que era el otro lugar público donde los dos sexos podían verse, aunque fuese de lejos–, se intercambiaban miradas, señales y papeles», con la complicidad del alojero de turno. Si el espectáculo gustaba al respetable, los aplausos traspasaban el toldo y hacían vibrar las gradas. Si no, los actores recibían el abucheo de las llaves contra los barrotes.

Y no había luto más triste, pueden creernos, que el incendio de un teatro, lo que no era tan infrecuente dado los materiales con que se construían. Pero a rey muerto, rey puesto; y, una y otra vez, esos fénix se levantaban de sus cenizas, cada vez más ostentosos y con mayor aforo, porque la fiebre del teatro no se atemperaba nunca, antes al contrario. ¿Y por qué? Pues porque el teatro era un sinónimo perfeccionado de la vida, el único lugar donde se podía soñar con los ojos abiertos. Los amores y batallas se cocinaban a fuego lento con la sal de la fantasía y los efectos especiales, como desgranaremos al hablar de los grandes nombres de la escena.

El Siglo de Oro dio para mucho. La sociedad creció y el teatro fue evolucionando de su mano. El monstruo Lope de Vega fijó sus reglas, que perdurarían hasta el Neoclasicismo, y el pueblo llano «ideó» las tramas. Si lo que funcionaban eran las comedias de capa y espada o los autos sacramentales, los entremeses y los bailes, si los dramas históricos y las comedias mitológicas colgaban siempre el cartel de «lleno», ¿quiénes eran los empresarios para pedir otros géneros? Lo trágico y lo cómico se miraban a los ojos, y las caras del público semejaban las máscaras volubles de los romanos, ora alegres, ora angustiadas como la de *El grito* de Munch.

«¡Quién pudiera volver a aquellos años!», exclamábamos antes. Pues bien: podemos hacerlo. Quien quiera acomodarse en el diván del pasado sólo tiene que visitar el Corral de Comedias de Almagro, el único recinto de su naturaleza que se ha conservado intacto desde que, allá por el siglo XVII, fuera construido por Leonardo de Oviedo en el antiguo Mesón del Toro. Redescubierto en 1954, es hoy el centro del Festival de Teatro Clásico que, en verano, transforma Almagro en un escenario palpitante de «ruido y furia».

¿Quién nos asegura, entre los líos y ardides de Fenisa, Benisa, Lucindo o Hernando, los protagonistas de *La discreta enamorada* de Lope, que no hemos vuelto al siglo XVII? A cada momento, nos parece que el fantasma del escritor va a asomarse por la cazuela, el patio o los aposentos, confirmando que la cuarta dimensión es tan quebradiza o practicable como la cuarta pared...

Y, en efecto, aquí está, en persona: ¡el mismísimo Lope de Vega!

Todo para el pueblo (y con el pueblo)

Cuando Lope de Vega (1562-1635) escribió el *Arte nuevo de hacer comedias*, sabía bien de lo que hablaba. En un texto cargado de humor e ironía, el Fénix de los Ingenios resolvió que, como las comedias las pagaba el vulgo, era «justo hablarle en necio para darle gusto». Su ley era... que no había ley. Violentó el respeto a las viejas unidades de lugar, tiempo y acción (v. Glosario) y se quedó tan ancho. Se inclinó por los tres actos o jornadas –a modo de principio, nudo y desenlace– en lugar de los cinco preceptivos y, libre y confuso como la misma naturaleza, concilió en un soplo la tragedia y el drama. Manejó el verso como nadie: las estrofas fluían

99

de sus manos con el sello feliz de la polimetría (esto es, el uso de diferentes formas métricas).

En una época en la que los escritores tenían que arrastrarse para llegar «a fin de mes», Lope hizo que los corrales de comedia de Madrid, escenario de tantos de sus cuadros y testigo de tantas palabras, cayeran a sus pies. Su coetáneo Juan Pérez de Montalbán (1602-1638) le atribuyó la friolera de 1.800 piezas dramáticas, y Lope, más modesto, las redujo a 1.500 en su *Égloga a Claudio*, escrita sólo tres años antes de su muerte. Imposible llevar la contabilidad de semejante monstruo de la naturaleza, de quien Cervantes, en el prólogo de la segunda parte del *Quijote*, dijo, no sin retranca, que adoraba su ingenio, sus obras «y la ocupación continua y virtuosa». Desde 1940, el corpus de Lope de Vega se ha reducido considerablemente, tras el monumental estudio de los hispanistas estadounidenses Sylvanus Griswold Morley y Courtney Bruerton, que fijaron en 314 sus obras seguras. La cifra no es irrefutable, claro. Sin ir más lejos, en enero de 2014 se anunció la recuperación de uno de sus inéditos, *Mujeres y criados*, que se puso en escena con notable éxito.

Junto con Tirso de Molina y Calderón de la Barca, que tampoco escaparán a este sainete, Lope de Vega llevó el teatro del Siglo de Oro a su máxima expresión. Si eso no fuera suficiente mérito, escribió miles de sonetos, varias novelas y epopeyas, algunos poemas didácticos, textos doctrinales y apologéticos, centenares de cartas, un poema épico-burlesco sobre gatos, y muchas, muchas cosas más. Ah, y se casó dos veces y tuvo varias amantes, entre ellas Micaela Luján, madre de cinco de sus hijos, y Marta de Nevares, a la que bautizó como Amarilis o Marcia Leonarda. Para Lope solo se necesitaría una Breve Historia de Nowtilus, y lo de «breve», nos tememos, habría que negociarlo…

MUJERES Y CRIADOS

La Biblioteca Nacional se hizo con la copia manuscrita de *Mujeres y criados* en 1886, pero hasta fechas muy recientes nadie la relacionó con Lope de Vega. Probada su autoría, esta comedia urbana se representó con éxito en el Teatro Español de Madrid en 2015. ©Javier Naval

Pero vayamos aquí a su teatro. Si nos pidieran citar un par de obras suyas, nos veríamos en un aprieto, aunque sería imperdonable pasar por alto *Fuenteovejuna* y *El caballero de Olmedo*. Y habría que añadir, al menos, media docena de obras maestras, como *Peribáñez y el comendador de Ocaña*, *La dama boba*, *El mejor alcalde, el rey*, *El castigo sin venganza*, *El perro del hortelano* o *Lo fingido verdadero*.

Marcelino Menéndez Pelayo sostenía que Calderón de la Barca había sido, tras Sófocles y Shakespeare, el tercer «gran dramático del mundo», pero fue también él quien, con sus estudios, puso a Lope de Vega en el pedestal que le correspondía. Suya es la eficaz distribución de las comedias lopistas en varios bloques, que tientan sus temas predilectos: la historia, la religión, las costumbres…

El honor, por supuesto, es otra de las claves para comprender su obra. Dramas como *Fuenteovejuna*, *Peribáñez y el comendador de Ocaña*, *El mejor alcalde, el rey*, *El castigo sin venganza* o *El caballero de Olmedo* hablan de la honra perdida y vindicada, en línea con esa obsesión que acució el Siglo de Oro y atrajo a autores como Calderón o Rojas Zorrilla (1607-1648).

Tras su muerte en 1635 –por cierto, el año de *La vida es sueño*–, su citado biógrafo Juan Pérez de Montalbán publicó *Fama póstuma a la vida y muerte del doctor frey Lope Félix de Vega Carpio*, que incluía panegíricos de ciento cincuenta y tres poetas. Le querían, sabedlo.

El viaje más entretenido de Agustín de Rojas Villandrando

A poco que metamos las narices en el Siglo de Oro, descubrimos un filón de ese metal. Uno no sabe si abrir más la boca con las obras que nos dejaron estos tipos o más bien con la vida que llevaron. Agustín de Rojas Villandrando (1572-h. 1635) fue soldado y corsario, negro de curas a los que escribía sermones y ladrón de capas para sobrevivir –«no sé si quité capas, destruía las viñas, y asolaba las huertas», dice–, prisionero en Francia y asilado en sagrado tras matar a un hombre en Málaga. Cuando se prohibieron las comedias un par de años a finales del XVI, en señal de duelo por la muerte de una hija de Felipe II, nuestro dramaturgo montó una mercería para ir tirando. Por cierto, que, como veremos en el siguiente capítulo con Calderón de la Barca, lo de cerrar corrales en señal de duelo estaba a la orden del día. Lo malo era que la villa de Madrid financiaba los hospitales con lo que sacaba por las comedias, de modo que al final no quedaba más remedio que levantar la restricción.

El viaje entretenido, de Agustín de Rojas Villandrando, nos abre los ojos sobre la pluralidad de agrupaciones teatrales en el Siglo de Oro, desde el «bululú» a la «compañía». ©Cristina Botello

De Rojas Villandrando fue actor además de autor, como Lope de Rueda, a quien presentaremos en las páginas finales. Le gustaba la proximidad de los cómicos, y *El viaje entretenido*, su mejor obra, es una miscelánea en la que él mismo habla con los miembros de su compañía sobre asuntos de la vida teatral. Define, por ejemplo, los tipos de agrupaciones:

- Bululú: un solo representante;
- ñaque: dos hombres;
- gangarilla: tres o cuatro hombres y un muchacho que hace de dama;
- cambaleo: una mujer que canta y cinco hombres que lloran;
- garnacha: cinco o seis hombres, una mujer y un muchacho;

- bojiganga: seis o siete hombres, dos mujeres y un muchacho;
- farándula: víspera de compañía, en sus propias palabras; y, la citada...
- compañía: opera con un repertorio de unas cincuenta comedias, y la conforman «dieciséis personas que representan, treinta que comen, uno que cobra y Dios sabe el que hurta».

Si quisiéramos montar aquí nuestro particular *Shakespeare in love*, este libro sería una fuente inagotable de información. En el prólogo, su autor, que carga con el sobrenombre del *Caballero del Milagro*, habla de su vida, uno no sabe si exagerando un poco sus andanzas. Es una obra maravillosa, que te hace sentir uno más de la familia: Ríos, Ramírez, Solano, Rojas... y usted mismo. Y hay de todo: historia, cuentos, poesías..., que para eso es una miscelánea, género didáctico que fue muy apreciado en el Renacimiento y el Barroco. Uno de sus relatos, *Soñar despierto*, pudo inspirar a Calderón el tema de *La vida es sueño*, aunque, a decir verdad, ya en *Las mil y una noches* el comerciante Abul-Hassan se despertaba en la cama de Harún Al-Raschid y asumía el papel del califa.

También escribió comedias y loas, ninguna con el peso y el pasatiempo que desata *El viaje entretenido*.

Un mercedario en los corrales

La obra de Tirso de Molina (1579-1648), que en realidad se llamaba Gabriel Téllez, se desplegó entre los reinados de Felipe III y Felipe IV. Discípulo de Vega, llevó una vida mucho más tranquila que este, aunque los deberes de su Orden —era mercedario— le hicieron desplazarse incluso fuera de las fronteras peninsulares. Durante dos años, entre 1616 y 1618, residió en Santo Domingo y trasladó parte de esa experiencia a sus escritos, así por ejemplo a *La trilogía de los Pizarro*, sobre los hermanos Francisco, Gonzalo y Hernando Pizarro.

Heredero natural de Lope, fue compañero de tertulia de un poeta hoy olvidado, el sevillano Francisco de Medrano, y rival de Quevedo y del novohispano Juan Ruiz de Alarcón (h. 1580-1639), autor este último de *La verdad sospechosa* (h. 1620), otro hito de nuestro teatro del Siglo de Oro. Pero no encontramos en la biografía de Tirso los aspavientos retóricos de Quevedo contra Góngora y viceversa. Al mercedario le gustaba escribir, y lo hizo sin medida. De sus cuatrocientas obras de teatro han llegado a nuestros días unas sesenta, así como una encantadora obra miscelánea, los *Cigarrales de Toledo*, mezcla de teatro, narrativa y poesía.

¿Qué hace que Tirso de Molina sea la tercera pata del taburete teatral del Siglo de Oro, junto con su maestro Lope y Calderón de la Barca? Quizá su frescura y atrevimiento. Consciente de las posibilidades que a la sazón presentaban los corrales de comedia, no se andaba con chiquitas a la hora de exigir los mayores recursos. En 1638, indicaba en la acotación primera de *Las quinas de Portugal* que «toda la fachada del teatro ha de estar, de arriba abajo, llena de riscos, peñas y espesuras, de matas, lo más verosímil y áspero que se pueda, imitando una sierra muy difícil».

Pero, por encima de la «forma», Tirso fue un adelantado del «fondo» y, aunque su fe era firme como un buen soneto, ello no impidió que la Junta de Reformación de las Costumbres, controlada por el mismísimo conde-duque de Olivares y entre cuyos miembros figuraba el inquisidor general Andrés Pacheco, le reprochara en 1625 su dedicación a esas «comedias profanas y de malos incentivos y ejemplos». El proceso no pasó a mayores, quizá por la intervención de Felipe IV, pero el fraile fue desde entonces

Sello de quince céntimos con la efigie de Tirso de Molina, fraile y escritor que en 1635 publicó una miscelánea religiosa titulada *Deleitar aprovechando*. Esa misma filosofía era la que movía su teatro.

objeto de un severo seguimiento por parte de las autoridades y su producción teatral decayó en número hasta su muerte. ¿Qué era eso de que un mercedario tonteara en los corrales de comedias de la Villa y Corte?

Afortunadamente, en 1625, Tirso había realizado ya sus obras más emblemáticas y renovadoras, como *Don Gil de las calzas verdes* o *El burlador de Sevilla y convidado de piedra*, que forja el mito de don Juan, retomado en el Romanticismo por José Zorrilla. Su otra gran obra, *El condenado por desconfiado*, el primer drama teológico del teatro español en opinión de Menéndez Pelayo, se presenta como un sermón sobre dos personajes antitéticos: un bandido y un ermitaño. ¿Quién se salva de los dos? Pues el que en la hora última se arrepiente de sus pecados y se arroja en brazos de la misericordia, frente a quien no cree de corazón en ella.

Tras el aviso de la Junta de Reformación, Tirso siguió escribiendo teatro, pero ya menos, y emprendió la redacción de una voluminosa historia de la Orden de la Merced y otros textos de naturaleza religiosa.

Gabriel Téllez no ha perdido hoy un ápice de su valor. En el mundo de la literatura bien se puede decir eso de que «por sus imitadores los conoceréis», y los de Tirso —el mismo Lope, Calderón o Agustín Moreto (1618-1669), quien se inspiró en *El condenado por desconfiado* para su comedia *San Francisco de Sena*— fueron de campanilla.

5

Nuestro primer desengaño

El arte Barroco prensó el siglo XVII en España. En un primer momento, el término se empleó como antítesis de lo clásico e incluso con un carácter peyorativo para designar lo recargado en la decoración o lo caprichoso de las líneas. Etimológicamente, proviene del portugués «barrueco», que nombra a unas perlas irregulares, malformadas.

Mientras las expresiones culturales alcanzaban sus cotas más altas de la mano de Cervantes, Lope de Vega, o los pintores Velázquez y Ribera, los Austrias menores –Felipe III, Felipe IV y Carlos II– asumían la gradual ingobernabilidad del territorio y confiaban a los validos los mandos del país. En esa lucha por la hegemonía mundial, Francia *nos* ganaría la partida, pero ya sabemos lo volubles que son los dados y lo que pasaría apenas un siglo después, en 1789.

Durante la primera mitad del siglo XVII, Europa asistió al robustecimiento de la Contrarreforma, que desde el Concilio de Trento, entre 1545 y 1563, había tratado de frenar la expansión del protestantismo. De ahí que el arte Barroco sea el de la imaginería religiosa, el realismo tenebrista y la dinámica teatralidad en fachadas e interiores de iglesias y catedrales.

Aquel tiempo de claroscuros confirmó que no hay mejor escuela para el ingenio que la crisis. Frente a la confianza renacentista, se impuso la épica de la frustración, la melancolía y el desengaño. La literatura se planteaba como una indagación acerca del paso irremediable del tiempo y la supervivencia de cada día, ya fuera la de un pícaro, ya la de un caballero andante. Los primeros espadas de la prosa y la poesía practicaron un arte suntuoso y juguetón, pero siempre con un trasfondo crítico.

Cuando *El diablo cojuelo* (1641), de Luis Vélez de Guevara (1579-1644), dejaba atrás la prisión de su redoma, y sobrevolaba Madrid con su libertador Cleofás, descubría que, bajo los tejados, la realidad no casaba con la apariencia y que esta se tenía que morder la lengua a la espera de volver a la calle y seguir engañando a los más cándidos. Igual que esa España de secesiones, conspiraciones y revueltas que se iba equipando, a golpe de desastre, para la resignación que estaba a punto de llegar.

Conceptistas como Quevedo y culteranos como Góngora coincidían en una cierta visión moral. Ambos eran, irremediablemente, hijos de su tiempo.

EL CONCEPTISTA FRANCISCO DE QUEVEDO

Cuando Quevedo nació en 1580, el imperio español afrontaba —y resolvía con éxito— la crisis sucesoria de Portugal, de la que derivó una poderosa unión dinástica.

Pero cinco años antes de que nuestro autor falleciera, esa unión se había disuelto y España seguía descendiendo los escalones de una crisis marcada por la sangría de las guerras europeas y los conflictos internos. Francisco de Quevedo fue el mejor testigo de esa decadencia, el hombre que cargó sobre sus hombros el lienzo crítico de una época en la que todo acabó por desmoronarse...

Hijo de Pedro Gómez de Quevedo, secretario de la princesa María y luego de la reina Ana de Austria, desde pequeño conoció los mimbres del cesto cortesano, que tantas veces satirizaría luego en sus obras. Leyó con avidez y aprovechamiento, se hizo amigo de Cervantes y enemigo de Góngora –a quien le pegó una nariz para los restos–, y a temprana edad empezó a publicar sus primeras composiciones.

Vivió la Conjuración de Venecia como agente secreto del duque de Osuna, fue desterrado a la Torre de Juan Abad cuando su protector cayó en desgracia, se ganó las simpatías de Felipe IV y el conde-duque de Olivares, y otra vez fue hecho preso, durante cinco años, en el convento de San Marcos, reclusión de la que salió muy malparado.

Su lucidez le facultaba para ver al rey desnudo, y la verdad es que nunca fue muy precavido. Ya lo avisó con estos versos: «No he de callar por más que con el dedo, ya tocando la boca o ya la frente, silencio avises o amenaces miedo».

Y no lo hizo. Y lo pagó muy caro. Entre burlas y veras, este maestro del conceptismo nos fue legando una obra incomparable, otra cúspide más de ese Himalaya literario que fue nuestro Siglo de Oro, en la que los sonetos de amor se alternan con las piezas satírico-morales, las filosóficas o las políticas.

Dos años después de recuperar la libertad, el autor de los *Sueños* fallecía en Villanueva de los Infantes (Ciudad

Francisco de Quevedo falleció en esta sobria celda del convento
de santo Domingo de Villanueva de los Infantes, en Ciudad Real.
©Antonio Real Hurtado / IPT Castilla-La Mancha

Real). Era el 8 de septiembre de 1645. El luto más negro
vistió la literatura de España.

¿A qué nos referimos cuando hablamos de «conceptismo»? El término, hijo del Barroco literario —al igual
que el culteranismo que practicara Góngora— apunta
a la correspondencia entre las ideas, sin perder de vista
la concisión ni la intensidad. Quevedo fue, sin duda,
el gran maestro de ese arte. Exprimía una noción y le
sacaba todo el jugo para hacernos beber la cicuta concen-
trada de su estilo. Que se llevara a matar con Góngora
no quiere decir, sin embargo, que el conceptismo y el
culteranismo fueran del todo incompatibles. El hecho de
que el primero «dislocara» el significado de las cosas y el
segundo se enfrascara en el vocabulario no impide que
ambos jugaran a desligarse del equilibrio clásico en aras
del vigor de la expresión, con el estímulo de un sinfín de
figuras retóricas.

Francisco de Quevedo escribió una sola novela, *La vida del Buscón*, más o menos por la época en que Mateo Alemán triunfaba con el *Guzmán de Alfarache*. De nuevo nos encontramos con el esquema de los distintos amos, fijado por el anónimo autor del *Lazarillo*, pero, a diferencia de la obra de Alemán, aquí sin intenciones moralizantes (otra diferencia es que la narración del Buscón se dirige a una mujer, a diferencia de sus precursoras). Quevedo se ríe abiertamente de este hijo de barbero ladrón y alcahueta medio bruja, que pone su mayor empeño en medrar y no lo consigue. Curiosamente, el autor nunca reconoció su autoría por temor a la Inquisición, que se ensañó con sus páginas más memorables, por lo que, en ocasiones, a Quevedo no le quedó más remedio que reformarlas o, como en el caso de el *Buscón*, repudiarlas.

Su obra más conocida, sin embargo, es la poética. En el siglo XVII, no se había acuñado todavía el término «esperpento», pero parece obvio que Valle-Inclán lo asimiló de las caricaturas de Quevedo, de esa «vieja verde compuesta y afeitada», de esas «culebras [que] mucho saben; / mas una suegra infernal / sabe más que las culebras: / así lo dice el refrán», o de los sonetos crueles que le endosó a su enemigo Góngora. Pero su soltura para el insulto no empañó su visión del amor. Quevedo fue un poeta del corazón, que, como Garcilaso con su Elisa o su Galatea, planeó todo un cancionero a Lisi, un amor de sueños fraguado por la tradición petrarquista.

En cualquier antología de poemas castellanos, figurará siempre *Amor constante más allá de la muerte*, que Dámaso Alonso consideraba, probablemente, el mejor de la literatura española:

> Cerrar podrá mis ojos la postrera
> sombra que me llevare el blanco día,
> y podrá desatar esta alma mía
> hora, a su afán ansioso lisonjera [...].

113

Y, si queremos resumir las congojas de la España del siglo XVII, bastará con citar estos versos:

> Miré los muros de la patria mía,
> si un tiempo fuertes ya desmoronados
> de la carrera de la edad cansados
> por quien caduca ya su valentía.

Polimorfa e inabarcable, la obra de Quevedo fue la de alguien que escuchaba con sus ojos a los muertos, esto es, la de un lector inmenso, de una cultura extraordinaria, que asimiló las enseñanzas de sus antepasados con una naturalidad pasmosa. Suena tan bien ese soneto que empieza: «Es hielo abrasador, es fuego helado / es herida que duele y no se siente [...]», que ni nos damos cuenta de que la versión de Quevedo no es sino un homenaje-*imitatio* del poeta portugués Luís Vaz de Camões: «Amor é um fogo que arde sem se ver; / é ferida que dói, e não se sente», «Es fuego amor que arde sin verse; / es herida que duele y no se siente».

Así era Quevedo, polimorfo, inabarcable, un moralista que no se dejó vencer por la melancolía, un genio triste y corrosivo, un príncipe de las palabras, finalmente un estoico, qué remedio.

EL CULTERANO LUIS DE GÓNGORA

Nacido en Córdoba en 1561, Luis de Góngora y Argote estudió en Salamanca, fue racionero de la catedral de Córdoba y recibió la amonestación del obispo Pacheco por su vida disoluta (entre otros «pecados», le gustaban las corridas de toros). Sus primeras composiciones fueron de corte satírico, un género que no abandonaría nunca y que supo compatibilizar con otros más graves, por los que hoy es recordado sobre todo.

Dicen que, siendo un quinceañero y para orgullo de su padre, lo alabó el humanista Ambrosio de Morales en estos términos: «¡Qué gran ingenio tienes, muchacho!». Se hizo un nombre como poeta erudito ya en su época salmantina y su fama creció más todavía cuando se mudó a la Corte, primero a Valladolid, donde conoció a Francisco de Quevedo, y luego a Madrid.

Lope lo soportaba a duras penas y Quevedo lo aborrecía. Las escaramuzas verbales con este último, a quien Góngora acusaba de imitar su poesía satírica, han pasado a la historia de nuestras letras, y es que muy pocas veces una enemistad tan fiera ha resultado tan pródiga en ingenios. Quevedo lo ponía como chupa de dómine: «apenas hombre», «poeta de bujarrones», «largo de narices» y le acusaba de haber vendido su alma y su cuerpo por dinero. El cordobés, que tampoco era manco, le lanzó también sus pullas en forma de sonetos: «Anacreonte español, no hay quien os tope, / que no diga con mucha cortesía, / que ya que vuestros pies son de elegía, / que vuestras suavidades son de arrope», en alusión a su cojera, y lo tildó de borracho, al igual que a Lope: «Hoy hacen amistad nueva, más por Baco que por Febo, don Francisco de Quebebo y Félix Lope de Beba».

Escribió tres obras de teatro, *Las firmezas de Isabela*, un fragmento de *La comedia venatoria* y dos actos de *El doctor Carlino*, que suman unos seis mil versos. Además, han llegado a nuestros días más de un centenar de cartas de su puño y letra, ejemplo aislado de su prosa que nos ayuda a conocer mejor al personaje y su época.

Lo cierto es que si Góngora alcanzó la gloria –eso sí, *post mortem*– fue por obras como la *Fábula de Polifemo y Galatea* (1612), *Soledades* (1613) y la *Fábula de Píramo y Tisbe* (1617), que se cuentan entre las más maduras y complejas del Barroco literario español, destiladas en el alambique de una metáfora estimulante y de hipérbatos

Este retrato de Góngora, obra de Velázquez, puede verse en el Museo de Bellas Artes de Boston, y revela la adustez de este «ilustre y memorable varón», que sería reivindicado por los poetas del 27.

retorcidos, con una sintaxis latinizante que nadie, desde entonces, ha podido ni sabido emular.

Leer a Góngora con la inteligencia –y la necedad– del siglo XXI es como descifrar una adivinanza. Nos perdemos en sus cultismos y sus juegos de palabras, en sus referencias mitológicas y su lenguaje tan sofisticado, pero, mientras bajamos por la escala de sus versos, vislumbramos la increíble armonía de la renovación estética que trajo a la lengua castellana y el trabajo de orfebre que había en cada uno de sus silencios.

Frente al conceptismo de su rival Quevedo, Góngora abandera el culteranismo, que algunos críticos han crismado incluso con su apellido: «gongorismo», aunque la corriente venía de lejos, tal vez incluso del renacentista fray Antonio de Guevara (1480-1545), que, en el *Libro áureo del emperador Marco Aurelio con el Reloj de Príncipes*, abrió la senda de la tendencia arcaizante que dominaría buena parte de la escena europea de los siglos XVI y XVII (hablamos de este libro en el capítulo tres).

Así comienzan las *Soledades* gongorinas:

> Era del año la estación florida
> en que el mentido robador de Europa
> (media luna las armas de su frente,
> y el Sol todos los rayos de su pelo),
> luciente honor del cielo,
> en campos de zafiro pace estrellas,
> cuando el que ministrar podía la copa
> a Júpiter mejor que el garzón de Ida,
> náufrago y desdeñado, sobre ausente,
> lagrimosas de amor dulces querellas
> da al mar, que condolido,
> fue a las ondas, fue al viento
> el mísero gemido,
> segundo de Arïón dulce instrumento.

Intrincado, ¿no? Si hay un escritor que requiera un aparato crítico serio con un montón de notas a pie de página, ese es Luis de Góngora y Argote. Intrincado, sí, pero también agradecido, y conste: ¡no todos sus poemas eran tan difíciles!

Luis de Góngora, que de Príncipe de la Luz se transformó en un oscuro Príncipe de las Tinieblas, ininteligible para muchos, murió en su ciudad natal en 1627, cargado de deudas. El orgullo de sus primeros años fue cediendo ante la necesidad más extrema. ¿Cómo, si no, justificar su *Panegírico al duque de Lerma* (1617), el hombre más corrupto de su época y uno de los pillos más redomados de la historia de España? Cuando este cayó en desgracia y Rodrigo Calderón, su favorito, fue ajusticiado, trató de congraciarse con el conde-duque de Olivares, el hombre fuerte de Felipe IV, que lo ignoró día tras día, hasta que el poeta perdió la memoria, regresó a su ciudad natal y falleció en 1627, olvidado de todos.

En 1927, bajo los auspicios de este cordobés universal, florecieron los poetas de una vigorosa generación de juglares, los hijos del 27, que lo homenajearon al conmemorarse el tercer centenario de su muerte, como veremos más adelante.

El pensador Baltasar Gracián

Los españoles siempre hemos sido muy descuidados a la hora de reconocer el talento vernáculo. Cuando toda Europa hablaba de Baltasar Gracián (1601-1658), nuestras antologías insistían en olvidar su nombre y, de paso, los excesos del Barroco. En el siglo xx, este jesuita aragonés por fin se abrió camino en el frondoso bosque del Siglo de Oro y su nombre es ya inexcusable en cualquier historia de la literatura.

Es posible que sus abstracciones no sean plato de fácil digestión para un lector de nuestros días, pero Gracián cultivaba el conceptismo que ya vimos en Quevedo con la certeza de que la literatura del «pensamiento» era el patrimonio, y también el destino, de los mejores autores españoles.

En su obra no falta ni sobra nada. Nada, ni una coma. Sentencioso y conciso, sus libros fueron el fruto maduro de un sinfín de lecturas. No publicó el primero hasta 1637, *El héroe*, una suerte de *aggiornamento* de los célebres tratados de Maquiavelo y Castiglione, *El príncipe* y *El cortesano* respectivamente, a la moral y la sociedad del siglo xvii.

Cuando le tomó el gusto a la pluma, ya no la soltó. Tras honrar a Fernando el Católico en *El político* (1640), se embarcó en la redacción del *Arte de ingenio* (1642), un tratado de retórica sobre el «concepto» y los artificios literarios, luego ampliado en *Agudeza y arte de ingenio*

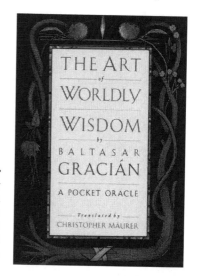

El Oráculo manual y arte de prudencia, de Baltasar Gracián, se aupó a la lista de *best-seller* en Estados Unidos disfrazado de libro de autoayuda para directivos.

(1648). En esos mismos años publicó su *Oráculo manual y arte de prudencia*, un conjunto de máximas y discursos cuyo eco alcanzó al filósofo alemán del siglo XIX Arthur Schopenhauer. Este, deslumbrado por la expresividad y la fuerza de autores como Cervantes, Lope de Vega, Quevedo o Calderón, aprendió nuestra lengua para saborear el *Oráculo* de Gracián, cuya traducción presentó con este elogio: «El *Oráculo manual* es el manual del arte que todos los hombres practican, pudiendo servir de consejero y mentor a muchos miles, sobre todo jóvenes, que buscan su fortuna por el ancho mundo». ¿Habrá que añadir que el libro fue reeditado en Estados Unidos en 1992 y vendió la friolera de cien mil ejemplares?

Pero la obra cumbre de Gracián fue *El Criticón*, «uno de los libros más queridos de cuantos hay en el mundo» por el mismo Schopenhauer. En esta epopeya alegórica, la experiencia de Critilo y la vitalidad de

Andrenio componen un fresco sobre los desengaños del mundo, que participa tanto de la novela bizantina como de la picaresca, y que, a la manera de la *Odisea* homérica, nos zambulle en un viaje repleto de símbolos y celadas del que la España imperial no sale bien parada.

El Criticón gozó de una favorable recepción en su día, pero pronto cayó en el olvido, víctima de la misma condena que mortificaría al Greco y Góngora durante siglos y que se podría resumir en la espantada del público ante cualquier obra de arte más o menos exigente. Si poco más de un veinte por ciento de españoles ha leído alguna vez el *Quijote*, ¿cuántos han sentido curiosidad por la obra magna de Gracián? Muy pocos. Reivindicado por Azorín en *Lecturas españolas* (1912), muchos lo descubrieron entonces y disfrutaron de las máximas de este pensador, algunas tan famosas como «Lo bueno, si breve, dos veces bueno; y aun lo malo, si poco, no tan malo», perteneciente a su *Oráculo manual y arte de prudencia*. Siguiendo su consejo, nos despedimos en este punto de él.

El final del Siglo de Oro

En 1623, el príncipe Carlos Estuardo, hijo de Jacobo I de Inglaterra, llegó a Madrid para cerrar el acuerdo matrimonial con la hermana menor de Felipe IV, la infanta María. La alianza hubiera llevado al lecho a dos potencias que unas décadas antes se habían medido en el *ring* de los mares. Ya sin Felipe II e Isabel I, fallecidos en 1598 y 1603 respectivamente, el «sí quiero» parecía factible, pero, finalmente, se frustró por la exigencia de que Carlos se convirtiera al catolicismo. Y eso que el príncipe tuvo mucha paciencia y permaneció en España varios meses, en los que no faltaron agasajos y verbenas.

Aquel año de 1623, un joven llamado Pedro Calderón de la Barca, huérfano de madre e hijo de un autoritario hidalgo, estrenó en el Real Alcázar de Madrid una obra de tema inglés titulada *Amor, honor y poder*, sobre la pasión de Eduardo III de Inglaterra por la condesa de Salveric. Era una pieza agradable, divertida, que le abrió las puertas de la Corte.

A fuerza de mucho trabajar, el joven Calderón no tardó en conocer el éxito con *La dama duende* y *El príncipe constante*, ambas de 1629; y eso que su carácter le jugaba malas pasadas. Mientras el público gozaba con sus enredos de capa y espada, el futuro sacerdote abochornaba a las monjas del convento de las Trinitarias de Madrid, recinto que profanó en busca de un actor que se había escondido allí tras herir a uno de sus hermanos. La hija de Lope de Vega, Marcela, monja y también poetisa, fue una de las agraviadas, y el tótem de la escena española no vio con buenos ojos a la promesa de las letras patrias. Lógico.

Pero Calderón era un hombre de carácter y, sobre todo, de genio. Además, vivió hasta los ochenta y un años, así que tuvo tiempo de conocer la simpatía de las gentes y su animadversión, el aplauso del pueblo y su desdén. En sus primeros años, la fortuna le sonrió, sin embargo. A Felipe IV, apasionado del arte de Talía, le encantaban sus obras, y la confianza regia bastaba entonces para sostener un patrimonio, máxime si miramos el sinfín de maravillas que, en la década de los treinta del siglo XVII, se representaron con la firma calderoniana.

Tras la muerte de Lope, él asumió la condición de ídolo popular y eminencia crítica. Los corrales de comedias de la Cruz, junto a la plazuela del Ángel, y el del Príncipe –donde hoy se alza el Teatro Español– sucumbieron al encanto de sus piezas, y Felipe IV le confió diversos trabajos para el Alcázar y el Coliseo del Palacio del Buen Retiro, este último diseñado por un escenógrafo italiano,

Cosme Lotti, que había llegado a Madrid unos años antes para revolucionar con sus efectos y tramoyas la puesta en escena del Siglo de Oro. Por supuesto, Calderón y Lotti coincidieron en su periplo vital, y en ocasiones el primero se quejó de tener que supeditar el arte de sus comedias a los desafueros de aquel Spielberg del siglo XVII.

Como adelantamos en el epígrafe de Lope, la década de los treinta asistió al estreno de la obra teatral más perfecta de Calderón y, por ende, de todo el Siglo de Oro: *La vida es sueño* (1635), sobre el libre albedrío y la fuerza del destino. Poema filosófico de raíces platónicas —su protagonista, Segismundo, ha sido condenado a prisión perpetua (la caverna del filósofo griego) por su padre, temeroso de un oráculo—, la obra plantea tantas lecturas como lectores, adelantándose a la modernidad racionalista de Kant. En un monólogo no menos memorable que el del «ser o no ser» shakespeariano, Segismundo, nuestro particular Hamlet, se pregunta qué es la vida, y, sin solución de continuidad, se responde:

> Una ilusión,
> una sombra, una ficción,
> y el mayor bien es pequeño:
> que toda la vida es sueño,
> y los sueños, sueños son.

Su compañera Rosaura es quien rasga el telón en la primera escena con este:

> Hipogrifo violento,
> que corriste parejas con el viento,
> ¿dónde, rayo sin llama,
> pájaro sin matiz, pez sin escama,
> y bruto sin instinto
> natural, al confuso laberinto
> de esas desnudas peñas
> te desbocas, te arrastras y despeñas?

La trayectoria de Calderón de la Barca corre paralela al auge y la decadencia del teatro del siglo XVII, con la crisis de 1640 como punto de inflexión.

¿Suena o no suena a Góngora? Pero Calderón fue mucho más que *La vida es sueño*. Tal vez resulte superfluo añadir que, como todos los autores de su época, su conciencia no objetó el servicio de las armas, y se distinguió como soldado en Fuenterrabía (1638) y la guerra de Secesión de Cataluña (1640), en la que pereció su hermano Diego. Caballero de la Orden de Santiago en 1636, se ordenó sacerdote en 1651, y siguió escribiendo sin descanso.

Sobrevivió al cierre de los teatros públicos entre 1644 y 1649 –¡había que guardar luto por el fallecimiento de la reina Isabel de Borbón y el príncipe Baltasar Carlos!–, y renació de ese duelo como un imponente creador de autos sacramentales, género muy en boga en la segunda mitad del siglo XVII, que aunaba lo religioso y lo popular. Los orígenes de los autos se remontaban a los misterios medievales y las farsas sacramentales del siglo XVI, pero, cuando Calderón empezó a acaparar estas representaciones, las piezas habían evolucionado ya tanto en extensión como en efectismo. Se exhibían en unos tablados en torno a los cuales se adosaban varios carros, que, en la época de nuestro creador, ya eran cuatro por auto.

Esa última faceta de su producción ha hecho que algunos especialistas antepongan la riqueza prodigiosa de *El gran teatro del mundo* –su auto sacramental más conocido, publicado en 1655, pero escrito entre los años 1633 y 1636– a otras obras. Pero lo cierto es que la excelencia fue la tónica en su quehacer cotidiano. Es muy difícil quedarse con una sola obra o un solo tipo de comedia, cuando los teatros de medio mundo siguen representando con éxito clásicos como *El médico de su honra*, *El alcalde de Zalamea* –su mejor drama de honor–, *El mágico prodigioso* o *Casa con dos puertas mala es de guardar*. Incluso cuando la Compañía Nacional de Teatro Clásico ha recuperado obras no tan reputadas como *La cisma de Inglaterra* el público ha acudido en masa a la cita.

Calderón de la Barca murió el 25 de mayo de 1681 en Madrid, y sus restos, como los de tantos hermanos de generación, se extraviaron un mal día, en su caso durante la Guerra Civil. A falta de un mausoleo digno, lo mejor que podemos hacer para recordarlo es disfrutar de sus obras.

6

Los nuevos clásicos

La literatura del siglo XVIII parece haberse resignado a su condición de extraña entre nosotros. Frente a la vehemencia del Barroco, frente a su realismo pesimista y desengañado, asoma una nueva corriente que ya no busca deslumbrar, sino educar, y que templa el nervio culterano y conceptista en el hielo del intelecto. Su nombre, Neoclasicismo.

La transición no fue instantánea, nada lo es. Los escritores del siglo XVIII son hijos de la Era de la Razón y la revolución científica que viene sacudiendo Europa desde principios del siglo XVII. El *Discurso del método* de Descartes (1637) y la física de Newton, a caballo entre ambas centurias, anuncian la tormenta perfecta del movimiento ilustrado, la *Enciclopedia* francesa y, de postre, la también francesa revolución de 1789.

Tenemos la impresión de que durante la primera mitad del siglo XVIII la sequía de ideas atenazó a nuestros creadores. Lo cierto es que España afrontó, entre 1701 y 1713, una guerra civil por la sucesión al trono tras la muerte sin descendencia de Carlos II el Hechizado, el último rey de los Austrias. El conflicto, lógicamente, se extendió más allá de los Pirineos. Las potencias europeas anhelaban el botín de la Monarquía Hispánica, y pronto los borbónicos –partidarios de la causa de Felipe V de Anjou, nieto del Rey Sol Luis XIV de Francia– y los austracistas –que defendían los derechos del archiduque Carlos de Austria– entablaron una feroz partida de ajedrez que no podía acabar en tablas.

Ganaron los Borbones, y se produjo un cambio de dinastía que ha pervivido hasta llegar a nosotros. A principios del siglo XVIII, Francia era una nación poderosa, con una economía sustentada en la pujanza de su agricultura y la expansión del comercio exterior. Pero, al igual que había sucedido en España con los Austrias –mayores o menores–, las finanzas se habían visto castigadas por la política belicista de Luis XIV.

Felipe V llegó con un sinfín de proyectos para vigorizar las estructuras del Estado. Centralista en lo político –«el Estado soy yo», dicen que dijo su abuelo Luis XIV–, en lo cultural se propuso enderezar el rumbo perdido en los años terminales del reinado de Carlos II. Tuvo algunos aciertos y sufrió algunos reveses. De carácter melancólico, se dejó guiar por una corte de ministros y consejeros que no lo hicieron nada mal. Compatriotas suyos como Jean Orry, españoles como Melchor de Macanaz o el italiano Alberoni marcaron las directrices de esa nueva España que nacía con el ojo puesto en Europa.

Felipe V toleró la Inquisición, a pesar de los obstáculos que representaba para sus afanes reformistas y de la repugnancia personal que le inspiraba el Santo

Felipe V, cuyo reinado ha sido el más largo de la historia de España, emprendió una serie de reformas culturales de acuerdo con el ideario borbónico. Aquí vemos al monarca según el pincel de Ramón Mosquera, que se inspiró en una obra de Hyacinthe Rigaud.

Oficio —se negó a asistir, por ejemplo, a un auto de fe preparado en su honor—, y calcó los símbolos que habían hecho de Francia el motor del progreso intelectual de Europa.

De la Biblioteca que el ministro Jean-Baptiste Colbert había impulsado a la mayor gloria de Luis XIV en el siglo XVII, pasamos a la Real Biblioteca Pública española, que abrió sus puertas en 1712. A imitación de la Academia Francesa, fundada por el cardenal Richelieu allá por 1635, se constituyó oficialmente la Real Academia Española en 1714. Y la tertulia de un grupo de amigos amantes de la historia engendró con el tiempo otra academia real en 1738. Aunque, claro, no bastaba con inaugurar academias, si su gestión era ineficaz: muchos académicos de la Lengua no daban la talla, a la vez que la Real de Historia avalaba científicamente la publicación de estudios mediocres, como *La España primitiva*, que se basaba en un falso cronicón.

La Real Biblioteca Pública, fundada en 1712, se denomina Biblioteca Nacional desde 1836. Alberga más de veinte millones de volúmenes, el más antiguo de los cuales, el Códice de Metz, data del siglo IX.

Pero, cuidado, la Ilustración española no fue un «invento» de Felipe V, ni mucho menos de su hijo Carlos III. En tiempos de Carlos II el Hechizado, un valiente grupo de pensadores y científicos a contracorriente, los llamados *novatores*, se adelantó varias décadas a la revolución, desafiando la superstición con las armas del empirismo y el racionalismo. En las obras de estos pioneros late el rigor metodológico que caracterizaría a la siguiente generación de sabios.

¿Quiénes encendieron la luz?

Y, cómo no, hubo excelentes escritores en la primera mitad del siglo XVIII, sólo que, en general, sus obras fueron más «instrumentales» que «artísticas».

Gregorio Mayans (1699-1781) y Benito Jerónimo Feijoo (1676-1764) encarnarían, ahora sí, la primera oleada de la Ilustración propiamente dicha en España. El primero fue, curiosamente, el censor de *La España primitiva* y, tras el ninguneo de sus colegas, que aprobaron la publicación a pesar de sus denuncias, abandonó la Corte.

Mayans se empapó de todos los saberes —jurídicos, históricos, religiosos…— que ornaban a los eruditos de la época, fue bibliotecario real (y eso a pesar de que su padre había apoyado a los austracistas en la guerra de Sucesión), se carteó incluso con Voltaire y nos legó una obra en la que se aprecia su interés por airear los armarios de la cultura de España. En esta línea, rescató del olvido el hoy clásico *Diálogo de la lengua,* de Juan de Valdés (1535), y escribió la primera biografía de Cervantes por encargo del embajador inglés.

Las relaciones de Mayans con el otro pionero de la Ilustración española no fueron cordiales, aunque trataron de mantener las formas (¡hasta en eso se diferenciaban de los literatos del Barroco!). De Benito Jerónimo Feijoo, «ciudadano libre de la república de las letras», se recuerda sobre todo el título de su obra magna, *Teatro crítico universal,* una colección de 118 ensayos que en su día vendió más de medio millón de ejemplares, y en la que el maestro invitaba a explorar los secretos de la filosofía, la astronomía, el derecho, la religión o las ciencias naturales. El primer tomo vio la luz en 1726, con un discurso, el XVI, dedicado a la defensa de las mujeres: «En grave empeño me pongo. No es ya sólo un vulgo ignorante con quien entro en la contienda: defender a todas las mujeres, viene a ser lo mismo que ofender a casi todos los hombres», comienza, y el último, un suplemento, en 1740. Luego, fue dando a la imprenta las *Cartas eruditas y curiosas*, en las que siguió haciendo gala de sus conocimientos poligráficos. Nada de lo humano le era ajeno. Que en 1755 un terremoto asolaba Lisboa, a la manera de Voltaire, se rebelaba contra la cólera de la naturaleza y publicaba un año después el *Nuevo sistema sobre la causa física de los terremotos*. Curioso y escéptico, no creía en hechizos ni milagrerías, consagró su vida a luchar contra los molinos de viento de los prejuicios y confió sólo en el dictado de la razón y la experiencia. Marañón lo pintó como «el primer enciclopedista español» y, a su muerte, dejó un puñado de discípulos que siguieron su estela.

La autobiografía hecha arte

Valga el ejemplo de este salmantino para regatear el mito sobre la literatura de creación en el siglo XVIII. Diego de Torres Villarroel (1693-1770) fue uno de los escritores más apreciados de su tiempo y, aunque el canon se ha quedado sólo con su *Vida*, un relato de carácter autobiográfico, su obra fue bastante más dilatada.

La guerra de Sucesión desgastó las cuentas familiares y el joven Diego, que ya había probado fortuna en Portugal, trató de abrirse camino como escritor, astrólogo o lo que fuera. Ganó la cátedra de Matemáticas de la Universidad de Salamanca y, tras una crisis depresiva, se ordenaría sacerdote en 1745.

En 1718 publicó su primer almanaque, inicio de una pingüe carrera como «profeta» que culminó en 1724 cuando predijo la muerte de Luis I de Borbón. Al menos, eso es lo que creía la gente: incluso en el Siglo de la Razón las supersticiones campaban a sus anchas... Podemos entender, claro, los vituperios de sus contemporáneos, incapaces de aceptar la acogida popular del *Gran Piscator de Salamanca*, como se hacía llamar, que año tras año renovaba sus predicciones y luchaba por que no le cerraran el chiringuito.

Diego de Torres Villarroel amasó una fortuna con sus almanaques adivinatorios y publicó su vida en varios «trozos». Fue uno de los novelistas más interesantes del siglo XVIII.

Su primer libro, más allá de esas distracciones de periodismo astral, fue *Viaje fantástico* (1724), al que siguió un año después el *Correo del otro mundo,* primitiva tentativa de literatura autobiográfica, en la que se carteaba con personalidades como Hipócrates, Aristóteles –que lamentaba lo mal que se le interpretaba– o el jurista Papiniano.

De raíces conceptistas, Diego de Torres Villarroel gozó del éxito plebeyo, pero también de la protección de la nobleza y, de hecho, murió en el Palacio de Monterrey, donde trabajaba como administrador de los bienes del duque de Alba. Ello no impidió, sin embargo, que el rey lo desterrara en 1732, ni que la Inquisición prohibiera alguna de sus obras.

Si hubo una vida novelesca en el siglo XVIII, esa fue la suya, e hizo muy bien en escribirla. Dio a la imprenta la primera entrega de su *Vida, ascendencia, nacimiento, crianza y aventuras del Dr. Diego Torres de Villarroel* en 1743, y el último «trozo» en 1758. Quizá sin pretenderlo, su autor, que tampoco fue manco con la poesía, probó en sus carnes que la picaresca seguía viva, y que, de hecho, pícaros lo eran todos: aquellos que se consagraban a la alquimia o vaticinaban el motín de Esquilache, y esos otros que robaban algo más que un «borrico» o unos «pañales», y certificaban la verdad de su soneto *Los ladrones más famosos no están en los caminos*: «Haga aquí la Justicia inquisiciones / y verá que la corte es madriguera / donde están anidados a montones».

LA INTELIGENCIA AL SERVICIO DE LA PATRIA

Gaspar Melchor de Jovellanos, hijo intelectual de los filósofos estoicos, y de Gracián, Vives y Montaigne, nació, cómo no, un 5 de enero de 1744 en Gijón. En su juventud, escribió una tragedia, *Pelayo*, un melodrama para la escena, *El delincuente honrado*, y, pese a que su fama le llegó por otros menesteres, también poesías de amor, un género que no abandonaría nunca. El problema era, como le confesó a su hermano, que «vivimos en un siglo en que la poesía está en descrédito, y en que se cree que el hacer versos es una ocupación miserable».

Figura cardinal del movimiento ilustrado, su producción ensayística fue inmensa, aunque, como es lógico, poco conocida en nuestros días, no porque el *Informe sobre el expediente de la Ley Agraria* (1794) o su memoria sobre los espectáculos carezcan de valor, sino porque sus ideas nacieron al servicio de su época.

Jovellanos, retratado aquí por Francisco de Goya, fue una de las figuras clave de la Ilustración en España. Más conocido por sus obras pedagógicas, económicas o jurídicas, dejó también una interesante producción literaria.

Queda, por supuesto, el legado de su pensamiento liberal, junto con los avances sociales que derivaron de este. Jovellanos, hombre próximo al poder, ostentó a finales del siglo XVIII la cartera de Gracia y Justicia, pero la alegría le duró poco. Encarcelado seis años en el castillo de Bellver (Mallorca), luchó en sus últimos años por la recuperación de España, ocupada por los franceses. «Ni siquiera tengo patria, que tal nombre no quiero dar a una pequeña porción de país donde ni se defiende con rabia y furor la libertad, ni con justicia y gratitud el honor y el decoro de los que tanto han trabajado por ella», se quejó amargamente. Falleció en Puerto de Vega, Navia, en 1811.

El sí del teatro de los Moratín

La obra de Jovellanos coincidió en el tiempo con la de otros grandes creadores del Neoclasicismo en España. Que el género predilecto de esta hornada fuera el ensayo no quiere decir que no se practicaran otras fórmulas literarias, siempre con un afán de instrucción. Nicolás Fernández de Moratín (1737-1780), padre del Leandro (1760-1828) que escribió *El sí de las niñas*, compuso varias comedias y un poema sarcástico, *Arte de las putas* o *Arte de putear*, sobre las meretrices que se movían en la noche de Madrid, que fue desterrado por la Inquisición al polvo del *Index librorum prohibitorum*.

Su hijo Leandro, como hemos dicho, fue el autor de *El sí de las niñas* (1806), una comedia en prosa que enloqueció al público de su época. Treinta y siete mil espectadores, una cuarta parte de la población adulta de Madrid, asistió a alguna de sus funciones. Fue la tardía consagración del teatro neoclásico en España, que él mismo había ayudado a consolidar unos años antes con *La Comedia Nueva* o *El café*.

El camino no fue fácil. Frente a los epígonos de los autos sacramentales –prohibidos por Fernando VI en 1765 «por ser los teatros lugares muy impropios y los comediantes instrumentos indignos y desproporcionados para representar los Sagrados misterios»– y a la comedia popular, este movimiento no tenía mucho que hacer. Si a eso le añadimos que el todopoderoso Ramón de la Cruz (1731-1794) había ridiculizado a sus autores en algunos de sus sainetes, comprendemos que las tragedias de José Cadalso o Vicente Antonio García de la Huerta (1734-1787) no recibieran los aplausos que tal vez merecían.

El gran teórico de la reforma teatral ilustrada en España fue Ignacio de Luzán, cuya *Poética* (1737) respaldaba sin ambages una estética basada en la moral y dictada

Esta maqueta de *El sí de las niñas*, construida en 1945, reproduce el único escenario de la obra: una posada en Alcalá de Henares.
©Museo Nacional del Teatro

por el buen gusto. Unos años después, en 1751, el mismo autor publicaba las *Memorias literarias de París*, en las que el teatro centraba buena parte de sus reflexiones. Para Luzán, ninguna excusa justificaba saltarse la regla de las tres unidades, de acción, tiempo y lugar –y el hecho de que Lope lo hiciera lo invalidaba, a su juicio, como modelo– y la afectación no tenía cabida. El teatro grecolatino era insostenible en un siglo, el XVIII, en el que «el pueblo no cree en oráculos ni en la cólera de los falsos dioses ni en los manes que quieren ser aplacados».

Un amigo de Luzán, Agustín de Montiano y Luyando, fundador de la Real Academia de Historia y autor de una obra armoniosamente neoclásica, *Virginia*, apuntaló esas tesis en su *Discurso sobre las tragedias españolas* (1750), pero lo hizo, al igual que su colega, desde un academicismo tan ecuánime y desapasionado como por eso mismo injusto. Para entendernos, Montiano prefería el *Quijote* de Avellanada al de Cervantes, ya que «ningún hombre juicioso» fallaría «en pro de Cervantes si formase el cotejo de las dos segundas partes».

De ahí que Leandro Fernández de Moratín sea considerado el faro del teatro neoclásico en España. Sus obras, como las de sus hermanos de escuela, respetaban las reglas que había fijado el «abuelo» Aristóteles: unidad de tiempo, unidad de espacio y unidad de acción, una bofetada a las libertades que se había tomado el Barroco. Evidentemente, Moratín no fue un Lope o un Calderón, pero su teatro extirpó muchos de los vicios que corrompían la dramaturgia de entonces. Sus obras, verosímiles, impecables, halagaban el cerebro antes que el corazón, y lanzaban sus dardos contra las taras de su época (en el caso de *El sí de las niñas*, contra la autoridad de los padres a la hora de casar a sus hijos, en la línea del ideal reformista neoclásico).

LA DERROTA DE LOS PEDANTES

Moratín, que también fue un cumplido poeta, escribió una provocadora obra en prosa, *La derrota de los pedantes* (1789), una invectiva en forma de alegoría contra los malos escritores, subtitulada *Sátira contra los vicios de la poesía española*. El asalto al Parnaso de una horda de malos poetas sirve a su autor para alabar el equilibrio neoclásico, representado por los socios del dios Apolo, a quien Polimnia, musa de la poesía, relata las circunstancias de la invasión:

Ni son los que conocemos, ni son poetas, ni sabios, ni cosa que lo valga. Son unas cuantas docenas de docenas de pedantones, copleros

ridículos, literatos presumidos, críticos igno-
rantes, autores de tanta traducción galicada,
tanto compendio superficial, tantos versecillos
infelices que ni hemos inspirado ni hemos visto.
Son de aquellos que de todo tratan y todo lo
embrollan, para quienes no hay conocimiento ni
facultad peregrina; unos, que hacen tráfico del
talento ajeno, y le machacan, y le filtran, y le
revuelven, y le venden al público dividido en
tomas; otros que no habiendo saludado jamás
los preceptos de las artes, y careciendo de aquella
sensibilidad, don del cielo, que es sola capaz
de dar el gusto fino y exacto que se necesita para
juzgarlas, se atreven a decidir con aire magistral
de todo lo que no es suyo.

Lo divertido, claro, es pasear por sus páginas
para capturar las impresiones de un ilustrado sobre
sus compañeros de oficio. La obra de Gracián
no sale bien parada, ni tampoco las comedias de
Cervantes, que vemos revolotear «con risa de su
autor inmortal». Boscán, Garcilaso «a lo divino»
o Villamediana sucumben a su donoso escrutinio, mientras que otras muchas referencias nos
incitan a tirar del hilo: el «célebre» entremesista
León Marchante (1626/31-1680) ya no es hoy tan
célebre y la portuguesa Sor Maria do Céu (1658-
1723), a la que Moratín denigra, exige a todas luces
una revisión. Inevitablemente, cuando hablamos
de literatura, el canon pesa tanto como las obras.
¿Acaso no merece siquiera una mención Gabriel
Bocángel y Unzueta (1603-1658), otro de los autores escarmentados por Moratín en su *Derrota de los
pedantes*? Sus sonetos rara vez asaltan las antologías
de las mejores poesías de la lengua castellana, pero
un tipo que describe a un toro como un «torbellino
coronado de dos afiladas muertes» merece, cuando
menos, un sombrerazo lorquiano.

¿Romántico o neoclásico?

El gaditano José Cadalso (1741-1782) fue la figura más relevante en el campo de la prosa neoclásica. Su muerte durante el Gran Asedio a Gibraltar, siendo coronel, acreció la leyenda de una personalidad que escapaba de cualquier clasificación al uso. Su obra entronca con los principios ilustrados del siglo XVIII, pero anticipa a la vez el Romanticismo del XIX. *Cartas marruecas* y *Noches lúgubres*, sus obras más leídas, encarnan esa dualidad, de la que su propia vida fue un ejemplo.

La prematura muerte de la actriz María Ignacia Ibáñez, que había representado su tragedia *Don Sancho García* en 1771, lo sumió en una profunda depresión que conjuró escribiendo *Noches lúgubres*. Tediato, el protagonista de esta novela dialogada, se obsesiona con exhumar los restos de su amada para después suicidarse frente a ellos prendiendo fuego a su casa. El episodio pudo trascender la ficción, puesto que, según algunos documentos, Cadalso tuvo también la ocurrencia de desenterrar a su amante, si bien todo apunta a que él mismo mitificó el episodio para presentarse como un improbable profanador de tumbas.

Sus obras, las que firmó o las que le atribuyeron —como el *Calendario manual y guía de forasteros en Chipre* (1768)—, no dejaban indiferente a nadie. *Cartas marruecas*, una novela epistolar que remite a las *Lettres persanes* de Montesquieu, ofrece una visión serena de los problemas de España. Publicadas por entregas en el *Correo de Madrid* en 1789, y como libro cuatro años más tarde, las *Cartas* arremetían contra la herencia de pobreza de los Austrias y denunciaban el atraso de las ciencias —«Hay cochero en Madrid que gana trescientos pesos duros, y cocinero que funda mayorazgos; pero no hay quien no sepa que se ha de morir de hambre como se entregue a las ciencias»—, pero se muerde la lengua con la Iglesia, por temor a la Inquisición, y no discute el gobierno borbónico.

Al igual que haría Moratín unos años más tarde con *La derrota de los pedantes*, Cadalso presentó batalla a la educación superficial de la época con *Los eruditos a la violeta* (1772), un requerimiento contra todos aquellos sabios de boquilla «que fundan su pretensión en cierto aparato artificioso de literatura». Su «curso» se divide en siete lecciones, una para cada día de la semana, que glosan la poética y la retórica; la filosofía antigua y la moderna; el derecho natural y de las gentes; la teología; y la matemática; con unas consideraciones generales a modo de prólogo y una miscelánea final. ¿Cuál es el tono? Sirva esta humorada de respuesta: «No sé por qué se ha escrito tanto sobre la Teología. Esta facultad trata de Dios. Dios es incomprensible. Ergo es inútil la Teología».

A diferencia de no pocos escritores del Barroco, las obras de Cadalso se leen sin el menor problema en el siglo XXI, y se seguirán leyendo igual en los venideros.

¡DE FÁBULA!

La fábula fue uno de los géneros predilectos de los autores del siglo XVIII, no sólo en España. Si la intención de estos pedagogos ilustrados era «predicar con el ejemplo», las fábulas no podían ser más pertinentes para sus fines, porque una fábula no es sino un ejemplo. En España, Tomás de Iriarte (1750-1791) y Félix María de Samaniego (1745-1801) se alzaron como sus principales cultivadores: ambos eran profundos conocedores de la cultura francesa, que en España seguía campando a sus anchas tras la llegada de los Borbones a comienzos del siglo XVIII. Iriarte, también laborioso autor teatral, había dado sus primeros pasos literarios como traductor del francés, que le había enseñado su tío Juan, y Samaniego estudió Humanidades en Bayona.

Ese ascendiente tomaría cuerpo en las lecturas de Jean de La Fontaine (1621-1695) y el sobrino de Voltaire, Florian (1755-1794), quienes revitalizaron un género casi tan viejo como el mismo hombre. La Fontaine había actualizado la gnómica –poesía sapiencial– de Esopo, pero este tampoco fue el primero que recurrió a las experiencias de los animales para instruir a los hombres. El género había sido ya pulsado en Mesopotamia, como delatan varias tablillas, y luego en la India. De esos surtidores manarían luego los *exempla* medievales, que aquí hemos estudiado con *El conde Lucanor*, de don Juan Manuel. Esos cuentos ejemplarizantes, con o sin animales en su argumento, alimentan buena parte de la literatura medieval europea, desde el *Ysopet* de María de Francia (siglo XII), la primera adaptación al francés de las fábulas esópicas, al *Calila e Dimna* y el *Sendebar* árabes, que fueron traducidos en la corte de Alfonso X el Sabio, o, ya en el siglo XVII, el *Fabulario* del valenciano Sebastián Mey.

Iriarte y Samaniego, que empezaron siendo amigos, tarifaron luego por la paternidad de las fábulas, como si la literatura fuera una carrera de velocidad y no de resistencia. El primero publicó en 1782 sus *Fábulas literarias*, y, en la advertencia inicial, señalaba que la suya era «la primera colección de fábulas enteramente originales que se ha publicado en castellano», olvidando que Samaniego había publicado las suyas un año antes y se las había enviado manuscritas ya en 1777. La clave estaba en el término «originales», ya que, para Iriarte, las de Samaniego eran refundiciones de fábulas anteriores, mientras que los temas de las suyas eran propios. La crítica se dividió entre uno y otro, y hoy se considera que, pese a la mayor claridad de Iriarte, Samaniego resultaba más fresco y vivaz. Lo cierto es que fue un pleito apasionante y enardecido,

Tomás de Iriarte se distanció de su amigo Samaniego por la paternidad de las fábulas, que ambos se atribuían.

impropio del aplomo de esos tiempos, al que no dudó en sumarse otro escritor, Juan Pablo Forner (1756-1797), que atacó a Iriarte en *El asno erudito, fábula original, obra póstuma de un poeta anónimo*: «Si alguno con la fábula se pica / él mismo se la aplica: si su enojo declara, él mismísimo a un burro se compara».

Pero, más allá de estas querellas, que siempre ponen sal a la historia de la literatura, quedan las creaciones de ambos fabuladores, su soltura con el verso, su buen oído —ambos eran melómanos de pro—, el donaire de sus consejos y su vigencia. Si los jóvenes (y no tan jóvenes) de hoy conocen la literatura española del XVIII, es sobre todo gracias a las fábulas de Iriarte y Samaniego, los dos poetas de aquellos días más leídos en los nuestros, ya que, por desgracia, otros autores como Juan Meléndez Valdés (1754-1817) han caído injustamente en el olvido.

A modo de apunte, y para concluir este epígrafe, mencionaré una anécdota que liga los nombres de Iriarte y Meléndez Valdés. Sucedió en 1780. La Real Academia Española convocó un certamen de poesía y elocuencia sobre la vida rural, y Meléndez Valdés ganó el primer premio con una égloga que alababa la vida del campo. Iriarte quedó segundo, y no tuvo buen perder: escribió unas *Reflexiones sobre la égloga intitulada Batilo*, en la que afeaba sus «patentes nulidades». A sus lamentos replicó, como no podía ser de otra manera, su «archienemigo» Forner, quien cotejó ambas composiciones y apadrinó la de su colega y paisano Meléndez Valdés.

Las burlas del padre Isla

La sátira fue, para los autores neoclásicos, el arma con que descabalgaron la presunción que anidaba en los púlpitos, ya fueran estos académicos, sociales o religiosos. El padre Isla (1703-1781), jesuita, filósofo y teólogo, personifica la mirada irónica y burlona de su siglo.

Su obra más conocida, *Historia del famoso predicador fray Gerundio de Campazas, alias Zotes* —firmada, eso sí, con seudónimo—, critica el lenguaje culterano de los predicadores de su tiempo, a través de las lecciones que imparte fray Blas a su discípulo Gerundio («nombre ridículo, nombre bufón, nombre truhanesco», en palabras del autor), sin que fray Prudencio, el tercer hermano en discordia, pueda hacer nada por salvar los muebles entre tanto disparate retórico. La obra encandiló al rey y hasta al papa Benedicto XIV, pero, como es lógico, muchos curas se dieron por aludidos y no perdonaron esa llamada a renovar la predicación mediante un estilo más llano y popular. Así, la Inquisición se despabiló para prohibir la obra en 1760, lo que no impidió que una segunda parte viera la luz de forma clandestina ocho años más tarde. *Fray Gerundio de Campazas* fue un *best-seller*, otro más, de ese siglo de buenos autores y mejores lectores. Tal como relataba el propio Isla en una carta a su cuñado, «en menos de una hora de su publicación se vendieron trescientos que estaban encuadernados [...], a las veinticuatro horas ya se habían despachado ochocientos; y empleados nueve libreros en trabajar día y noche no podían dar abasto». El padre Isla proyectó incluso una tercera parte de su obra, en la que su particular Quijote expirara como aquel caballero andante, ponderado y elocuente.

7

El siglo de las revoluciones

ROMANTICISMO: EL CORAZÓN TIENE RAZONES...

La literatura, como cualquier otro arte, tiene algo de tira y afloja entre distintas escuelas o corrientes. El Neoclasicismo, que había nacido en el siglo XVIII para contrarrestar los arrebatos del Barroco, fue languideciendo a medida que avanzaba el siglo XIX en favor del Romanticismo. Algunos escritores se sentían cómodos en ambos círculos. Ya hemos visto que las *Noches lúgubres* de Cadalso preludiaron en 1790 el gusto venidero, pero el autor gaditano no fue el único. Escritores nacidos en el siglo XVIII como Álvarez Cienfuegos, Manuel José Quintana (1772-1857), Blanco White (1775-1841) o el citado Juan Meléndez Valdés reflejaron en sus obras una exaltación que anunciaba nuestra particular «tormenta e ímpetu».

¿Cuáles son los rasgos de este movimiento? La libertad es el primero; en realidad, es la raíz de todos ellos. El escritor romántico proclama su amor por los espacios abiertos, la espontaneidad de la imaginación –que gusta de viajar a países remotos o exóticos– y la pasión sin reservas.

La rebelión contra el absolutismo es la expresión política de un sentimiento moral. El romántico reniega de las reglas, se sacude el yugo gastado del Neoclasicismo, vive en un mundo perpetuo de ideales frente a la realidad, muchas veces sombría, que lo rodea. No hay medias tintas para él: es el césar o nada, y de ese radical planteamiento surge, en ocasiones, una tentación suicida, o la indiferencia heroica ante la muerte.

Como el presente le resulta demasiado gris, el romántico se refugia en el pasado. Escritores como Larra o Bécquer recrearon en sus libros dramas o leyendas medievales, en una suerte de evasión de la cotidianidad que sólo podía alcanzar la plenitud mirando atrás… con o sin ira. La literatura romántica es, más que desesperada, furiosa, siempre subjetiva, individualista, a veces tétrica. Los románticos viven en un más allá inescrutable, un mundo de sueños del que sólo ellos conocen las claves y se erigen en profetas. Y, sin embargo, a pesar de su individualismo, el romántico cree en el pueblo, se identifica con él, lucha por su emancipación, lo que hará que el movimiento converja con el nacionalismo.

En Francia, Rousseau, uno de los precursores del movimiento romántico, procedió en sus obras a desmontar ciertos tópicos sobre el progreso social amparados por el Siglo de las Luces. Su alegato del buen salvaje frente al hombre civilizado dejó una huella que seguirían los primeros prerrománticos. La imaginación empezaba a ganar la partida a la razón; las viejas reglas se disolvían frente a la libertad creativa.

Leonardo Alenza y Nieto satirizó el suicidio romántico en esta obra de 1839, presente en el Museo del Romanticismo de Madrid. Si la caída por el despeñadero no bastaba, el tipo aún podía contar con el recurso del puñal. «Un chiste incalculable», opinó la crítica de su tiempo.

El fenómeno de moda en Europa se llama *Werther*. La novela del escritor J. W. Goethe, publicada en 1774, enardece el corazón de todos sus lectores. Su efecto es tan devastador como duradero: en 1808, Napoleón Bonaparte recibe a su autor en Erfurt para expresarle su admiración por esa novela epistolar, que trata del amor desventurado –casi la idolatría– de un joven por una muchacha prometida a otro hombre. Curiosamente, las cuitas de este personaje no llegaron a las imprentas españolas hasta 1819, cuando el Romanticismo estaba despuntando en nuestro país.

Por supuesto, la Revolución Francesa marca, en 1789, una cesura que atañe también a las artes, pero el interés por la fiebre revolucionaria de los primeros románticos pronto sucumbe a la decepción. Tras la caída de Bonaparte, se resucita el Antiguo Régimen, un sistema que, de hecho, nunca había sido liquidado del todo.

En España, el hispanista Juan Nicolás Böhl de Faber (1770-1836) condensa el sedimento teórico del primer Romanticismo en una serie de artículos. Para él, el movimiento nada tiene que ver con la revolución o sus secuelas: consiste, en cambio, en una vuelta al espíritu tradicional español. De igual parecer era Alberto Lista (1775-1848), quien, tras abominar del romanticismo antimonárquico, antirreligioso y antimoral que cuajaba en Francia, secundaba otro «cristiano, inteligente y civilizado». Es decir, la base teórica del Romanticismo español y, como veremos, también su praxis, fueron de raíces conservadoras y tradicionalistas, lo que no deja de ser curioso si consideramos que el movimiento no se consolidó en nuestro país hasta la muerte de Fernando VII, en 1833, cuando, tras la llamada Década Ominosa (1823-1833), los liberales pudieron volver a sus casas desde el exilio.

Los Cien Mil Hijos de San Luis, un ejército francés comandado por el duque de Angulema en socorro de Fernando VII, habían instaurado de nuevo el absolutismo en España, tras el Trienio Constitucional (1820-1823), con la consiguiente persecución de los elementos liberales. La libertad fue enjaulada o, como en el caso del general Riego, ahorcada en la plaza de la Cebada de Madrid, de tal modo que los escritores no lo tuvieron nada fácil para proclamar su credo.

Ahora bien, para escribir sólo hace falta querer hacerlo. A lo largo de la historia, el poder ha ejercido siempre de lo que es, poniendo trabas a la libre creación, pero quienes tenían algo que contar se sacudían las ligaduras, mojaban la pluma en el tintero y emborronaban sus cuartillas, insensibles a las consecuencias de sus actos, porque, no lo olvidemos, una palabra es también un acto, a veces incluso letal.

Suicida por amor a España

Durante los años veinte del siglo XIX, Mariano José de Larra (1809-1837) se hizo un nombre como periodista asaz dotado para la sátira de costumbres de su tiempo. Ciertamente, el objeto de sus críticas no era la monarquía absoluta de Fernando VII, e incluso se había alistado en el cuerpo de Voluntarios Realistas, una milicia que hostigaba a los elementos liberales, en 1827. ¿Cómo es posible entonces que Larra venga a representar a nuestros ojos el inconformismo de toda una generación? Quizá porque, más allá de lo evidente, disponemos del conjunto de sus escritos no a modo de disculpa sino, sencillamente, de contexto. El Larra «absolutista» de 1827 es el mismo que, a propósito de la guerra de Independencia de Grecia, escribe: «Huid bárbaros ya, los que en cadenas / a la indefensa humanidad doliente / a esclavitud perpetua condenasteis». ¿Una contradicción? No. Sencillamente, una vida.

En sus primeros escritos, Larra rechaza también el Romanticismo, que subordina a las conquistas de la Ilustración. Sus artículos en los periódicos, firmados con seudónimos hoy casi tan célebres como su mismo nombre –Duende, Juan Pérez de Munguía en *El Pobrecito Hablador*, revista fundada por él mismo, Fígaro o Bachiller– son, en efecto, herederos de esa tradición ilustrada que pretende corregir los vicios de su tiempo.

Larra, que empezó a escribir siendo un muchacho, alcanzó la madurez creativa a los veintipocos años y murió

El Museo del Romanticismo de Madrid alberga la pistola con la que se suicidó Mariano José de Larra. Era el 13 de febrero de 1837. Quedaba más de un siglo para que Galerías Preciados instaurara la celebración de San Valentín…

antes de los treinta. A finales de 1832, en los estertores del régimen fernandino, ingresó en la redacción de la *Revista Española*, donde publicó numerosos artículos de crítica teatral en un momento en el que las obras románticas empezaban a desplazar de la escena a las neoclásicas, si bien el legado de Leandro Fernández de Moratín, que había muerto sólo cuatro años antes, seguía vigente (y a Larra, particularmente, le encantaba). Tras la experiencia de la *Revista Española*, que se amilanó ante el acero de sus críticas al Gobierno, desembarcaría un tiempo en *El Observador* y más tarde en *El Español*.

Que la vida de Mariano José de Larra fue «romántica» nadie lo pone en duda. Basta con pasear por las abigarradas salas del Museo del Romanticismo de Madrid para comprobarlo *in situ*: la pistola con que se descerrajó un tiro el Lunes de Carnaval de 1837 apunta a la nada tras una vitrina. Su amor imposible por Dolores Armijo, una mujer casada como la Charlotte de *Werther*, lo llevó a un callejón sin salida a la edad de veintiocho años. Además, era un hombre sin ilusiones, desengañado, otra víctima de esa España despiadada que torturaría unas décadas más tarde a los hijos de la Generación del 98. «Aquí yace media España; murió de la otra media», escribió en *El día de Difuntos de 1836*. Una de sus hijas, Adela, fruto de su matrimonio con Josefa Wetoret Velasco, encontró el cadáver. Tras la muerte del escritor –enterrado en sagrado pese a ser un suicida, por intercesión directa del ministro de Gracia y Justicia–, nació el mito, alimentado por la nueva hornada de cachorros románticos, que lo despidieron en el cementerio de Fuencarral de Madrid, hoy desaparecido, con un veinteañero José Zorrilla declamando los versos del adiós.

Su final, el mismo de Thomas Chatterton, Karoline von Günderrode o Heinrich von Kleist, encaja plenamente con esa visión aparatosa del suicidio romántico que ejecutó el pintor Leonardo Alenza y Nieto hacia 1837, pero, desde luego, su obra no se resigna a una sola casilla literaria. *El doncel de don Enrique el Doliente*, su única novela, puede asumir, sí, el rótulo de romántica, en la medida en que lo fueron otros títulos históricos –sobre todo de época medieval– que se publicaron entonces; pero su drama en cuatro actos *Macías* no se desprende todavía de las maneras neoclásicas, por lo que bien podemos leerla como una síntesis de ambas corrientes. Su vida, romántica. Su obra, no tanto.

Entre tumbas con Zorrilla

Dejamos a un joven José Zorrilla (1817-1893) con la palabra en la boca en el cementerio de Fuencarral: «Ese vago clamor que rasga el viento / es la voz funeral de una

151

campana». Se está despidiendo del «joven literato don Mariano José de Larra», que se ha suicidado por amor a los veintiocho años de edad en su piso de la calle Santa Clara de la capital. Con los ojos arrasados en lágrimas, el poeta se detiene para tomar aire. La voz le vibra. Es un momento histórico, el hito fundacional del Romanticismo en España, como lo será el homenaje a Góngora para los miembros de la Generación del 27.

Pero para Zorrilla, digámoslo claro, la composición de esos versos no es sino un trabajo de encargo, que resuelve con pericia y un dominio envidiable de la teatralidad. Tiempo después, el autor de *Don Juan Tenorio* tendrá la (mala) ocurrencia de escribir: «Broté como una yerba corrompida / al borde la tumba de un malvado».

¿Quién era José Zorrilla? El autor más popular del Romanticismo fue, por encima de todo, un poeta: nunca pretendió un cargo público, ni hizo malabares de bufón para congraciarse con el poderoso de turno. Su padre, un absolutista intransigente, lo despreció por su entrega a la literatura y su vida bohemia. Tras alcanzar la notoriedad en el homenaje a Larra, no le importó calzarse las botas del difunto: *El Español* le ofreció la vacante del articulista, mientras él empezaba a relacionarse con la elite intelectual del país. De la noche a la mañana, Juan Eugenio Hartzenbusch (1806-1880) y José de Espronceda empezaron a contarse entre sus amigos y se le abrieron las puertas de las editoriales y los teatros.

Guapo, católico y sentimental, conectó bien con el gusto de su tiempo, que pedía dramas históricos y cómodas exaltaciones a la patria, pero, quizá porque era poeta hasta la médula, nunca se le dio bien la administración de los dineros, o los empresarios le engañaron más que a otros.

La primera mitad de su vida fue la más fecunda. Estrenó *Don Juan Tenorio*, deudora del clásico de Tirso

Don Juan Tenorio, el *Quijote* y la *Celestina* son los grandes mitos literarios españoles. El director Gustavo Pérez Puig firmó la adaptación del primero de ellos en un prodigioso Estudio 1 de 1966.

de Molina *El burlador de Sevilla y convidado de piedra*, en 1844; vivió en México una temporada como protegido del emperador Maximiliano; y, en los últimos años de su vida, espigó los honores institucionales que en justicia le correspondían. Pero, para entonces, el público le había empezado a dar la espalda. La «fascinación» que, en palabras de Emilia Pardo Bazán, habían sentido todos los españoles por Zorrilla, había declinado en los últimos años de su vida, si bien reverdeció tras su segundo entierro en Valladolid, su ciudad natal, adonde fueron trasladados sus restos desde Madrid tres años después de su muerte; en 1889, el ayuntamiento de la antigua capital del Reino le había suspendido la pensión de 4.500 pesetas que le pagaba como cronista oficial.

Asistir a una representación de *Don Juan Tenorio*, lo que antes era viable el Día de Todos los Santos, es la mejor lección para entender el movimiento romántico: la bruma de los escenarios, el cementerio, los espectros, la pasión desatada, los celos, la muerte, la salvación o incluso el historicismo, puesto que la obra se desarrolla en la Sevilla de mediados del siglo XVI.

Pero, ¿por qué la revisión de Zorrilla al clásico de Tirso? En realidad, el mito del Tenorio no quedó zanjado con la obra del sacerdote en 1630. Su influencia fue tal, que, según un estudio, hasta mediados del siglo XX se habían publicado más de dos mil dramas inspirados en ese personaje, con el que Tirso, por cierto, no quiso retratar a ningún caballero particular, sino a todos aquellos que en su época mancillaban a las mujeres.

Molière le daría otra vuelta en 1682, y Zorrilla lo fijaría para siempre en el imaginario colectivo gracias a la popularidad de su obra. Ambos personajes, el de Tirso y el de Zorrilla, son comparados con el Diablo por su maldad intrínseca, pero, mientras que el primero no se arrepiente de sus pecados, el segundo se salva por el amor de doña Inés, algo de lo que el vallisoletano se sintió muy orgulloso: «Yo corregí a Molière, a Tirso y a Byron, hallando el amor puro en el corazón de don Juan [...]: yo más cristiano que mis predecesores saqué a la escena por primera vez el amor tal como lo instituyó Jesucristo».

Lo que mal empieza...

Durante el siglo XIX, muchos escritores se distinguieron también en la arena política. Ángel María de Saavedra, el duque de Rivas (1791-1865), fue uno de ellos, aunque, en su caso, sus méritos literarios han solapado la rutilante carrera que lo llevó incluso a la presidencia del Gobierno —entonces del Consejo de Ministros— en 1854 (si bien sólo la ostentó un par de días). Al duque de Rivas lo conocemos sobre todo por su obra *Don Álvaro o la fuerza del sino* (1835), uno de los primeros éxitos del teatro romántico en España, que, aunque no reprodujo en nuestra escena la apoteosis francesa de Victor Hugo con *Hernani*, sí mereció el interés del respetable. La obra, como el Tenorio, se desarrolla en Sevilla, esta vez a principios del siglo XVIII. Lo que mal empieza (el protagonista mata al padre de su amada sin querer), mal acaba (lean o relean la obra para recordar su final).

Don Álvaro o la fuerza del sino, un drama sobre la fatalidad, mostró el camino del nuevo teatro romántico, que Francisco Martínez de la Rosa (1787-1862) y Mariano José de Larra habían explorado un año antes con *La conjuración de Venecia* —escrita en 1830— y *Macías*, respectivamente. Tras la consagración del duque de Rivas, que escribiera también el poema *El moro expósito* (1834), autores como Antonio García Gutiérrez (1813-1884) saldrían poco menos que a hombros del Teatro del Príncipe con *El trovador* (1836) y Juan Eugenio de Hartzenbusch llamaría a las puertas de la gloria con *Los amantes de Teruel* (1837), de la que Larra publicó una extensa reseña en *El Español* elogiando su «pasión», su «fuego» y su «verdad».

Algo más que el Byron español

Larra, Zorrilla o el duque de Rivas nos brindan, cada uno a su manera, distintos encuadres para enfocar mejor el Romanticismo en España, pero tal vez sea José de Espronceda (1808-1842) la figura más «auténtica» de este movimiento. De él dijo el poeta Pedro Salinas que representaba a «ese hombre nuevo, esa nueva actitud frente al mundo».

Ni su vida ni su obra desafinan con los ideales de esa religión, en la que él profesó como un dogma suelto. Si muchos de sus coetáneos eran de temperamento conservador, Espronceda es desterrado a un convento a los diecisiete años por sus actividades en el seno de una sociedad secreta, probablemente de naturaleza masónica, los Numantinos. Escribe sus primeros poemas siguiendo a su maestro Alberto Lista, pero, en esos años juveniles, la política copa sus intereses. Asfixiado por el «ominoso» clima de Madrid, vive un tiempo en Lisboa y recala luego en Londres, como un proscrito más de la monarquía absoluta de Fernando VII. En 1830, lo vemos en las barricadas de París que coronan a Luis Felipe I como último rey de Francia. Tras la amnistía de 1833, regresa a España con su amor, Teresa Mancha, cuyo abandono y temprana muerte le inspirarán algunos de sus mejores poemas.

El garrotillo –es decir, la difteria– lo vence en 1842 y el pueblo llora su muerte. A sus treinta y cuatro años, José de Espronceda ha dejado una obra breve pero imperecedera, tan íntima como universal, sin abandonar nunca el entusiasmo político de su primera juventud. Amigo de Larra, de quien no podrá despedirse por su mala salud, y fiel a Espartero, en 1842 fue elegido diputado a Cortes por la provincia de Almería, pero, para entonces, sus días estaban ya contados.

Toda la obra de Espronceda, desde sus artículos de prensa a sus poemas filosóficos, desprende verdad. Su dios, como dejó escrito en la *Canción del pirata*, podía ser «la libertad», pero, a la vez, rechazó por inútil la desamortización de Mendizábal de 1836, que expropió los bienes a la Iglesia. Su vida fue la de un rebelde con causa; su obra, una extensión de su vida.

En sus composiciones de juventud, como *El Pelayo*, se reconoce aún la deuda del neoclasicismo, así como la ambición formal que le llevaría a sumirse en *El Diablo Mundo*, que dejó inconclusa. En esa obra aparece el *Canto a Teresa*, una preciosa elegía que acredita «lo bien» que se les dan los muertos a los escritores españoles: «¿Por qué volvéis a la memoria mía / tristes recuerdos del placer perdido / a aumentar la ansiedad y la agonía / de este desierto corazón herido?». El final es demoledor: «Truéquese en risa mi dolor profundo... / Que haya un cadáver más, ¿qué importa al mundo?».

No es casualidad que el nombre de Espronceda se haya asociado a menudo al de lord Byron, gigante del Romanticismo inglés. El español había leído su obra, que admiraba profundamente y, a buen seguro, le influyó. Pero Espronceda tenía una voz propia, y sus similitudes fueron tantas como sus diferencias. Por lo demás, el almendralejense nunca renegó de su «maestro» inglés, a quien, en un fragmento de *El Diablo Mundo*, puso a la altura de los más grandes: «¿Qué habré yo de decir que ya con creces / no hayan dicho tal vez los que murieron, / Byron y Calderón, Shakespeare, Cervantes, / y otros tantos que vivieron antes?». El autor de *Manfred* o *Don Juan* se asoma en *El Diablo Mundo*, pero también Goethe con su *Fausto* y *El ingenuo* de Voltaire.

El otro gran libro de Espronceda es *El estudiante de Salamanca*, publicado en 1840 tras su difusión por entregas a partir de 1836. Félix de Montemar, un «segundo don Juan Tenorio», protagoniza este cuento fantástico con trazas de pesadilla, en la que el espíritu romántico se adueña de la ficción desde los primeros versos:

> Era más de media noche,
> antiguas historias cuentan
> cuando en sueño y en silencio
> lóbrego envuelta la tierra,
> los vivos muertos parecen,
> los muertos la tumba dejan.

El esqueleto de doña Elvira o la visión del propio entierro estremecieron a los lectores de su tiempo, y todavía hoy nos ponen la carne de gallina. No fue la primera muesca de literatura gótica en España, pero sí la más perdurable.

Sin embargo, la mayoría conocemos a Espronceda por un poema que aprendimos en la infancia: la *Canción del pirata,* que en su época se recitaba en las tertulias con justo encandilamiento. Es una Biblia del movimiento romántico en España, un canto a la «libertad, igualdad y fraternidad», esas «tres palabras evangélicas» que «son el susto de los opresores de la tierra, el lema y esperanza de la humanidad», como escribió en un artículo publicado en 1836.

El último romántico

Gustavo Adolfo Bécquer nació en Sevilla en 1836, cuando el Romanticismo estaba en pleno apogeo. Por esas fechas, vieron la luz autores que con los años cabalgarían las olas de la novela realista o naturalista. Bécquer fue, pues, el último romántico –quizá, por tanto, un post-romántico– y, sobre todo, uno de los fundadores de la corriente intimista en la lírica. De su fugaz magisterio nacieron Antonio Machado o Luis Cernuda, quizá los mejores poetas españoles del siglo xx.

Si lo comparamos con Espronceda o Zorrilla, percibimos al momento que el sevillano es diferente, mucho más recóndito, ajeno a la épica de esos modelos. Para Bécquer, la poesía es un pronombre singular, «tú», no el «nosotros» de la patria común, ni la tercera persona de un conquistador llamado Juan Tenorio o de un pirata sin nombre.

A los dieciocho años, Gustavo Adolfo buscó la fortuna literaria en Madrid, donde ejerció como periodista y escribió comedias y zarzuelas. Ni que decir tiene que en sus primeros años ganaba poco –«escribir en Madrid es

La glorieta de Bécquer, en el sevillano parque de María Luisa, se engalanó en 1911 con este grupo escultórico, que evoca la gracia de sus rimas amorosas.

llorar», que dijo Larra–, y, encima, contrajo la sífilis. Tuvo tres hijos con su esposa Casta Esteban Navarro, pero el matrimonio no fue feliz. Bécquer «adoptó» como musa a Julia Espín, una cantante de ópera, y su mujer, según los rumores –para algunos calumnias– le fue infiel con otros hombres («La mujer pretende engañar al hombre y el hombre cree engañar a la mujer, y los dos a la vez son engañados», escribiría su viuda en el único libro que publicó, en 1884).

En los últimos años, la biografía de Bécquer se ha sometido a examen, y el mito no ha salido indemne. Para algunos estudiosos, Gustavo Adolfo Bécquer era un reaccionario y un burgués, que trabajó a las órdenes del ministro conservador González Bravo como censor, y, ahora viene lo gordo, que no murió de tuberculosis, sino por una enfermedad relacionada con la sífilis. Bueno, qué importa.

Porque lo único que de verdad importa es lo que escribió: sus rimas y sus leyendas. Fue sembrando las primeras sin cuidado por el porvenir hasta que la muerte de uno de sus mejores amigos le impulsó a reunirlas todas en un solo volumen, el *Libro de los gorriones*, que hoy conserva la Biblioteca Nacional. Acariciando esas páginas, en las que trabajaron sus amigos para presentar una primera edición de sus *Obras* en 1871, comprendemos que la grandeza viene a veces de lo más pequeño, de la naturalidad de las emociones, de la sencillez de las palabras, que, de tan finas, de tan menudas, franquean la página y tocan al lector.

Cada uno de nosotros tiene su rima de Bécquer grabada a fuego en la memoria. «Del salón en el ángulo oscuro» (VII), «¿Qué es poesía?» (XXI), «Cuando me lo contaron, sentí el frío» (XLII) o «Cerraron sus ojos» (LXXIII) merecen revisarse no de tanto en tanto, sino cada día si es preciso.

Su primera leyenda, *El caudillo de las manos rojas*, data de 1857, y en ella se aprecian algunos rasgos comunes a estas ficciones: el exotismo, lo sobrenatural, la fantasía. Pero quizá lo más interesante de la prosa becqueriana sea su sensualismo, esa suerte de frescura impresionista que parece revelar la palabra del modernismo. Eso, sin dejar de lado el romanticismo, con sus ambientes tétricos o su mirada al pasado, así en *El monte de las ánimas*, una de las más logradas, *El miserere* y *El rayo de luna*, las tres de atmósfera medieval, o *El beso*, que se sitúa en la guerra de la Independencia.

Si la voz del poeta alemán Heinrich Heine se escucha en algunas de las rimas de Bécquer, se diría que un compatriota suyo, E. T. A. Hoffmann, junto con Edgar

Allan Poe, se aposentan en sus relatos, aunque, una vez más, no basta con conocer a un autor, con haberlo leído, para que este nos arrastre a su universo. Heine, Hoffman o Poe se acercan a Bécquer tanto como se distancian.

Ella quería ver el mar

En el contexto del Romanticismo, hubo varias corrientes que revitalizaron la lengua de distintas regiones españolas. En Galicia, el *Rexurdimento* nos dio a Eduardo Pondal (1835-1917) y Curros Enríquez (1851-1908), como veremos más adelante, y, sobre todo, a Rosalía de Castro.

El siglo XIX encuentra en esta poetisa y novelista santiaguesa, que cantó como nadie las bellezas de su tierra natal, a una de sus mayores figuras literarias. En un tiempo en el que no era habitual ni estaba bien visto escribir en gallego –se consideraba un dialecto desprestigiado–, Rosalía de Castro (1837-1885) contribuyó a dignificar esta lengua, merced a obras como *Cantares gallegos* o *Follas novas*; si bien, hacia el final de su vida, compuso *En las orillas del Sar* en castellano.

La vida privada de Rosalía fue muy desgraciada: hija (ilegítima) de un sacerdote, pasó la infancia al cuidado de familiares lejanos, su salud fue siempre quebradiza, conoció la muerte de uno de sus hijos y los apuros económicos fueron una constante a lo largo de su trayectoria. Todas estas angustias influyeron en su obra y le dieron un carácter intimista, subjetivo, reconcentrado, en el que ahondó en el infortunio del amor y se solidarizó con la pobreza del pueblo gallego, a la vez que cultivaba la novela con títulos como *La hija del mar* o *Flavio*, hoy no muy conocidas.

Rosalía de Castro falleció en Padrón a la edad de 48 años, aquejada de cáncer. Quiso que sus hijos quemaran sus obras inéditas, y sus últimas palabras fueron: «Abre esa ventana, que quiero ver el mar».

...que la razón sí entiende: el Realismo

Durante la segunda mitad del siglo XIX maduraron en Europa el realismo y el naturalismo, movimientos literarios *ad hoc* para acompañar las miserias de los más desfavorecidos. Eran los tiempos de la industrialización y el ascenso de la burguesía, y España, desde luego, no escapó a esas corrientes, que tuvieron su cuna en Francia. Los proyectos narrativos de Balzac, Flaubert o Stendhal encajarían con los presupuestos del realismo, mientras que Émile Zola se considera el corifeo del naturalismo.

Y, no obstante, nadie podría afirmar así, tan alegremente, que Francia descubriera la pólvora en el siglo XIX. ¿Qué eran el *Quijote* o el *Lazarillo de Tormes* sino novelas realistas? La lección de la picaresca o el vagabundeo de nuestro ingenioso hidalgo y de su escudero por tierras de España entrenaron a nuestros autores para acaudillar el motín contra las formas del Romanticismo. De hecho,

El escritor francés Émile Zola marcó la pauta del movimiento naturalista, que trajo a España la coruñesa Emilia Pardo Bazán.

Madame Bovary, la criatura más famosa de Flaubert, ha sido interpretada por Mario Vargas Llosa como un «Quijote con faldas», y el autor francés siempre reconoció su admiración hacia la obra cervantina. Si don Quijote quiere abolir de una vez por todas la moda de los libros de caballerías, Flaubert pretende hacer lo propio con la novela sentimental de su época.

Si tuviéramos que fijar unas coordenadas temporales para el realismo, podríamos decir que nació en los años treinta del siglo XIX y que murió a finales del mismo. Más allá de los Pirineos, Stendhal publicó *Rojo y negro* en 1830 y *La cartuja de Parma* en 1839, y Balzac inició el fresco de *La comedia humana* en 1834. Entre tanto, Charles Dickens se dio a conocer en esa década con *Los papeles póstumos del Club Pickwick* (1837) y *Oliver Twist* (1838). En España, las primeras expresiones del Realismo se confunden con la pintura de costumbres de tono romántico, que va apartando al «yo» de la narración para abrir los ojos a la realidad circundante. La estética se supedita a la ética y el pasado pierde fuelle frente al presente.

Ahora bien, ¿qué otras características se cumplen en este movimiento? Para empezar, cambia la mirada. A diferencia del romántico, el realista trata de ser neutral (aunque no siempre lo consigue). El individuo como personaje interesa al autor en la medida en que le permite diseccionar a toda una sociedad. Los retratos realistas aspiran a la objetividad, y los sentimientos se dejan a un lado. El realista es un testigo, un cronista, un tipo que, por medio del relato fidedigno de los hechos, va desvelando las características de su entorno.

En este sentido, *La Regenta* es una novela realista «de libro». Clarín no sólo nos entrega a un personaje vivo, creíble hasta en sus más nimios detalles –en una palabra: «real»–, sino que nos proporciona una panorámica de una ciudad en su conjunto, con todos sus estratos sociales bien diferenciados. Al hacerlo así, los escritores realistas van sembrando, no siempre de manera consciente, un credo social, vinculado casi siempre al progresismo. ¿Cómo no iba a ser así en el siglo XIX, con la lucha de las clases trabajadoras en su apogeo, o las injusticias inherentes a la industrialización, proceso en el que la alta burguesía acabó reemplazando a la nobleza en la cúspide de la pirámide?

Hay, como veremos, una novela realista rural, pero en general las acciones se desarrollan en escenarios urbanos, que los narradores recrean con una visión «omnisciente», es decir, desde el absoluto conocimiento de todo lo que pasa, a la manera de unos entomólogos de su tiempo. El lenguaje no se pierde en vaguedades. Va a la raíz de las cosas. Es una herramienta más de una caja de precisión en la que, a diferencia del Romanticismo, la verdad no tenía por qué ser sinónimo de la belleza ni supeditarse a ella. Era autónoma. Era la diana a la que disparaban los dardos de sus palabras.

¿*La Gaviota* o *La Fontana de Oro*?

No hay un título fundacional del Realismo en España. *La gaviota* (1849), de Fernán Caballero (1796-1877), comparte intereses con esta escuela, pero sin superar el sentimentalismo de la anterior. Cuando uno de los personajes, la condesa, dice que «no hemos de pintar a los españoles como extranjeros: nos retrataremos como somos», su propuesta parece obvia y, de hecho, la autora, cuyo verdadero nombre era Cecilia Böhl de Faber, se marcó como meta la composición de unos cuadros de costumbres verosímiles mediante la atenta observación de tipos. Las penas del doctor Stein, casado con una mujer, La Gaviota del título, enamorada de un torero, pueden considerarse un enganche entre el carro del realismo y el remolque del romanticismo, pero al final el pintoresquismo prevalece sobre la realidad.

Un pormenor interesante: Fernán Caballero, nacida en Suiza, hija de un hispanista alemán al que ya conocimos un poco más atrás, y de la escritora gaditana Frasquita Larrea, escribió *La Gaviota* en francés, por lo que tuvo que ser traducida al español por su amigo José Joaquín de Mora, quien veló por su publicación como folletín en las páginas de *El Heraldo*.

Si unos ponen el dedo en la llaga de *La Gaviota*, otros sostienen que fue Benito Pérez Galdós (1843-1920) quien apuntaló los cimientos del Realismo con su primera novela, *La fontana de oro* (1871). Esto es más razonable, pero nos hace plantearnos qué literatura se escribió en esa tierra de nadie que precedió a la llegada del meteorito Galdós. Pues bien: algo parecido a *La Gaviota*, novelas por entregas como las del incombustible Manuel Fernández y González (1821-1888), que alternó el costumbrismo con el historicismo de sabor romántico, Torcuato Tárrago y Mateos (1822-1889), o Wenceslao Ayguals de Izco (1801-1875), amigo del maestro en estas lides Eugène Sue. Unos eran católicos, otros anticlericales, unos adoraban el misterio, otros operaban en el territorio de la sátira… Salvo del primero, más que nada por su constancia, el rastro de los demás se ha perdido en el torbellino literario.

Y es en ese contexto en el que arranca la obra de Benito Pérez Galdós, en una década en la que se van a publicar, por cierto, algunas de las mejores novelas de la literatura española del siglo XIX. ¿Qué sucedió para que se diera esa feliz ruptura con la estética predominante? Pues nada menos que una revolución, la Gloriosa o Septembrina, que desalojó del trono a la reina Isabel II. Al fin y al cabo, ¿no nació el realismo en Francia tras la Revolución de 1830, que inmortalizara Delacroix en *La Libertad guiando al pueblo*?

Así hablaba Clarín

En su artículo «El libre examen y la literatura presente», perteneciente a su libro *Solos de Clarín*, Leopoldo Alas, *Clarín*, manifestaba que el movimiento nacional de 1868 había arraigado en el espíritu del pueblo, decantando en él los ecos de la libertad. «El glorioso renacimiento de la novela española data de fecha posterior a la revolución de 1868», afirmaba en esas páginas, que instauraron, de hecho, un criterio generacional que todavía hoy, en pleno siglo XXI, resulta, si no del todo válido, al menos reseñable.

«El más atrevido, el más avanzado, por usar una palabra muy expresiva, de estos novelistas, y también el mejor, con mucho, de todos ellos, es Benito Pérez Galdós», continuaba. Clarín no se quedaba en el elogio de su amigo, sino que dibujaba a la perfección el panorama de la novela que la Gloriosa había excitado. De Juan Valera (1824-1905) dice que ningún autor como él ha señalado «el gran adelanto de nuestros días en materia de pensar sin miedo». Para Clarín, Pedro Antonio de Alarcón (1833-1891) y José María de Pereda (1833-1906) «representan la reacción», y aunque su propósito de defender el pasado por medio de la novela le merezca respeto, «sus fuerzas son escasas, sus alegatos pobres, adocenados». Por lo demás, Campoamor (1817-1901) le parece «el literato más revolucionario de España, a pesar de que milita en las filas de un partido conservador», y José de Echegaray (1832-1916) encarna «el libre vuelo de la fantasía y el libre examen en la escena».

Un realista de corazón

Benito Pérez Galdós, el mayor exponente del Realismo en nuestro país, nos presentó la España del siglo XIX en el fresco de los *Episodios nacionales*, un ciclo narrativo comparado a menudo con la obra de Balzac. Desde la batalla de Trafalgar hasta el reinado de Alfonso XII, sus cuarenta y seis novelas, organizadas en cinco series, recorren la guerra de la Independencia, la España de Fernando VII, la primera guerra carlista y la regencia de María Cristina, el reinado de Isabel II, la Revolución Gloriosa o el turno de partidos.

Pero el autor canario fue también un penetrante testigo de su tiempo, que comprendió como pocos las posibilidades literarias que ofrecía la clase media, «el gran modelo, la fuente inagotable». Sus inquietudes políticas lo llevaron a afiliarse al Partido Progresista de Sagasta y, en 1907, al Partido Republicano. Diputado en varias legislaturas, esa pasión por la cosa pública trasluce en sus novelas de tesis, marcadas por un juvenil anticlericalismo (*Doña Perfecta*), que va evolucionando con el paso de los años hacia una espiritualidad en la que reverberan las lecturas de Tolstoi, a quien lee en francés a finales de los ochenta.

Entre la materia y el espíritu, sus novelas de tema contemporáneo dan cuenta de su capacidad para el retrato de personajes y la pintura de emociones. Galdós trabajó el oído como nadie, hasta el punto de que los diálogos de sus personajes, madrileños de vocación, nos parecen grabaciones radiofónicas transcritas luego sobre el papel. *Fortunata y Jacinta* (1887), tal vez su obra maestra, cuenta, como reza su subtítulo, «dos historias de casadas», pero es ante todo un melodrama castizo que se desperdiga por las calles de los barrios de Madrid.

Diez años más tarde, en *Misericordia*, desciende «a las capas ínfimas de la sociedad matritense, describiendo

D. BENITO PÉREZ GALDÓS
Retrato de una época en que era ya el novelista indiscutido y empezaba
a ser el dramaturgo genial.

Valle-Inclán se burlaba de Pérez Galdós por su estilo pedestre y castizo. Pero nadie podía negar que el canario electrizaba la lengua española como nadie.

y presentando los tipos más humildes, la suma pobreza, la mendicidad profesional [...]». La cita, extraída del prólogo, avanza revelando su técnica para tal logro, que consistió en «largos meses en observaciones y estudios directos del natural, visitando las guaridas de gente mísera o maleante que se alberga en los populosos barrios del sur de Madrid».

¿Es eso naturalismo? Desde luego que sí. Así que ahora viene la pregunta, ¿qué es eso del naturalismo? Pues una especie de realismo crudo que, guardando las leyes de la ciencia experimental, abraza el determinismo, vamos, que los hombres estamos «predestinados» por nuestra herencia o nuestro ambiente.

En parte, cabe entender este movimiento como un esqueje de la planta realista, pero con los rasgos más marcados. Su determinismo fundamenta el ateísmo consustancial a esta escuela, ya que, si estamos condenados por el origen de nuestra cuna o por las circunstancias de nuestra vida, ¿de qué sirve ponernos en manos de Dios?

La mirada naturalista es, por tanto, mecanicista, carente de toda espiritualidad. Siempre un paso por delante de su matriz realista, en su exploración de las miserias sociales llega a abismarse en los escenarios más sórdidos. El naturalismo es, como decimos, un realismo crudo, amargo y pesimista, que, cuando tira la piedra, no esconde la mano con la crítica social. Las reacciones de sus personajes obedecen siempre a la lógica de su entorno, una selva sin principios ni moral.

La dama del Naturalismo

Su introductora en nuestro país fue la escritora gallega Emilia Pardo Bazán (1851-1921), discípula aventajada del francés Zola. Doña Emilia —nacida en el seno de una familia noble: tras la muerte de su padre heredaría el condado— fue una de las mujeres más instruidas de su tiempo: hablaba fluidamente inglés, francés y alemán y poseía una nutrida biblioteca. Feminista militante, dirigió la revista *Biblioteca de la Mujer* y la sección de Literatura del Ateneo de Madrid; y, en su vida privada, mantuvo una intensa relación amorosa con Benito Pérez Galdós.

En sus novelas —*Los pazos de Ulloa*, *La madre naturaleza* o *Memorias de un solterón*— encontramos profusas descripciones de tipos y paisajes; en sus ensayos, va a la raíz. Una compilación de artículos sobre crítica literaria, *La cuestión palpitante* (1884), representaría la síntesis del ideario naturalista, que Émile Zola había explorado con éxito a partir de su novela *Thérèse Raquin* (1867) y, desde el punto de vista teórico, a partir de su ensayo *Le roman expérimental* (1880), obra que Pardo Bazán conocía muy bien.

Si *La fontana de oro* puede considerarse la primera novela realista española, el privilegio de inaugurar el naturalismo le corresponde de nuevo a Galdós, en este caso con *La desheredada* (1881), publicada un año después de la novela de Zola *Nana* (que, al igual que *La desheredada*, cuenta las vicisitudes de una prostituta).

Doña Emilia, que a la sazón había empezado a cartearse con su amigo Galdós, lo vio claro en *La cuestión palpitante*: «[...] el egregio novelista se halló siempre dispuesto a pasarse al naturalismo con armas y bagajes; pero sus inclinaciones estéticas eran idealistas, y sólo en sus últimas obras ha adoptado el método de la novela moderna». *La desheredada* sería, pues, una novela moderna, lo mismo que *Lo prohibido* (1885), en la que leemos una divertida observación en boca de uno de los personajes: «¡Naturalismo! Por Dios, ¡qué naturalista, qué pornográfico se ha vuelto!».

La obra más leída de Emilia Pardo Bazán, *Los pazos de Ulloa* (1886), se adscribe también a esa corriente. Convincente retrato de la vida rural gallega, su galería de personajes ofrece un panorama extraordinario de la estratificación social en la época.

La novela regional de Pereda

Como vimos unas páginas más atrás, la Revolución Gloriosa reunió a un grupo de intelectuales que compartían ciertos rasgos estéticos. El término Generación del 68 no se frecuenta tanto como los de la Generación del 98 o del 27, pero la nómina de sus autores es colosal. Antes de centrarnos en Clarín, el ideólogo que acuñó el término, repasemos brevemente la plantilla.

Si la amistad es uno de los conceptos que concretan la existencia de una generación, no faltaron en el 68 los lazos humanos. Las cartas de amor de Emilia Pardo Bazán a Benito Pérez Galdós –recopiladas en 2013 con el título *Miquiño mío* (Turner)– dan cuenta de una pasión alimentada a lo largo de más de treinta años. Galdós fue, además, un amigo «fraterno» de José María Pereda, el autor de *Peñas arriba*. Sus ideas políticas no podían ser más opuestas, pero la admiración –humana y literaria– era mutua.

José María Pereda, el menor de veintiún hijos, ingresó en la Real Academia Española avalado por novelas como la antedicha o *Sotileza*. En su discurso, titulado *La novela regional* –respondido, cómo no, por su amigo Galdós–, replica a los críticos que no ven en este género más que una especie de localismo sentimental. Para Pereda, la novela regional, de la que él fue su máximo exponente, es «castizamente española», y está hecha con los mismos mimbres que la del Siglo de Oro. La Montaña, esto es, Cantabria, escenario de casi todas sus novelas, es un microcosmos que le permite declarar como testigo de la vida nacional. Hoy estas razones resultan superfluas, pero en su día algunos críticos consideraban que la literatura regional empequeñecía nuestro acervo, que pecaba de falta de ambición, como si sólo la vida de las ciudades fuera digna del interés de los literatos. En su respuesta, Galdós elogiaba sus méritos y apostillaba, a propósito de sus dos títulos más conocidos, que «no es de menos fuerza que *Sotileza*, *Peñas Arriba*; y si en la primera erigió un monumento al mar y sus trabajadores, en la segunda ha reproducido la majestad de las alturas, donde acaba la humanidad y empiezan las nubes».

Una tragedia sumió a Pereda en el silencio. El suicidio de su hijo en 1893 arpó su vida. Ya sólo pudo terminar *Peñas arriba* y escribir una novela corta sobre la explosión del vapor *Cabo Machichaco*, *Pachín González*.

La elegancia crítica

Los retratos de Juan Valera nos muestran a un hombre de «otra época». Nada que ver con el «torpe aliño indumentario» de Galdós o la miopía del tímido Clarín. Aficionado a la poesía, a los veinte años su padre le costeó una edición de trescientos ejemplares de sus «obras completas», de la que vendió sólo tres. Residió como diplomático en varios países europeos, Rusia entre ellos, Brasil y Estados Unidos, mientras fundaba revistas, soñaba con convertirse en un gran poeta romántico, heredero de Espronceda, mantenía disputas con la «inteligencia» de su época, progresaba como funcionario público y publicaba reseñas que hicieron de él uno de los críticos más avanzados de su tiempo. Cuando en 1888 un joven Rubén Darío (1867-1916) le envió *Azul*, piedra de toque del modernismo hispánico, Valera le dio un extenso acuse de recibo: «Todo libro que desde América llega a mis manos excita mi interés y despierta mi curiosidad; pero ninguno hasta hoy la ha despertado tan viva como el de usted, no bien comencé a leerlo».

De la literatura de creación de Juan Valera, la obra que mejor ha sobrevivido es *Pepita Jiménez*, un texto de madurez que empezó a publicar por entregas en 1874. Su autor, que la definió como «una novela psicológica de costumbres contemporáneas», consideró que tanto él como Pedro Antonio de Alarcón, de quien luego hablaremos, habían sido pioneros a la hora de cultivar ese género, que poco después granaría en manos de Pérez Galdós, Jacinto Octavio Picón (1852-1923), Armando Palacio Valdés (1853-1938), Emilia Pardo Bazán y otros.

Pepita Jiménez es una novela de sabor cervantino –el autor encuentra un legajo, dividido en tres partes, propiedad del deán de una catedral– sobre un triángulo

Pepita Jiménez ve pasar la vida en el madrileño paseo de
Recoletos, bajo el busto de su creador, el egabrense Juan Valera.

amoroso: un joven seminarista, sobrino del deán, se
enamora de la viuda Pepita Jiménez, que está prometida
a su padre. Lo más interesante del relato es la evolución
del joven Luis de Vargas, el conflicto que vive entre su
vocación religiosa y los mandados del corazón.

Valera, como buen lector, sabía que las fronteras
entre los géneros literarios son precarias. Lo que de verdad
le interesaba era «el arte por el arte», aunque tampoco le
hacía ascos al dinero, tal como confesó a su padre en una
carta: «Si algo me impacienta es la pobreza. Por eso me
quiero meter a autor dramático». Rechazaba la novela de
tesis al igual que, rendida la adolescencia, aceptó que el
Romanticismo era «cosa pasada», que había servido sobre
todo para «libertar a los poetas del yugo ridículo de los
preceptistas franceses». Juan Valera fue un artista del alam-
bre, un hombre para todas las estaciones.

El padre de la novela policiaca

Su amistad con Pedro Antonio de Alarcón dio a luz interesantes iniciativas. En 1859 ambos fundaron, junto con Miguel de los Santos Álvarez, el periódico satírico-literario *La Malva*, «suave aunque impolítico», que sacó seis números al mes hasta su cierre en 1860. Fue una más de las publicaciones periódicas, satíricas o no, que animaron la vida cultural del siglo XIX, en la que Pedro Antonio de Alarcón, uno de los periodistas más aplaudidos de entonces, dejó una huella imborrable.

También en 1859 nuestro autor empezó a publicar en la revista ilustrada *El Museo Universal* las crónicas de su participación como voluntario en la guerra de África, que luego salieron como libro con el título *Diario de un testigo de la guerra de África*. Su propósito, que trasciende la mera inclinación informativa para penetrar en el reino de la literatura de viajes, al que volvería en otras oportunidades, era «hacer viajar conmigo al que me lea; identificarle con mi alma». Los lectores pagaban un suplemento extra por sus artículos, que atrajeron, por cierto, a un bisoño Galdós, quien convertiría a su creador en uno de los personajes de *Aita Tettauen* (1905), novela de la cuarta serie de los *Episodios nacionales*.

Pero la obra de Pedro Antonio de Alarcón fue mucho más vasta y, en algunos casos, se adelantó a su tiempo. Para algunos especialistas, fue él quien publicó la primera novela policiaca española, *El clavo* (1853), unos años después de que Edgar Allan Poe revolucionara el género con *Los asesinatos de la calle Morgue* (ambos, por cierto, aparecieron primero en revistas, *El Eco de Occidente* en el caso de la primera y *Graham's Magazine* en el de la segunda). No obstante, la influencia de Poe en la obra de Alarcón fue posterior, por lo que el autor granadino pudo inspirarse para *El clavo* en un relato del francés

Hippolyte Lucas, así como en los de su compatriota Alejandro Dumas, autor de *Crímenes célebres*.

Una anécdota: Pedro Antonio de Alarcón pudo ser nuestro Pushkin particular, pero la sangre no llegó al río. Al igual que el autor ruso, se enfrentó en un duelo, pero su rival, el poeta venezolano José Heriberto García de Quevedo, le perdonó la vida y disparó al aire tras el fallo de Alarcón. Ambos se habían desafiado en las páginas de los periódicos a propósito de la reina Isabel II: el español la censuraba; el venezolano, que había servido como guardia real, la defendía. De aquel trance nació un nuevo Pedro Antonio, menos irascible y más conservador.

Su obra más conocida, *El sombrero de tres picos* (1874), novela el tradicional romance de una molinera casada a la que trata de seducir un corregidor. Es una historia divertida, un cuento perfecto de principio a fin, que no tardó en triunfar más allá de los Pirineos. Años después, en 1919, Manuel de Falla la transformó en un soberbio *ballet*.

Un duelo al sol

Y llegamos, por fin, a la figura de Leopoldo Alas, Clarín (1852-1901). ¿Qué tal si empezamos estas líneas un día cualquiera de 1892? Junto a nuestro escritor, nacido por azar en Zamora pero de alma ovetense, se encuentra su mejor amigo, el periodista asturiano de *El Liberal* Tomás Tuero, y su también paisano Armando Palacio Valdés, autor, entre otras obras, de *La hermana San Sulpicio* (1889). Tomás y Armando lo arropan, lo apadrinan en uno de esos duelos absurdos que el segundo ha denunciado en su obra. En aquellos tiempos, los escritores no perdían el tiempo en tribunales ni dejaban que la mala baba los consumiera; como tampoco podían *trollear* en blogs ajenos, de vez en cuando se citaban al amanecer para dirimir sus diferencias.

Pues bien, aquella mañana, frente a ellos, aguardaba impaciente, entre sus padrinos Icaza y el coronel Reina, un crítico literario llamado Emilio Bobadilla, un cubano ciudadano del mundo, que firmaba sus artículos como *fray Candil*. Amigos antaño, generosos con la obra del otro, las relaciones entre ambos se habían deteriorado en los últimos meses, y ya sólo cabía dejar hablar a los sables. Por fortuna, los dos asaltos fueron benévolos: a Clarín, Bobadilla le hirió en un brazo y en la boca, y a Bobadilla, Clarín le hizo un siete en otro brazo. Tras el desenlace, la prensa resumió los hechos a su manera: «Tres asturianos se reunieron en el acto salvaje a que se refiere la noticia transcrita. *Fabes*, *tocín* y *morciella* […]. ¡Pobre Clarín! Andar por esos mundos ganando unas miserables pesetas, para esto. Para que le den sablazos en la boca». Clarín se consoló de su «fracaso» con un banquete en su honor, mientras que el otro, Bobadilla, recordaría tiempo después el incidente en una carta: «Clarín me había dicho que si aceptaba sus condiciones era cosa de "coser y cantar". Y cuando le cosían a Clarín el labio, yo, canturreando, dije: "El pronóstico de Clarín se ha cumplido; a él le están cosiendo mientras yo canto"».

La mano (zurda) de Clarín sabía manejar el sable, pero, desde luego, era mucho mejor con la pluma. Fue, junto con Galdós, el mayor novelista de su siglo. Influido por la filosofía *krausista* –un sistema que defendía la libertad de cátedra y conciliaba la fe en un dios personal con el panteísmo–, se inició en el mundo de las letras como periodista. Y era temible. «Yo tengo contra mí la prensa neocatólica, la prensa académica, la prensa librepensadora de escalera abajo, parte de la prensa ultrarreformista, la crítica teatral gacetillera…», diría en 1893. Sus enemigos se contaban por docenas, aunque tal vez ninguno tan

Frente a la catedral de Oviedo, en la plaza de Alfonso II el Casto, Ana Ozores, La Regenta, exhibe orgullosa su filiación «vetustense». ©Cristina Botello

agresivo como Luis Bonafoux Quintero, «la víbora de Asnières», que llegó a celebrar su muerte. Como crítico literario, Clarín formalizó el concepto generacional del 68 y publicó un sinfín de estudios sobre sus contemporáneos. Los había leído a todos y, por lo general, sus juicios fueron atinados (aunque, lamentablemente, no supo entender la innovación del modernismo hispano).

El seudónimo con el que ha pasado a la historia surgió en 1875, en el seno del periódico *El Solfeo*, cuando el director invitó a sus redactores a que firmaran sus artículos

177

con el nombre de un instrumento musical; a él le gustó «clarín». Profesor de Derecho, compaginó la docencia con la escritura de artículos y cuentos, y, a los treinta y dos años, publicó *La Regenta*, un monumento de la literatura española del XIX. Dividida en dos partes, cuenta la historia de Ana Ozores, una joven de provincias –la Vetusta de la acción es, en realidad, Oviedo– casada sin amor con el regente de la Audiencia. Su confesor, el turbio Fermín de Pas, se siente atraído por ella, que cae en los brazos de un seductor, Álvaro de Mesía, en un irremediable derrumbe hacia la marginación social.

La «víbora de Asnières» decretó que el asturiano había plagiado *Madame Bovary* –¿y por qué no *La conquête de Plassans*, de Zola, con su desvergonzado abate Faujas, o *El primo Basilio*, de Eça de Queirós?–, lo que podemos justificar teniendo en cuenta que aún no había nacido el crítico literario ruso Mijaíl Bajtín para poner sobre la mesa el concepto de «intertextualidad», es decir, la relación entre diversos textos, históricos o contemporáneos, dentro de una cultura. Si todas las novelas sobre la infidelidad remitieran al modelo francés, pocos autores se librarían del plagio, ¿no? Clarín, a diferencia de Flaubert, no condena a La Regenta, personaje esencialmente romántico y lastimado por sus frustraciones, y perfila, implacable, las aristas de una sociedad monolítica, la Vetusta que tan bien conocía. El complejo retrato psicológico de Ana Ozores se completa, en efecto, con la descripción de ese ambiente desolado, hostil, corrupto e hipócrita, que vale como un riguroso tratado sociológico. Militante del naturalismo, Clarín no esconde su anticlericalismo en *La Regenta*, sobre todo a través de la figura de Fermín de Pas, el magistral ambicioso, lujurioso y falto de humanidad, lo que condenó al silencio a la novela durante años.

La extensión de *La Regenta* contrasta con la modestia de otras narraciones, excepcionales prendas del relato corto, como *Pipá, Doña Berta* o *Adiós, Cordera*, uno de los clásicos de la literatura infantil, acerca del cariño que sienten dos niños, Pinín y Rosa, por una vaca que pronto acabará sus días en el matadero; el final, con Rosa viendo pasar el tren de los quintos en el *prao* Somonte, es demoledor. También escribió novelas de menor aliento, como *Su único hijo* o la inacabada *Cuesta abajo*, de carácter autobiográfico.

Enfermo de tuberculosis, sus últimos años fueron amargos; cuando en 1900 asumió una nueva corrección de *La Regenta*, le confesó a su esposa: «¿Ves esto? Ya no podría escribirlo yo ahora».

Antes de morir en 1901, pudo valorar la obra de algunos de los autores de la llamada Generación del 98. En 1897 conoció personalmente a Azorín, quien habló del «genio en su mirada penetrante», y con Unamuno mantuvo una desigual correspondencia a partir de 1895, en la que el bilbaíno puso, la verdad, casi todas las letras (Clarín guardó un indiferente silencio cuando aquel, ilusionado, le mandó su primera novela, *Paz en la guerra*). De Valle-Inclán censuró Clarín las ofensas gramaticales de su *Epitalamio*. Maeztu no lo *tragaba* por su ceguera para reconocer el «espíritu nuevo» de las jóvenes promesas, lo mismo que Baroja, que no tenía un recuerdo agradable de ese escritor «tan malo» de Oviedo. Sin embargo, don Leopoldo no fue denostado por los cachorros del fin de siglo en la medida en que lo fue Galdós, «Benito el garbancero», como lo llamaba Valle.

Entre tanto, Bonafoux, el enemigo de Clarín, se despidió de este con una corona de veneno en la boca: «Me alegré cuando mataron a Cánovas. Si Clarín no hubiera dejado mujer e hijos –por cuya familia haría yo cuanto pudiera–, me alegraría en absoluto de su muerte». No se llevaban bien.

El ave fénix de las otras lenguas

Cuando pensamos en el Romanticismo, nos representamos un movimiento cultural que, entre otros intereses, se preocupó por la genealogía de los pueblos. Los románticos rechazaban el destino gris de las sociedades liberales y burguesas y buscaban la liberación de su yugo mediante la rebeldía y el inconformismo. Tarde o temprano, toda Europa cayó en esa fiebre, pero los problemas de cada territorio eran distintos, y distintas fueron las soluciones que propusieron para sus dilemas. La justicia social en Francia, el nacionalismo en Alemania o Italia y la tradición cristiana en España fueron otras tantas concreciones de la escuela romántica en el Viejo Continente.

Pero, aquí y allá, una de sus herencias más perdurables fue la reivindicación del folclore y de la idea de «pueblo». El «espíritu de la nación» surgió en Francia en el siglo XVIII, pero fueron los filósofos alemanes quienes lo barnizaron con una capa de romanticismo. El «Volksgeist» o 'espíritu del pueblo' de Hegel, Herder, Fichte y sus coetáneos atribuía a las naciones unas cualidades comunes e inmutables a lo largo de la historia y un destino ya trazado de antemano, que, no obstante, habría sido pervertido por la coyuntura política y sus espurios intereses hasta desfigurarlos.

Si vemos la historia como un esquema, es fácil encontrar a un «culpable» en España: el centralismo borbónico de Felipe V y sus sucesores, que desatendieron a la periferia y promovieron políticas —véanse los Decretos de Nueva Planta—, que abolieron las instituciones y leyes de la Corona de Aragón y persiguieron la lengua catalana.

De este modo, el nacionalismo adoptó la lengua como causa primera de sus reivindicaciones, y su restablecimiento y uso fue una de las luchas más hermosas y dignas de los siglos XIX y XX. La *Renaixença* en Cataluña, el *Rexurdimento* en Galicia y la literatura oral de los *bert-solaris* en el País Vasco fortalecieron la cultura de esas regiones –y, por ende, de España entera–, y nos conminaron a conocer mejor los matices de nuestra historia y la variedad antropológica peninsular. La restauración de una identidad lingüística, literaria e histórica completó nuestra imagen en el espejo.

Que todos estos movimientos coincidieran más o menos en el tiempo no quiere decir que fueran iguales; a continuación, discriminamos sus diferencias.

El *Rexurdimento* gallego

La historia del *Rexurdimento* gallego es apasionante. Habla de la toma de conciencia de un pueblo que descubre poco a poco su singularidad. Desde los primeros proyectos renovadores borbónicos en el siglo XVIII al movimiento provincialista de la década de los cuarenta del XIX, unos pocos gallegos cargaron sobre sus hombros la tarea de recuperar la historia y la cultura de la región.

Manuel Murguía (1833-1923) fue uno de sus impulsores. Dejó una prolija obra histórica, poética y narrativa, y tuvo la vista de reconocer los méritos de Rosalía de Castro como poeta y la mano para animarla a escribir y a publicar. En 1906, presidió la Real Academia Gallega, que se acababa de fundar con su estímulo, y lo hizo hasta su muerte. Uno de los primeros miembros de la docta casa sería Valentín Lamas Carvajal (1849-1906), ciego como Homero, que conoció un triunfo arrollador con su *Catecismo do labrego* (1888) y la desconsideración de Murguía, quien en 1877 lo acusó, injustamente, de fusilar los *Cantares gallegos* de Rosalía de Castro con su obra *Desde la reja. Cantos de un loco*.

Apenas unos años antes de que Rosalía publicara sus *Cantares*, vio la luz *A gaita gallega* (1853), de Xoán

Rosalía de Castro, figura universal del *Rexurdimento* gallego, propuso en sus obras una poesía íntima, sin desentenderse por ello de los problemas sociales.

Manuel Pintos (1811-1876), una encendida defensa de la lengua gallega en verso y en prosa. La antología poética *Álbum de la caridad* (1862), que recopilaba los textos presentados a los Juegos Florales de La Coruña en la edición anterior, descubrió a los lectores gallegos la calidad literaria de sus paisanos, entre ellos la propia Rosalía, Francisco Añón (1812-1878) o Eduardo Pondal, autor, en 1886, de *Queixumes dos Pinos*, una de las obras más representativas de esta corriente; varias estrofas del poema pondaliano *Os Pinos* pondrían letra al himno gallego, adoptado en 1984.

A su vez, Manuel Curros Enríquez honró por igual el periodismo y la lírica de su tiempo. Su obra magna, *Aires da miña terra* (primera edición de 1880), es una miscelánea de textos escritos a lo largo de su vida, entre los que suele incluirse su ambicioso poema *A Virxe do Cristal*.

La poesía del *Rexurdimento* es, sólo hay que verlo, excepcional, pero también lo fue su prosa. A Marcial Valladares Núñez (1821-1903) le cabe el honor de haber firmado la primera novela gallega contemporánea, *Maxina ou a filla espúrea* (1890), un tremendo folletín romántico. Por esos años, el canónigo del cabildo compostelano Antonio López Ferreiro (1837-1910) redactó tres novelas históricas, una de ellas ambientada en la Edad Media y las otras dos en el siglo xvi. El teatro, en cambio, apenas tuvo cultivadores, con honrosas excepciones como *A casamenteira*, de Antonio Benito Fandiño (1779-1834), que, escrita en 1812, no se editó hasta 1849.

Y de la defensa de la lengua a la defensa del territorio. El fenómeno nacionalista en Galicia surgió precisamente al abrigo de las *Irmandades da Fala* (1916) o 'Hermandades del Habla', que maniobraron desde el regionalismo al nacionalismo y del patrocinio de la lengua a la reivindicación de la autonomía política.

La *Renaixença* catalana

En paralelo al «resurgir» de la cultura gallega, Cataluña persevera en su propio renacimiento. El Romanticismo, que llevaba en su sangre el germen del nacionalismo —bien fuera mediante la unión de los pueblos separados arbitrariamente, bien mediante la disgregación de unidades territoriales menores en un país–, fue el contexto ideal para que los paladines de la *Renaixença* expresaran la personalidad propia de su «patria». No es extraño que el poema fundacional de ese movimiento, obra de Bonaventura Carles Aribau (1798-1862), lleve por título *Oda a la patria* (1833), robusta exaltación de la lengua y el paisaje catalanes.

El centralismo borbónico, impuesto tras la victoria de Felipe V en la guerra de Sucesión —Barcelona, no lo

CÁRLOS BUENAVENTURA ARIBAU.

Bonaventura Carles Aribau publicó en las páginas del periódico *El Vapor* la *Oda a la patria*, pistoletazo de salida para la *Renaixença* catalana.

olvidemos, se había puesto del lado de los austracistas en ese conflicto– proveyó de argumentos a la reacción del siglo XIX, hija de una secular incomodidad con la política de Madrid. La consideración de la lengua desde principios de ese siglo, así como la reapertura de la universidad de Barcelona en 1837, serían dos de los hitos de una conquista que tañería todas las campanas: la literaria, desde luego, pero también la historiográfica, la periodística –con publicaciones como *Lo gai saber*, fundada en 1868 por Francesc Pelagi Briz– y la política.

El citado poema de Aribau espolea a Joaquim Rubió i Ors (1818-1899) a escribir el poema-manifiesto *Lo Gaiter del Llobregat* (1841), que insta a los catalanes a despertar de su «vergüenza» e «indiferencia» por el desprecio hacia la poesía trovadoresca medieval y su ignorancia del pasado.

Los Juegos Florales, una tradición que se remontaba a la civilización romana, sirvieron para canalizar las nuevas voces de la creación en catalán y para perfilar sus temas: poemas historicistas en su mayoría, que escudriñaban el pasado en busca de unas raíces olvidadas. Su importancia radica en la valiosísima cantera de vates que dieron a conocer, entre ellos Àngel Guimerà (1845-1924). Este nació en Santa Cruz de Tenerife de padre catalán y madre canaria, ganó el certamen de 1877, y se afianzó luego como uno de los dramaturgos más queridos del pueblo, con obras como *María Rosa* (1894) o *Terra baixa* (1897), estrenada primero en español. Y, desde luego, *mossèn* Jacint Verdaguer (1845-1902), forjador del catalán moderno y un clásico de los Juegos Florales, que en 1877 mereció el premio extraordinario por *La Atlántida*, la epopeya que la *Renaixença* necesitaba para asentar su gloria, y que no tardó en ser alabada por todos los críticos, tanto dentro como fuera de Cataluña. Verdaguer escribió otro poema épico, *Canigó* (1886), que se desarrolla en los Pirineos, y en el que despliega su maestría con la poesía popular y el cantar de gesta, así como su feliz absorción de la métrica del occitano Frédéric Mistral. A su muerte, Joan Maragall (1860-1911), un poeta a caballo entre la *Renaixença* y el *Noucentisme*, lo puso en el lugar que le correspondía: «como todos los héroes, el momento lo creó él y esta es su gloria», dijo.

Además de abastecer a las musas de la poesía, la *Renaixença* aportó otros tantos nombres a la prosa del siglo XIX. Narcís Oller (1846-1930), p adre de la novela catalana moderna, introdujo el Naturalismo con *La papallona* (1882), una novela sobre la Barcelona anterior a 1868, que se publicó en Francia con una carta-prólogo del mismísimo Zola. Y, en teatro, además de Guimerà, no podemos olvidar al «trovador de Montserrat», Víctor Balaguer (1824-1901), autor de varias tragedias históricas y compilador de *Los trobadors moderns* (1859), una de las primeras antologías sobre la poesía de la *Renaixença*.

Los *bertsolaris* vascos

A su vez, el País Vasco asistió en el siglo XIX al renacimiento de los *bertsolaris*, adalides de una literatura oral en la que los versos se recitaban cantados en justas poéticas, un arte que hoy en día se sigue cultivando en esa comunidad.

Algunos de estos poetas ambulantes fueron el bardo José María Iparaguirre (1820-1881), autor de *El árbol de Guernica*, un *zortziko* –ritmo de baile popular– que pasa por ser el himno no oficial vasco, o Indalezio Bizkarrondo (1831-1876), más conocido como Bilintx. No todas las canciones de los *bertsolaris* eran propias; de hecho, la mayoría eran tonadas tradicionales populares.

En el último cuarto del siglo XIX, surgieron los primeros teóricos de esta escuela, coincidiendo prácticamente con la abolición en 1876 de los Fueros, costumbres con valor de ley que equivalían a privilegios fijados por el juez del tiempo; si bien el fenómeno nunca fue comparable al que se vivió en Cataluña o Galicia. La conciencia del euskera no se «activó» realmente hasta el siglo XX, con la creación de la Real Academia de la Lengua Vasca (1919) y, sobre todo, con la Segunda República en 1931 –el primer certamen oficial de *bertsolaris* se disputó en San Sebastián en 1935–, pero la Guerra Civil malogró estas expresiones, amordazadas luego por cuarenta años de dictadura.

¿Y qué premiaban estos juegos florales? Esencialmente, la capacidad de improvisación, de acuerdo con una rima y una métrica establecidas. En 1935, el ganador fue Basarri (1913-1999), a la sazón un joven de veintiún años, que tras la Guerra Civil trató de mantener vivo el espíritu del *bertsolarismo* en los pueblos vascos; y el segundo clasificado, todo un veterano, Txirrita (1860-1936), que en sus composiciones presentaba con sutileza las fallas de la sociedad y la política de su tiempo, a veces de forma descarnada y otras bufa. Su producción fue tan extensa que lo llamaron el Mozart del *bertsolarismo*.

8

Del 98 al 27, dos
generaciones para la historia

El 98 o nuestro segundo desengaño

Fue José Martínez Ruiz, *Azorín*, el primero que habló de
la Generación del 98 en una serie de artículos publicados
en 1913, en los que aludía a un renacimiento, fruto de
la actitud de rebeldía y protesta contra «lo viejo» de un
grupo formado por Valle-Inclán, Unamuno, Benavente
(1866-1954) –autor de *Los intereses creados*–, Baroja,
Bueno, Maeztu y Rubén Darío. Los libros de texto acata-
ron mayoritariamente esa visión, pormenorizada por
autores como Pedro Salinas en 1935.

El debate sobre si existió o no la generación del 98
sigue, no obstante, vigente. Hay críticos que, con un
criterio igual de válido, sostienen que fue un mito. La
pérdida de Cuba y Filipinas constituyeron sendos episodios de una depresión que había empezado a abatir la

conciencia española tiempo atrás; y, en todo caso, a la renovación finisecular le bastaría con el nombre de Modernismo, que ya se caracterizaba por su cosmopolitismo. De hecho, Azorín no distingue entre modernistas y noventayochistas, ya que en su nómina incluye también a Rubén Darío.

Conviene, pues, abrir un paréntesis para desembrollar aquí el concepto de modernismo, una corriente renovadora que heredó del parnasianismo anterior la búsqueda de la perfección formal y del simbolismo la obsesión por la «vida secreta de las palabras». Pero vayamos paso a paso.

Francia seguía siendo, cómo no, la dinamo que movía el mundo. El parnasianismo, acaudillado por Théophile Gautier y Leconte de Lisle en torno a 1860, es el arte de la pureza y el equilibrio. Los excesos del Romanticismo se revocan en el estanque de una poesía contemplativa, evocadora, sentimental, que halla en el pasado una quietud perfecta. Su divisa es «el arte por el arte».

A su vez, el simbolismo, practicado por Charles Baudelaire, Stéphane Mallarmé y Paul Verlaine, entre otros, trabaja los cinco sentidos en busca de las raíces del mundo sensible. La poesía es el instrumento que desvela el misterio o, mejor dicho, que convive con él, puesto que la realidad no siempre es cognoscible. La belleza de los parnasianos toca su corazón, pero lo que ellos pretenden del poema es la iluminación metafísica, a la que llegan a través de la sugerencia.

El modernismo se mueve entre esas aguas. No le interesa la turbiedad romántica ni la frialdad realista, sino la calidad estética y la hondura conceptual de parnasianos y simbolistas. Vinculado generalmente a la poesía, el modernismo concernió también a la prosa —a la prosa poética, para ser más exactos—, lo que puede suscitar alguna confusión respecto a sus vínculos con la Generación del 98.

El gurú hispánico del modernismo fue el nicaragüense Rubén Darío, que, huelga decirlo, conocía perfectamente Francia –residió un tiempo en París–, y que se desplazaba con relativa frecuencia a España. Las oleadas de admiración que suscitaba entre los escritores que se estaban abriendo camino entonces, los Juan Ramón Jiménez, Antonio Machado o Ramón María del Valle-Inclán, empaparon la literatura española de modernismo, es decir, de música y color, de amor y cosmopolitismo, de intimidad y crepúsculo. El modernismo echó raíces en ellos, y también en Salvador Rueda (1857-1933), Manuel Machado, Francisco Villaespesa (1877-1936) o Eduardo Marquina, algunas de sus figuras más emblemáticas.

Súmese, a esa evidencia, la concreta situación de España en el contexto de la crisis finisecular, y comprenderemos que modernismo y generación del 98 no eran movimientos antitéticos. A poco que los nuestros estuvieran al tanto de lo que se cocía en la olla literaria, habrían olido el modernismo, y a poco que ojearan un periódico sabrían de la pérdida de las últimas colonias.

Así, el lenguaje de Valle-Inclán comparte rasgos con la musicalidad modernista, a la vez que su alma se ahoga en el llanto por la situación del país. También Machado es un autor de pleno derecho del 98, pero sus primeras obras tienen la gracia huidiza y sensorial del modernismo. No son incompatibles.

Si aceptamos que el modernismo nació con fecha de caducidad y fijamos esta en los prolegómenos de la Primera Guerra Mundial, podemos considerar que el 98 lo sobrevivió, ya que sus autores siguieron trabajando, muchos de ellos hasta avanzada edad. Pero esto no es exacto. Como decía Juan Ramón, el modernismo no fue un movimiento literario, sino una actitud vital que lo «alcanzó todo», y por eso no murió, sino que se fue transformando en otra

El Tratado de París de 1898 saldó el otrora poderoso imperio español, sumiendo a la metrópoli en una profunda crisis de valores.

cosa, sin renegar de sus principios fundacionales ni del amor perpetuo al lenguaje.

¿Es *Luces de bohemia* (1920), de Valle-Inclán, una obra modernista? Sí, y también expresionista, y, por supuesto, noventayochista. A la postre, estas adscripciones no son más que etiquetas, y las etiquetas sólo importan en los abrigos y los pies de los muertos. ¡Lo único que importa en los libros es leerlos!

Pero volvamos al 98. No todos los autores de la nueva hornada se sintieron identificados con la cuadrilla, así Maeztu y Baroja, mientras que otros fueron siempre alérgicos a las (dichosas) etiquetas. No deja de ser curioso el desacuerdo de esos dos con el concepto generacional propuesto por Azorín, ya que fueron los tres quienes, en las páginas de la efímera revista *Juventud*, firmaron en 1901 un manifiesto a modo de clamor y recapitulación espiritual. Y lo que entonces les preocupaba –que España se abriera a Europa, que la voz de la ciencia se escuchara, que se resolviera el problema de la educación...– era lo mismo que desazonaría a los miembros de la pujante generación del 98.

Dicho lo cual, podemos insistir aquí en las características comunes que, para los partidarios de su existencia, forjaron el grupo. El requisito de la edad es insoslayable, y de ahí que se fijaran sendas fechas para acotarlo: podrían «colegiarse» en él los nacidos entre 1864 –Unamuno– y 1875 –Machado–, con una similar formación intelectual y traumatizados por un «acontecimiento generacional», que, en este caso, fue la percepción de que España había hecho aguas.

La derrota en la guerra hispano-estadounidense y la pérdida de las últimas colonias constataron el fin del imperio, pero no era sólo eso. Desde las páginas del *ABC*, Azorín denunciaba en 1913 «las prácticas viciosas de nuestra política, las corruptelas administrativas, la incompetencia, el chanchullo, el nepotismo, el caciquismo, la verborrea, el "mañana", la trapacería parlamentaria, el atraco en forma de discurso grandilocuente...». Había mucho por lo que sentir rabia, pero el valor de este grupo fue que no se limitó a llorar y lamerse las heridas, sino que aspiró a la regeneración de la vida pública y social –la influencia del pedagogo Joaquín Costa (1846-1911) fue notoria–, primero desde la acción y, asumido el desengaño, desde el idealismo o el escepticismo, en la línea del filósofo alemán Arthur Schopenhauer.

El tema del 98 fue España. Ya fuera desde la prosa impresionista de Azorín, la furia verbal y jugosa del profesor Unamuno, la lucha por la vida de los personajes de

Baroja, el esperpento de Valle-Inclán o los poemas cargados de tiempo y símbolos de Antonio Machado, a todos les sacudía una misma emoción y un mismo dolor cuando se preguntaban por los valores y el porvenir de su patria. Se podría decir que hay una corriente, en absoluto subterránea, en la que flotan los hijos del 98 y sus padres, desde el Quevedo escarmentado de «Miré los muros de la patria mía» a Mariano José de Larra el Doliente.

Y, como es obvio, hubo una evolución en su trayectoria. Azorín, por ejemplo, viró del anarquismo de su juventud al conservadurismo. Ramiro de Maeztu pasó de escribir en las páginas de *El Socialista*, fundado por Pablo Iglesias, a hacerlo en las de *Acción Española*, órgano católico-monárquico que llegó a dirigir. Valle-Inclán, carlista en su juventud, se declaró aliadófilo durante la Gran Guerra y se opuso al Directorio de Primo de Rivera, a la vez que sus obras transitaban de un Modernismo «escapista» a las inquietudes sociales propias del 98. Baroja renegó del fascismo y, sobre todo, del comunismo, aunque Ernesto Giménez Caballero (1899-1988), el primer intelectual abiertamente fascista de nuestro país, lo designó «precursor» de este movimiento en España.

Además de los «sospechosos habituales» del noventayochismo, que han ido saliendo a la palestra y sobre los que escribiremos con mayor celo en las páginas siguientes, la lista podría ampliarse hasta el agotamiento. Desde luego, lo sería Ángel Ganivet, que murió –se suicidó– el mismo año del Desastre, pero también, según el filósofo Julián Marías, los hermanos Álvarez Quintero, Serafín (1871-1938) y Joaquín (1873-1944) y Carlos Arniches (1866-1943) –aunque sus comedias costumbristas y sainetes, de gran aceptación popular, no fueran del gusto de los rigoristas dramaturgos del 98–, el arabista Asín Palacios (1871-1944), Francisco Villaespesa, discípulo de Rubén, o Vicente Blasco Ibáñez (1867-1928), cuya actitud combativa y posicionamiento político contrastaban con los altibajos ideológicos de sus «quintos». Republicano y populista, Blasco Ibáñez escribió las novelas «valencianas» *Arroz y tartana* (1894), *La barraca* (1898), *Entre naranjos* (1900) y *Cañas y barro* (1902), fue el escritor más vendido de su tiempo y, como es lógico, pocos supieron perdonárselo.

De nuevo, antes de entrar en la sala de operaciones, hay que registrar que la aparición de un movimiento literario no barre con todo lo anterior, ni invalida el trabajo de los autores ajenos al cambio. De algún modo, la fuerza de la generación del 98 ha garantizado la supervivencia a sus miembros, escritores magníficos todos ellos, pero nos ha hecho olvidar otros nombres. ¿Quién recuerda hoy a Ciro Bayo (1859/60-1939)? Fue el tipo que inspiró el personaje de Peregrino Gay en *Luces de bohemia*, y autor de una obra, *Lazarillo español. Guía de vagos en tierras de España por un peregrino industrioso*, que en 1911 le arrebató el premio Fastenrath de la Real Academia Española a Pío Baroja, nada menos. ¿Y qué decir de Felipe Trigo (1864-1916), autor de *Jarrapellejos,* un sopapo al caciquismo rural? O del hispano-cubano Eduardo Zamacois (1873-1971), definido como «el último de la generación del 98», o incluso de Alejandro Sawa (1862-1909), el Max Estrella de *Luces de bohemia*. Ellos fueron las salvas que cumplimentaron a los fuegos del 98, gente nueva que, ayuna de generación, se ha de conformar hoy con su buena planta en las librerías de viejo.

España en la distancia

A los treinta y dos años, el escritor granadino Ángel Ganivet se suicidó arrojándose a las aguas del río Dvina, en Riga (Letonia). Iba al encuentro de su amante, Amelia Roldán, cuando saltó por la borda del ferri. Lo sacaron con vida. Volvió a tirarse. No dejó una carta para explicar sus motivos, pero en su resolución influyó el distanciamiento con Amelia. También, claro, que había dejado de amar la vida. Sufría una fuerte depresión y tal vez padeciera manía persecutoria. Dos días antes de morir, hizo un «resumen de sus ideas y sus deberes»; y, según su amigo Francisco Navarro Ledesma, «ya estaba lleno del propósito de la muerte». Lo habían trasladado a Riga en julio de 1898 para tomar posesión del consulado de esa ciudad, tras un período de dos años en el que había desempeñado el mismo cargo en Helsinki. Sea como fuere, el padre de la Generación del 98 decidió irse, hacer mutis por el foro, a la vez que España se apagaba tras la pérdida de las últimas colonias…

Ángel Ganivet nació en Granada el 13 de diciembre de 1865. Fue un magnífico estudiante: no le costó demasiado esfuerzo doctorarse en Derecho en Madrid, agenciarse una plaza en el Cuerpo de archiveros y bibliotecarios y aprobar como número uno de su promoción los exámenes para la cátedra de Lengua y Literatura griega en la Universidad de Sevilla. Pronto, sus intereses de trotamundos lo llevaron por el camino de la carrera diplomática. Ejerció cuatro años como agregado en el consulado español de Amberes; ascendió a cónsul en 1895 y se desplazó a Helsinki, ciudad en la que vivió otros dos años; y, finalmente, a Riga, en la que eligió morir. Para entonces, Ganivet había conocido al amor de su vida, la cubana Amelia Roldán Llanos, y culminado, sobre todo, una compleja obra de carácter filosófico que los cachorros del 98 hicieron suya. Tal vez la tierra que puso de por medio le hizo comprender a España con unos ojos más hondos, más aptos y críticos. En Helsinki, escribió su obra más conocida, *Idearium español* –«una verdadera revolución» para su amigo Unamuno–, que puso el dedo en la llaga de la crisis espiritual de la sociedad española de entonces.

Fue, en palabras de su coetáneo Santiago Valentí Camp, «el ensayo más sólido y severo de la civilización española». Pero Ganivet no se quedó ahí. Durante su corta vida, siguió tocando la campana de un país lleno de sordos con novelas como *La conquista del reino de Maya* o su continuación *Los trabajos del infatigable creador Pío Cid*, a la vez que retrataba con simpatía a sus anfitriones finlandeses en una memorable colección de cartas. Tras suicidarse, lo enterraron en una tumba sin nombre, y hubo que esperar a 1925 para que sus restos fueran repatriados a Granada.

El jugo de Miguel de Unamuno

Ensayista, novelista, poeta, dramaturgo, periodista, Miguel de Unamuno (1864-1936), el hombre sin pelos en la lengua que hizo de la duda un credo, fue una de las figuras señeras de la Generación del 98.

Estudió Filosofía y Letras en la Universidad Central de Madrid, y, tras contraer matrimonio con su novia de toda la vida, se dedicó a preparar los exámenes para la cátedra de lengua griega de la Universidad de Salamanca.

La situación de los obreros le acercó a la causa socialista, y, cuando se desencadenó la crisis de Cuba, sentenció: «¡Ojalá la perdiéramos! Sería mejor para nosotros y para ellos». Abogó por una verdadera educación, presumió del eco de sus «sermones laicos», denunció la hipocresía y la soberbia del español medio, se interesó por la cuestión agraria, criticó la injerencia del Ejército en la vida civil, reclamó hacer «de la patria una escuela y de cada escuela una patria», se declaró cristiano pero enemigo de la Iglesia, e hizo profesión de fe de antieuropeísmo.

Sus primeras novelas, *Paz en la guerra* (1897) y *Amor y pedagogía* (1902), pasaron desapercibidas. Luego, se hizo un nombre con el libro de viajes *Por tierras de Portugal y España* (1911), la colección de ensayos *Del sentimiento*

Miguel de Unamuno fue un pensador contundente y un original novelista y poeta, a la vanguardia de la estética de su tiempo.

trágico de la vida (1912) y el poemario *El Cristo de Velázquez*, que vio la luz en 1920. Cesado como rector de la universidad de Salamanca en 1914, se pronunció en la «querella» entre aliadófilos y germanófilos durante la Primera Guerra Mundial a favor de los primeros.

El convulso escenario internacional no obstaculizaba su creación literaria, y, en 1914, este francotirador de las ideas nos brindó *Niebla*, una novela filosófica, o «nivola», que prueba que su pretendido antieuropeísmo no era sino máscara, ya que el título conecta con las propuestas más rompedoras y vanguardistas que se estaban ejecutando más allá de los Pirineos.

El Directorio de Miguel Primo de Rivera (1923) pasó a ser el blanco de sus críticas y el régimen buscó el modo de silenciarlo. El 20 de febrero de 1924, Unamuno recibió la noticia de su exilio y confinamiento en Fuerteventura. Su destierro se prolongó hasta que cayó el régimen de Primo, seis años más tarde; pero su estancia en la isla canaria fue mucho más breve. Residió algo más de un año en París, y, entre 1925 y 1930, en Hendaya.

Su regreso a España, en febrero de 1930, fue apoteósico. Los estudiantes lo recibieron con los brazos abiertos y él, insobornable, se comprometió a seguir al pie del cañón. Primo había caído, pero su «bestia negra», Alfonso XIII, conservaba la corona, pese al creciente clima antimonárquico que vivía el país. La crisis del estado era total, y Unamuno fue reclamado por unos y otros para alistarlo en sus filas. El republicanismo se impuso en 1931 y Alfonso XIII partió al exilio. Entre tanto, Unamuno publicaba *San Manuel Bueno, mártir*, una de sus obras más leídas, pero los arrebatos políticos lo absorbían casi por completo. Recuperó el rectorado de la Universidad de Salamanca, y recorrió las plazas de España para dar a conocer su ideario. En las elecciones a la Asamblea Constituyente, fue elegido diputado, y partió a Madrid. Su prestigio e independencia eran tales que un grupo de sabios lo propuso para presidir la República. Sin embargo, Unamuno se instaló en el escepticismo: «He dicho que me dolía España, y hoy me sigue doliendo. Y me duele, además, su república».

La guerra estalla en julio de 1936 y las críticas de Unamuno hacen mucho daño y suenan a traición en los oídos del gobierno legítimo. Azaña entiende que se ha sumado «de modo público a la facción en armas» y, efectivamente, el filósofo simpatiza con la causa nacional, en la que ve el mejor camino para regenerar España.

Es el verano de la confusión, y Unamuno, como otras veces antes, se desdice. La represión que se vive en Salamanca y la crueldad de los sublevados lo llevan a un enfrentamiento directo con el general Millán Astray en el paraninfo de la Universidad de

Salamanca. Es el 12 de octubre de 1936, el Día de la Raza. La tensión se respira en el ambiente. Unamuno toma la palabra y advierte: «Conquistar no es convertir. Vencer no es convencer y no puede convencer el odio que no deja lugar para la compasión [...]». Un exaltado Millán Astray profiere: «¡Abajo los intelectuales! ¡Viva la muerte!». Ante esos disparates, sólo queda bramar más fuerte... y con sentido.

Unamuno no dejó de hacerlo hasta el final de sus días, que llegó poco después, el 31 de diciembre de ese mismo año, a consecuencia de una hemorragia bulbar. «Qué cándido y qué ligero –se lamentaba– anduve al adherirme al movimiento de Franco». En el cementerio de Salamanca, yacen sus restos. Su epitafio reza:

> Méteme, Padre Eterno, en tu pecho,
> misterioso hogar
> dormiré allí, pues vengo deshecho
> del duro bregar.

Un bohemio con los pies en la tierra

Si a Ignacio Zuloaga, de niño, se le hubieran roto los pinceles y se hubiese dedicado a la literatura, es posible que hubiera acabado escribiendo como Ramón María del Valle-Inclán (1866-1936). Eran amigos, por cierto; compartieron cafés, se cruzaron cartas y firmaron algunos manifiestos juntos. Valle-Inclán era un hombre de su gente. Como es sabido, en cierta ocasión el periodista Manuel Bueno le propinó un bastonazo, a resultas del cual –y de una mala cura– perdió el brazo izquierdo. Nunca le guardó rencor. Total, el de escribir era el derecho... Entre sus enemigos, el premio Nobel José de Echegaray fue de los más persistentes, y no hubo estreno suyo que no boicoteara, hasta el punto de que una vez un policía lo detuvo por desorden público y Valle le replicó: «Arreste a los que aplauden».

El personaje de Valle-Inclán es tan poderoso y rico en anécdotas, algunas reales y otras ficticias, que podría haber devorado a la persona, y, sin embargo, por encima de sus excentricidades, que fueron muchas, lo que hoy queda es una de las obras más meticulosas y originales de la literatura española del siglo xx.

Valle-Inclán, que fue amigo de Rubén Darío, difundió el evangelio modernista desde sus primeros trabajos. Su entrada en la escena literaria fue en 1888, en las páginas de diversos periódicos; y sus cuentos y artículos, un modo de ganarse el pan ante la contrariedad de la fama: de sus primeras obras, *Femeninas* (1894) y *Epitalamio* (1897) vendió apenas unos ejemplares. Hizo sus pinitos como actor, viajó a México –«[fui] soldado en tierras de Nueva España»– y se doctoró en las tertulias de Madrid con su aspecto bohemio –el labrantío de su barba, sus gafas redondas como planetas– y su vasta cultura.

Las *Sonatas*, publicadas entre 1902 y 1905, le granjearon el respeto de sus contemporáneos. Las aventuras del marqués de Bradomín, «feo, católico y sentimental», constituyen la cumbre de la prosa modernista y, sin duda, uno de los cócteles más sabrosos de literatura y música; y es que a Valle-Inclán se le puede leer con los oídos y escuchar con los ojos.

A pesar de frecuentar cafés y flirtear con los fanales de la noche, «nunca fue don Ramón, ni aun en los tiempos de su mayor penuria, un bohemio a la manera desgarrada, maloliente y alcohólica de su tiempo», como escribió Antonio Machado, otro buen amigo suyo, en el prólogo de *La corte de los milagros*. Tras la muerte de Alejandro Sawa, bohemio literal, tomó cuerpo en Valle la idea de rendir homenaje a todos los «pobres poetas», lo que hizo en *Luces de bohemia* (1920), posiblemente el drama teatral

Con la producción del Centro Dramático Nacional, este montaje de *Luces de bohemia*, dirigido por Lluís Homar en 2012, contó con la conmovedora interpretación de Gonzalo de Castro como Max Estrella. A Valle-Inclán le hubiera encantado.

más notable y vivo del pasado siglo y cuño del esperpento, una estética que, mediante la deformación de la realidad, expresaba el «sentido trágico de la vida española».

Entre las *Sonatas* y *Luces de bohemia*, hay una evolución, un salto de gigante en cuyas distintas fases podemos capturar algunos de los momentos más felices de la literatura española del pasado siglo: la trilogía de las *Comedias bárbaras* –*Águila de blasón* (1907), *Romance de lobos* (1908) y *Cara de plata* (1923), sobre una estirpe de señores gallegos–, la de *Las guerras carlistas* –*Los cruzados de la causa* (1908), *El resplandor de la hoguera* (1909) y *Gerifaltes de antaño* (1909)– o piezas arlequinescas como *La marquesa Rosalinda* (1912).

¿Y después? Después de *Luces de bohemia*, la tragicomedia siguió la danza. Si las desventuras de Max Estrella, su viejo compadre Alejandro Sawa, y Don Latino de Hispalis, esos Quijote y Sancho de un Madrid canallesco y chillón, representan la cima de nuestro teatro, no anda lejos *Tirano Banderas* (1926), la primera gran «novela de dictador» del siglo XX, de coronar el «ocho mil» en su género. Como señaló Alonso Zamora Vicente, «el español de *Tirano Banderas* ya no es el español de España, sino una lengua hispánica, forjada en el crisol de numerosas geografías y de muy diversos horizontes sociales». Una fiesta del lenguaje que en su día no fue entendida por toda la crítica, pero que sí cautivó a los lectores, y no tardó en traducirse al inglés y al ruso. Eran los años de Miguel Primo de Rivera, a quien probablemente no le hiciera mucha gracia la publicación de un libro sobre un dictador en el imaginario país de Santa Fe de Tierra Firme; aunque, según el hijo de Valle-Inclán, *Tirano Banderas*, esa «calavera con antiparras negras y corbatín de clérigo», fue una de las lecturas preferidas de Francisco Franco. Quién sabe.

Los caprichos de la suerte de Baroja

Nunca le dieron el premio Nobel pero Hemingway, que sí lo obtuvo, declaró que se lo merecía más que nadie. Pío Baroja (1872-1956) redactó su tesis doctoral sobre el dolor y marcó la vida intelectual de una España en carne viva durante la primera mitad del siglo XX. «Nuestra época —escribió en sus memorias— ya no es de aclaración, sino de oscuridad y de estúpida saña». Fue uno de los motores más impetuosos de la generación del 98, en la que no creía. Su prosa era bronca y su estilo veloz.

Antes de vagar como un fantasma huraño con su boina y su abrigo viejo por el parque de El Retiro, vivió

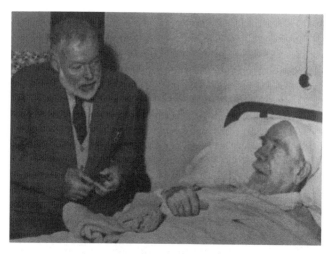

Hemingway visitó a Pío Baroja unas semanas antes de su muerte y se declaró deudor suyo. El premio Nobel, llorando tras sus lentes, fue uno de los que acompañaron los restos del autor de *La lucha por la vida* hasta el Cementerio Civil de Madrid.

como un viajero entregado a la causa del cosmopolitismo, y en París lo retrataron Picasso y Ramón Casas.

En sus novelas, agrupadas muchas de ellas en trilogías –como *Tierra vasca*, *La lucha por la vida*, *La raza*, *Las ciudades* o *El mar*– retrató con realismo la sociedad de su tiempo y con una vena sentimental y romántica a la familia del pasado. Hablaba sin complacencias, lo que le granjeó las críticas de unos y de otros. Escéptico y pesimista a la manera de Schopenhauer, paseó su espejo por todos los caminos, desde su San Sebastián natal a Madrid, ciudad en la que vivió buena parte de su vida y donde fue enterrado, en el Cementerio Civil.

Decía que en las novelas cabía todo, y su producción así lo demuestra. Entre ellas, sobresalen títulos como *La busca* (1904), *Zalacaín el aventurero* (1909), *El árbol de la ciencia* (1911), *Las inquietudes de Shanti Andía* (1911) o las veintidós novelas históricas del ciclo *Memorias de un hombre de acción*, sobre su antepasado Eugenio de Aviraneta, que han sobrevivido a todas las modas no por su belleza formal ni por el cuidado que ponía en la gramática, que era más bien poco, sino por la honestidad intelectual y la verdad que contienen.

En 2015, apareció una obra inédita, perdida durante cincuenta años, *Los caprichos de la suerte*, que completó por fin su trilogía de *Las Saturnales.* En ella, seguimos las andanzas del escritor Luis Goyena y Elorrio al inicio de la Guerra Civil, cuando huye de la capital a Valencia y desde allí a París. El pesimismo de Baroja y la visión atroz de la guerra son los motivos de un título menor, en el que se reconocen, no obstante, la fluidez y el horror a la retórica que caracterizarían toda su obra.

Hermano de Ricardo y Carmen Baroja, fue tío del antropólogo Julio Caro Baroja, quien reconstruyó las andanzas de esta estirpe inolvidable en su obra *Los Baroja*.

«Vivir es ver volver»

Nacido en Monóvar (Alicante) en 1873, José Augusto Trinidad Martínez Ruiz, que firmaba sus textos con el seudónimo Azorín –también como Cándido y Ahrimán–, fue el portaestandarte de la Generación del 98.

Tras pasar su infancia en Yecla, su personalidad se forjó en Valencia, donde estudió Derecho y entró en contacto con las teorías krausistas (ver en el apartado de Clarín). Empezó a colaborar con diversas publicaciones, en las que afianzó sus convicciones anarquistas, más tarde templadas hacia el conservadurismo. En 1924 fue nombrado miembro de la Real Academia Española y se negó a aceptar cargos de Miguel Primo de Rivera.

Del anarquismo de su juventud al conservadurismo de su madurez, Azorín resume bien algunas de las contradicciones que afrontaron los hijos del 98.

Entre su obra destaca el ensayo *La ruta de don Quijote* (1905) o las novelas *La voluntad* (1902) y *Doña Inés* (1925). Durante sus últimos años, mostró interés por el séptimo arte. La muerte sorprendió a este «pequeño filósofo» en Madrid a la edad de 93 años, en 1967.

Azorín era enjuto como un silbo y escribía como el hombre «franco y castellano viejo» que en realidad era, habiendo nacido en el Medio Vinalopó alicantino. Lo supo Machado –Antonio– cuando le asignó la adopción manchega a quien «de la mar de Ulises» había desembarcado en el «ancho llano».

Asiduo de las tertulias literarias, quiso cambiar el mundo con la pluma, en la época en que se reunía con Baroja y Maeztu. Luego, aceptó que el mundo era como era, y hubo quien no le perdonó su deriva ideológica desde el anarquismo más feroz al conservadurismo más complaciente. Pero su estilo –a pesar de esa ambigüedad– fue siempre fiel al credo de la sobriedad y la claridad, y eso queda.

Tras la Guerra Civil, este aventajado discípulo de Montaigne volvió a Madrid y aceptó los honores de un régimen en cuya defensa no dudó en salir: «Lo primero que hemos de hacer notar, al pensar en las consecuencias de la inmediata conflagración pasada, es que ahora no existe la desmoralización que se dio antaño. Y no existe, gracias en primer término, a una autoridad enérgica y vigilante que reprime saludablemente en el acto cualquier desmán de los ciudadanos».

Sus artículos en prensa, sus relatos, sus novelas (o egopeyas) y sus ensayos –como esa *Ruta de don Quijote* que trazó con papel, lápiz y la compañía de un revólver– sobrevivirán a todas las modas. Sabía de lo que hablaba, y hablaba sólo de lo que sabía.

La nostalgia pertinaz de Antonio Machado

«Mi infancia son recuerdos de un patio de Sevilla y un huerto claro donde madura el limonero». Todo lo que Antonio Machado (1875-1939) vivió o soñó lo acabó destilando en el alambique de la poesía. Fue sevillano, sí, y cantó a la infancia y los recuerdos. Poeta de la soledad, el amor y el paso del tiempo, su mirada recorrió la España del 98 y naufragó en la del 36. Cuando murió en Colliure –Francia– en febrero de 1939, las cartas de su destino estaban ya marcadas con el exilio. Como un exilio de sí mismo había sido su propia vida.

Antonio Machado –el poeta más representativo de la Generación del 98, el bohemio, el de la Institución Libre de Enseñanza, el involuntario académico, el espontáneo indignado– se estrenó en el modernismo imperante en la época y fue evolucionando hacia un simbolismo menos

De obligada visita en Soria, el olmo seco de Antonio Machado nos transporta a la primavera de 1912, cuando el poeta se aferraba aún a la recuperación de su amada Leonor Izquierdo. ©Alberto de Frutos

sensorial y más contemplativo. Pero Machado no fue sólo eso. Fue la nostalgia de la estepa castellana. Profesor de francés, eterno alumno de la vida, percibió que, pese a la tristeza, las hojas verdes podían nacer de los olmos hendidos por el rayo.

La muerte por tuberculosis de su esposa Leonor Izquierdo –a la que había desposado en Soria cuando ella tenía sólo quince años– conmocionó a un hombre que, en el buen sentido de la palabra, fue bueno. Luego, amó a Pilar de Valderrama, Guiomar, en el silencio de su lengua y el grito de sus palabras.

Antonio Machado, caminante sin camino pero con mucho andar, se dejó olvidado en el bolsillo de la muerte su último poema: «Estos días azules y este sol de la infancia...». Antes, había escrito obras inmortales: *Soledades. Galerías. Otros poemas* (1907), *Campos de Castilla* (1912), *La tierra de Alvargonzález* (1933) o *Juan de Mairena: sentencias, donaires, apuntes y recuerdos de un profesor apócrifo* (1936) y, junto con su hermano Manuel, obras de teatro como *La Lola se va a los puertos* (1930).

Un día, Jorge Luis Borges replicó a un crítico literario: «¡No sabía que Manuel tenía un hermano!». Lo tenía. Se llamaba Antonio.

LA GENERACIÓN DEL 14: EUROPA EN EL HORIZONTE

Los «nietos» de Francisco Giner de los Ríos (1839-1915), el creador de la Institución Libre de Enseñanza, sustentaron la que se dio en llamar Generación de 1914. Su hallazgo, como en el caso del 98, tiene algo de accidental. Sirve, sobre todo, para facilitar el aprendizaje académico, pero no se puede decir que sus diferencias con los miembros del 98 sean tan acusadas. El problema de España era el mismo para unos y para otros, y las soluciones, al menos en teoría, no divergían tanto. Sin embargo, la actitud de los «nuevos» fue más activa, frente al desengaño o la frustración de los primeros. Sólo así se puede entender el tirón de orejas que Manuel Azaña, representante de la Generación del 14 y futuro presidente de la República, le dio a Baroja en las páginas de *La Correspondencia* en 1911, en las que aprovechaba para declarar su amor a Francia. ¿Dónde había quedado la esperanza del cambio? Por lo demás, en el 98 la apuesta por Europa tampoco se sostuvo en el tiempo y sus autores, agotado el ímpetu inicial de la renovación, regresaron pronto al seno de la madre patria, en tanto que los del 14 no perdieron jamás el horizonte vital que se desplegaba más allá de los Pirineos. Unamuno se declaró abiertamente antieuropeo y partidario de «que inventen ellos», a lo que Ortega y Gasset replicó tildando al bilbaíno de «energúmeno español». «Regeneración es el deseo; europeización es el medio de satisfacerlo», apostilló.

La Generación del 14 miraba, en definitiva, a Europa, no como una opción sino como una exigencia. Lo hacía desde unos postulados metódicos y racionalistas. En sus autores no se detecta el arrebato del 98, la pasión visceral de un Unamuno o la intensidad de un Baroja. No. El corazón del 98 late en el cerebro del 14. La civilización por la que se afanan figuras como José Ortega y Gasset (1883-1955), Gregorio Marañón o Eugenio d'Ors (1881-1954) sigue un plan predeterminado, que no cae en el desaliento de sus mayores.

Lo urbano reemplaza a lo rural y la acción política es poco menos que un mandato, ya que sus autores consideran que no basta con denunciar los apuros de su tiempo si no se remangan y tratan de solucionarlos. Manuel Azaña (1880-1940) fue uno de sus miembros, y ya hemos dicho que llegó a la presidencia de la República. Luis Araquistáin (1886-1959) dirigió prestigiosas revistas y escribió varias novelas y obras de teatro antes de convertirse en una de las mentes más lúcidas del socialismo español, embajador en Alemania y Francia, entre otras responsabilidades.

En el 14 había estetas, pero, sobre todo, pensadores. Su mundo era el de las ideas y su sueño el del progreso de cada individuo y el de la nación en su conjunto. Fue una generación «viajada», que gracias a las becas de la Junta de Ampliación de Estudios (JAE), una institución creada en 1907, pudo conocer los avances científicos del resto de Europa y América y sacudirse el provincianismo anterior. Entre ese 1907 y el inicio de la Guerra Civil en el 36, dos mil pensionados trabajaron fuera de nuestras fronteras codo con codo con las personalidades más sobresalientes de la ciencia.

El espíritu del novecentismo se encarnó en el filósofo José Ortega y Gasset, liberal, europeísta y puente intelectual entre las generaciones del 98 y el 27.

Sus representantes pecaron de cierto elitismo (¡si es que el elitismo es un pecado!). Esbozaron una literatura de minorías, intelectual y sobria, amiga de las vanguardias en el arte y del gobierno de los mejores en la política. «A la minoría, siempre», escribió Juan Ramón Jiménez (1881-1958). Pero su ideario no era el de la torre de marfil. La Generación del 14 confiaba en que la transformación de la sociedad vendría desde arriba, porque el pueblo aún no estaba preparado para administrarse por sí solo. Su «minoría de edad» lo incapacitaba y lo dejaba a expensas de caciques y parlamentos corruptos.

La Generación del 14, antítesis del clientelismo, se comprometió con la España real y profesó una fe de justicia para sacarla de su marasmo con las únicas armas de la pedagogía y la razón. Era demasiado grande y audaz para fracasar, pero la convulsión política de los años veinte y treinta y el mazazo de la Guerra Civil enterraron buena parte de sus logros. La tercera España por la que abogó Salvador de Madariaga (1886-1978), aquella que no pertenecía a los «hunos» ni a los otros, se desbarató como una entelequia atizada por el cainismo.

Nuestro grupo aglutinaba a personalidades nacidas en torno a 1880, y se sustantivó en la obra de filósofos como José Ortega y Gasset, Eugenio d'Ors y Manuel García Morente (1886-1942). El segundo fue el creador de un movimiento paralelo, el novecentismo; D'Ors lo mencionó por vez primera en 1906 para el ámbito catalán, como heredero de la *Renaixença*, y hoy se suele aplicar indistintamente para nuestra generación.

Hubo también pedagogos como Lorenzo Luzuriaga (1889-1959), a quien se le ocurrió el concepto de Generación de 1914 allá por los años cuarenta, historiadores como Américo Castro (1885-1972), que fue discípulo de Menéndez Pidal, y Claudio Sánchez Albornoz (1893-1984), o polígrafos como Salvador de Madariaga y José Moreno Villa (1887-1955). La ciencia no se sintió ajena a esta aventura, y Gregorio Marañón (1887-1960) y el físico Blas Cabrera (1878-1945) se incluirían también en la nómina, mientras que la literatura y el periodismo absorbieron a personalidades tan distintas como Manuel Azaña, Juan Ramón Jiménez, Ramón Gómez de la Serna (1888-1963) o los novelistas Gabriel Miró (1879-1930), Ramón Pérez de Ayala (1880-1962) y Wenceslao Fernández Flórez (1885-1964).

Valga este grupo, del que se podrían desgajar algunos nombres y adherirse otros, para empezar a hablar de la Generación del 14. La Gran Guerra, en la que España se declaró neutral, fue el telón de fondo en que se gestaron sus carreras. Pero, para nuestra materia, la fecha resulta aún más significativa por la «presentación en sociedad» de José Ortega y Gasset, que publicó ese año sus emblemáticas

Meditaciones del Quijote y pronunció una conferencia en el Teatro de la Comedia de Madrid con el título *Vieja y nueva política*. En ella, dio a conocer el programa regeneracionista de la Liga de Educación Política Española, que él mismo había fundado, contraponiendo las dos Españas del momento: una «oficial que se obstina en prolongar los gestos de una edad fenecida, y otra España aspirante, germinal, una España vital». Ese era el tiempo de la segunda.

Mientras Ortega aldabeaba a la conciencia de sus compatriotas, un poeta nacido en Moguer, Huelva, futuro premio Nobel de Literatura, publicaba la primera versión de *Platero y yo*. Juan Ramón Jiménez plantea no pocas dudas a la hora de adscribirlo a la Generación del 14, pero lo cierto es que del modernismo declarado de sus primeros libros, *Ninfeas* y *Almas de violeta*, a la innovación de *Diario de un poeta recién casado* (1916), pasando por el simbolismo ensimismado de *Arias tristes* (1903), se aprecia una evolución hacia la sencillez y la pureza, que entroncarían con las cualidades de la poesía novecentista. Él mismo articuló sus caminos en tres etapas: «sensitiva», desde sus inicios hasta 1915; «intelectual», entre el *Diario de un poeta recién casado* y su salida de España en 1936; y «verdadera», hasta su muerte, con poemas como *Espacio* (1954). Sea como fuere, Juan Ramón es el sinónimo más preciso de poesía española del siglo XX y un puente entre Machado, Darío y los poetas del 27, de los que fue maestro. En *La novela de un literato*, Rafael Cansinos-Assens (1862-1964) recordaba lo que este le dijo en una visita a la casa del doctor Simarro, donde el poeta vivió varios meses: «Yo sigo en mi torre de marfil, yo me mantengo fiel al arte puro… Villaespesa y los Machado han claudicado, sé que se ríen de mí, pero no importa, yo sigo mi camino. No publico en revistas, aunque podría hacerlo. Yo sólo lanzo mis libros, desde mi soledad, por una necesidad

Moguer (Huelva) recuerda con cariño a su hijo más ilustre,
el premio Nobel Juan Ramón Jiménez, faro espiritual de la
generación del 27.

íntima, sin preocuparme del público». La poesía intelectual de Mauricio Bacarisse (1895-1931) o José Moreno Villa compartieron esa búsqueda esencial juanramoniana.

Grandes novelistas del 14 fueron Gabriel Miró y Ramón Pérez de Ayala. El primero, autor de *Nuestro padre San Daniel* (1921) y *El obispo leproso* (1926), fue un prosista que gozó de un oído inmejorable para la poesía. Amigo de Azorín, alicantino como él, su mirada era, valga el torpe juego de palabras, tan porosa como morosa. La mínima acción de sus novelas es un pretexto para pintar los colores y sonidos del paisaje, con severas críticas a la religión: «¡Qué bien ha calado usted a los jesuitas!», le escribirá Unamuno, en quien la lectura de *El obispo leproso* levantaría «susurro de amarguras emponzoñadas». La Oleza de Miró, en realidad Orihuela, es un microcosmos tan opresivo como la Vetusta de Clarín.

Por su parte, Ramón Pérez de Ayala creció con el modernismo –fue uno de los promotores de la revista *Helios*, ligada a Juan Ramón– y reprodujo en sus primeras novelas los modelos de Baroja y Azorín. Extraordinariamente culto, descubrió a Joyce en 1919, aunque no fue de su agrado, y propuso en sus relatos y novelas una ruptura con el orden anterior. Divagaciones filosóficas y poemas líricos sazonan su prosa, la de un intelectual pesimista, con un bárbaro dominio de la técnica, que siempre tuvo en el punto de mira al hombre y la defensa de la moral natural. Sus libros más recomendables son *Belarmino y Apolonio* (1921), *Tigre Juan* (1926), la más famosa, y su segunda parte *El curandero de su honra* (1926). El director José Luis Garci adaptó otro de sus títulos, *Luz de domingo*, en 2007.

EL CISMA DE LAS VANGUARDIAS

La Generación del 14 floreció durante la primavera de muchos movimientos de vanguardia, que fueron sometidos a examen por los pensadores de la época. En *La deshumanización del arte* (1925), José Ortega y Gasset recapitulaba las propiedades de los «-ismos», alejados del tuétano humano y vaciados en su pura autosuficiencia.

Durante el primer cuarto del siglo XX, ese asalto a la tradición llegó por todos los frentes. La constatación de que el arte había completado un ciclo dictó una ruptura radical en la pintura, la música y, por supuesto, la literatura. No fue nunca la vanguardia la coreografía de unos locos escasos, sino una pregunta consciente sobre la libertad del artista en un mundo de tensiones que estallaría con el aniquilamiento de la Primera Guerra Mundial.

La *deshumanización del arte* sólo fue posible, en efecto, en un contexto tan hipersensible como ese, tan crítico y lúcido como para percibir que había llegado el instante del epílogo. La vanguardia lo impregnó todo, incluso la obra de quienes reivindicaban la vuelta a la tradición. Las tramas mínimas y solipsistas de Gabriel Miró o los estilizados artefactos de Ramón Pérez de Ayala tratan de reconstruir un mundo, mientras que Ramón Gómez de la Serna, como veremos a continuación, lo deconstruye; pero en todos los casos el lector siente que ese mundo no es propiamente el suyo.

La especulación sobre las vanguardias enardeció a intelectuales como el citado Ortega, Eugenio d'Ors, Juan de la Encina (1883-1963) o Guillermo de Torre (1900-1971), autor este último de *Literaturas europeas de vanguardia* (1925) e impulsor de una de ellas, el ultraísmo, un movimiento poético influido por el futurismo italiano, del que formarían parte, entre otros, Gerardo Diego, Pedro Garfias (1901-1967), Juan Larrea (1895-1980), Lucía Sánchez Saornil (1895-1970) e incluso Jorge Luis Borges (1899-1986), quien lo patrocinó en Argentina a partir de 1921. Su manifiesto se escribió en la mesa de un café, y, aunque pocos lo entendieron entonces –y menos aún lo disfrutaron–, su poso se removió con la cucharilla de poetas «ulteriores».

No hay que olvidar, cuando hablamos de esta época, que todos los nombres que salen a la palestra constituían una elite. El debate sobre la postura crítica ante las vanguardias o su mero sentido se ejercitaba en el vértice de la pirámide, nunca en la base. En 1920, el cuarenta y cinco por ciento de la población adulta española era analfabeta, y las matriculaciones universitarias sólo reforzaban esa brecha social.

Cuando la Sociedad de Artistas Ibéricos, nacida a finales de 1924, reflexionó sobre la relación del arte con el pueblo –en su manifiesto fundacional advertían de que «el único árbitro posible es un público informado»–, habría que preguntarse en qué público estaban

pensando. De ahí que la vocación intelectual y peda-
gógica, tanto en Ortega como en otros compañeros de
generación, fueran una sola: «La pedagogía –escribió el
fundador de *Revista de Occidente*– es la ciencia de trans-
formar las sociedades».

El eco de las vanguardias resonó con fuerza en
España. París era la capital del mundo, y Madrid escru-
taba hechizada su luz, como un insecto bullicioso. En
1918, el poeta chileno Vicente Huidobro se trasladó con
su familia a un apartamento de la Plaza de Oriente, y dio
a conocer a nuestros autores el Creacionismo. «Huidobro
–escribirá Rafael Cansinos-Assens– nos traía primicias
completamente nuevas, nombres nuevos, obras nuevas;
un ultramodernismo».

En 1924, André Breton publicó el primer manifiesto surrealista –«automatismo psíquico puro por cuyo
medio se intenta expresar tanto verbalmente como por
escrito o de cualquier otro modo el funcionamiento real
del pensamiento»–, que en España tradujo, cómo no, la
orteguiana *Revista de Occidente*, y cuyo ascendiente sobre
la poesía de la Generación del 27 (Alberti, García Lorca,
Cernuda, Aleixandre…) conturbará la literatura española
del siglo xx. El expresionismo dejó huella en Valle-Inclán,
y Ramón Gómez de la Serna, que introdujo el futurismo
en España el año de su fundación por Marinetti, 1909,
fue una vanguardia por sí solo.

Ciertamente, las vanguardias fueron algo más que
un ocio curioso. Constituyeron un laboratorio de ensayo
para un sinfín de autores de quienes hoy no diríamos que
fueron vanguardistas. Las corrientes más rompedoras,
como el Dadaísmo de Tristan Tzara, no tuvieron mucho
tirón en España, pero otras, como el futurismo, dejaron
al menos la impronta de sus temas y la audacia de su
lenguaje. Por cierto que un autor mallorquín reclamó
para sí la paternidad de ese término. En efecto, cuatro

años antes del *Manifiesto* de Marinetti, Gabriel Alomar (1873-1941) publicó un artículo sobre el futurismo a raíz de una conferencia que había dictado en Barcelona en 1904.

Si hoy leemos el libro de Pedro Salinas *Seguro azar*, puede que nos sorprenda toparnos en él con un poema titulado *35 bujías*, que no desentona con la temática amorosa de su autor porque, de hecho, parece un poema de amor:

> Caerá toda de arriba
> a besarme, a envolverme
> de bendición, de claro, de amor, pura.
> En el cuarto ella y yo no más, amantes
> eternos, ella mi iluminadora
> musa […].

Es, sí, un poema a una bombilla, y el libro abunda en ejemplos de esa naturaleza.

La revista *Cervantes* acogió el manifiesto fundacional del Ultraísmo, al que se entregó el ya citado Guillermo de la Torre. Si no conocemos someramente la historia de la literatura, aplaudiremos como nuevos recursos que son tan viejos como el período de entreguerras… o más. Tachar una frase, sacarle todo el jugo a una metáfora hasta perder el hilo que nos ha llevado a ella o explotar todos los recursos tipográficos habidos y por haber y dar vida a un caligrama —esto es, a un poema con forma, con esqueleto— son herencias del ultraísmo y de otros movimientos de vanguardia.

Vicente Huidobro soñaba con «hacer un poema como la naturaleza hace un árbol». Dicho en otras palabras: el poeta era Dios y no necesitaba para su obra copiar ni imitar nada. La creación era un proyecto de pura libertad e instinto puro, el mismo que movía a los surrealistas a elaborar cadáveres exquisitos.

Era un juego y, como casi todos los juegos, puede servir para echarnos unas risas o para hacernos pensar. Un grupo de personas –tampoco hace falta que sean poetas con nombres y apellidos marmóreos– se reúnen en torno a una mesa y van escribiendo en una hoja de papel un verso o una idea cualquiera, que pasan a su compañero para que este, sin verla, prosiga la obra, y así hasta que todos dejen su rastro. ¿El resultado? Quizá un sinsentido de los pies a la cabeza o puede que una obra de arte. El surrealismo siempre nos dejaba con esa duda... Al fin y al cabo, un sistema que trata de liberar los impulsos reprimidos del ser humano sólo puede ser sentido, no juzgado por la crítica al uso.

Las vanguardias no debieron capitular ante las ideologías. El hecho de que a Marinetti no le agradaran los claros de luna no justifica ni mucho menos su integración en el fascismo mussoliniano. El reino de las vanguardias no era de este mundo y, sin embargo, a principios de los años treinta ya había sido devorado por todas sus miserias. En un entorno europeo cada vez más polarizado entre el fascismo y el comunismo, era inevitable que los escritores, de vanguardia o no, tomaran partido –su reino sí era de este mundo–, y de algún modo la inocencia de sus obras se pervirtió. No porque el compromiso sea perverso, sino porque los niños no entienden de política, y el nombre de Dadaísmo, no lo olvidemos, proviene del balbuceo infantil Dadá. ¿Y a qué niño no le hace sonreír una greguería?

Las greguerías de Ramón Gómez de la Serna

El creador de las greguerías –una especie de aforismos que formuló como una suma de humorismo y metáfora– personifica los movimientos de vanguardia en nuestro país. Desde su tertulia del madrileño Café Pombo, que instituyó en 1914, Ramón Gómez de la Serna animó la

217

vida cultural española con una creatividad desbordante, iconoclasta, que tocó todos los palos. Su obra fue tan ingeniosa como su propia vida. Basta con visitar su despacho en el centro Conde Duque de Madrid para hacernos una idea de su ontología vital, heterodoxa, desordenada y ecléctica; o acaso con recordar alguna de sus «conferencias-maleta», siempre ingeniosas y chocantes.

Desde su discurso *El concepto de la nueva literatura*, leído en el Ateneo de Madrid en 1909 y publicado luego por la revista *Prometeo*, no fue difícil sospechar que había nacido un revolucionario. Su cansancio de las formas viejas y el inmovilismo de la literatura lo llevan a reinventar un arte influido sólo por la vida, tan inédito como espontáneo. Su primera novela, *El doctor inverosímil* (1914), anuncia ya las claves de su obra. En el fondo, su protagonista, el doctor Vivar, es un *álter ego* del propio Ramón, un médico que, desencantado con la ciencia convencional, se aventura por sendas inexploradas, las mismas que él ensayaría en su obra. Su novela más emblemática es *La quinta de Palmyra* (1923), una «sinfonía portuguesa» en palabras del francés Valery Larbaud, sobre los amores *decadentistas* de una mujer que, finalmente, acepta su homosexualidad.

Ambigua y caprichosa, la prosa de Ramón documenta también sus obsesiones y delata la ingenuidad –y, en ocasiones, la angustia– con que afrontó su lugar en el mundo. En *Automoribundia* (1948), la autobiografía que facturó ya desde su exilio en Buenos Aires, aclaró con penetración y ternura lo que para él significaba ser *escritor*: «es lo que se llama un alma en pena, un alma en pena de oraciones, evocaciones, palabras, necesidad de vivir de la suposición o del invento, de algo superior que falta en la vida».

En su teatro, auténtico laboratorio experimental, se prodigó con piezas irrepresentables, algunas de las cuales aglutinará bajo el epígrafe de *Teatro muerto*. Su

Ramón Gómez de la Serna, en el centro, presidía la tertulia
de la «sagrada cripta del Pombo», que José Gutiérrez Solana
inmortalizó en esta obra, presente en el Museo Nacional Centro
de Arte Reina Sofía de Madrid.

antirrealismo le lleva al callejón sin salida de un antiteatro
que nunca fue del gusto de su época. Como periodista,
tuvo a su disposición las mejores tribunas, entre ellas
Revista de Occidente y *Cruz y Raya*, que dirigía el escritor
José Bergamín (1895-1983).

¿Y las greguerías? Las greguerías son la herencia más
perdurable de las vanguardias en España, el grifo del que
hoy caen las gotas de los microrrelatos y las fotografías del
artista madrileño Chema Madoz, una mezcla de candor
y agudeza, como el proverbio de un niño sabio. Escribió
miles de ellas. Su fantasía era una ametralladora. Nosotros,
por citar sola una, citamos esta: «Carterista: caballero de la
mano en el pecho… de otro».

Oro parece, plata sí es: la generación del 27

En 1919, el cineasta Luis Buñuel estrechó la mano a un nuevo huésped de la Residencia de Estudiantes de Madrid, Federico García Lorca, un poeta de Granada cuyos versos sonaban a José Zorrilla y que tocaba también la guitarra y el piano. No tardaron en hacerse amigos. Tenían en común sus inquietudes, tan vastas como la de aquel Madrid hipnótico e irrepetible que franqueaba el eco de las vanguardias. Cuando bajo un mismo abecedario conviven las letras de Pepín Bello, el hermano de todos, Emilio Prados, José Moreno Villa, o los citados Buñuel y Lorca, puede pasar de todo, incluso que surja una generación como la del 27.

Pero, ¿qué fue la generación del 27? Pues, en líneas generales, un grupo de amigos, fundamentalmente consagrados a la poesía –aunque también hubo novelistas, pintores, músicos o cineastas como Buñuel– a los que se «asignó» esa denominación tras el homenaje que algunos de ellos rindieron a Luis de Góngora en Sevilla, los días 16 y 17 de diciembre de 1927. El Ateneo de esa ciudad, concretamente su Sección de Literatura, presidida entonces por José María Romero Martínez, organizó el acto para reivindicar al maestro culterano, olvidado ya por casi todos. Se vieron en la capital hispalense José Bergamín, Juan Chabás (1900-1954), Jorge Guillén, Gerardo Diego, Dámaso Alonso, Federico García Lorca y Rafael Alberti, un embrión que se iría completando con los nombres de Vicente Aleixandre, Luis Cernuda, Pedro Salinas, Manuel Altolaguirre (1905-1959), Emilio Prados (1899-1962) y otros.

A la generación del 98 le preocupaba España; a la del 27, España la mató. La tragedia de la Guerra Civil rompió en dos a este grupo: el asesinato de Federico García Lorca, su personalidad más emblemática, y el

Federico García Lorca flanqueado por varios compañeros de la
Residencia de Estudiantes, centro cultural para la creación, el
pensamiento y el debate.

exilio de la mayoría de sus miembros, a excepción de
Aleixandre, Dámaso Alonso y Gerardo Diego, frustró la
hermandad del grupo, aunque la poesía siguió latiendo en
sus corazones hasta el final y algunos realizaron sus obras
más significativas a partir de 1939.

Los poetas del 27 remozaron la lírica desde el
conocimiento y el respeto a los clásicos; no hubo, pues,
pendencias con sus mentores y ni siquiera un disgusto
como lo fue la pérdida del imperio para los «nietos del

Cid». El homenaje a Góngora nos pone sobre la pista de sus intereses, pero sus influencias fueron muy diversas. Luis Cernuda se sintió fascinado por su paisano Bécquer, Pedro Salinas redescubrió a Manrique, el tricentenario de la muerte de Lope de Vega, en 1935, implicó un sinfín de actos en los que se involucraron todos, Rafael Alberti dijo que «si Garcilaso volviera, yo sería su escudero» y Lorca libó en la copa del cancionero y el romancero popular para componer sus mejores obras. Mucho más próximo en el tiempo, Juan Ramón Jiménez fue su faro, aunque este no siempre se sintiera a gusto con su papel. Cuando Pedro Salinas publicó *La voz a ti debida* en 1933, Juan Ramón sugirió que un título más justo sería *La voz a mí debida*, y a Bergamín le rogó que no siguiera «escribiendo por ahí» lo que le oía, «porque entonces ya no puedo publicarlo yo». ¿Y qué decir del «Córdoba, lejana y sola» de la *Canción del jinete* de Lorca? ¿Alguien se acuerda hoy del «Huelva lejana y rosa» del poeta de Moguer? ¿O cuántas veces hemos recitado el «verde, que te quiero verde» lorquiano sin ofrendar al césar lo que es del césar, esto es, sin citar el «Verde es la niña: tiene / verdes ojos, pelo verde» de Juan Ramón Jiménez?

Por lo demás, este tipo de polémicas no son infrecuentes cuando una criatura poética empieza a chapurrear. En este sentido podríamos recordar la que desató la primera gran antología del grupo, que publicó Gerardo Diego en la editorial Signo, con una tirada de dos mil ejemplares, en 1932. El santanderino presentó una panorámica global de la poesía entre 1915 y 1931, y sólo su buen ojo le hizo reparar en poetas cuya obra era todavía muy escasa, como Vicente Aleixandre, que sólo había publicado *Ámbito* en 1928. Otros, como Emilio Prados, figuraron en ella contra su voluntad, y la inclusión de Juan Larrea, que escribía en francés, Cernuda y Altolaguirre suscitó inopinadamente las mayores protestas.

Este último fue, en palabras de Pedro Salinas, un «Don Juan de las imprentas». Vecino de Luis Cernuda en el número 71 de la calle Viriato de Madrid, fue el impresor de su obra *La realidad y el deseo*, pero también de *El rayo que no cesa*, de Miguel Hernández –un poeta a quien la historia de la literatura ha empaquetado en la llamada Generación del 36, junto a Luis Rosales (1910-1992), Leopoldo Panero (1909-1962) o Luis Felipe Vivanco (1907-1975)–, o de *Razón de amor*, de Pedro Salinas. Y fue, sobre todo, el cofundador, con Emilio Prados, de la revista *Litoral*, de Málaga, un altavoz para los miembros de la generación del 27, que también vieron sus versos reproducidos en la *Revista de Occidente*, *La Gaceta Literaria* o *Caballo verde para la poesía*, esta de Pablo Neruda (1904-1973).

El grupo del 27 logró el equilibrio entre lo popular y lo intelectual, la vanguardia y el clasicismo, la poesía pura y la militante, en un raro equilibrio que sigue favoreciendo su lectura por todo tipo de públicos.

Más allá de la voluntad de renovación y de la camaradería que unió a sus principales miembros, no es fácil extraer cualidades estilísticas comunes, como veremos nombre a nombre, poeta a poeta. El mayor milagro del 27 fue precisamente el sincretismo entre las formas, su capacidad de (re)interpretar el Siglo de Oro desde la óptica de las vanguardias –principalmente el surrealismo–, reinventando metáforas, ritmos y sensaciones. Desde la experiencia individual, que hacía de la poesía un mero juego en manos de unos superdotados de la lírica, los poetas del 27 llegaron a la solidaridad con los desasosiegos de su tiempo. De lo local –el *Poema del cante jondo*– a lo universal –*Poeta en Nueva York*–. De lo humano –*Marinero en tierra*– a lo divino –*Sobre los ángeles*–; pero, remedando a Ángel González, «sin desdeñar tampoco lo que fueron por lo que iban a ser dentro de nada».

Escribían en las mismas revistas y compartían idéntica querencia por lo intelectual y lo sentimental, aunque luego sus intereses fueran muy específicos y a veces contradictorios. Desde luego, cantaron al amor y la muerte, la soledad y la nostalgia, pero ¿qué poeta de qué generación no lo ha hecho?

Lorca nos dio, tal vez, la mejor síntesis entre la intuición y la técnica que fueron marca de la casa y que podríamos hacer extensible al resto de sus «hermanos»: «Si es verdad que soy poeta por la gracia de Dios –o del demonio–, también lo es que lo soy por la gracia de la técnica y del esfuerzo, y de darme cuenta en absoluto de lo que es un poema».

Ellos sabían perfectamente lo que era un poema. Tenían una formación exquisita, eran de origen burgués, tendencia liberal y progresista, habían viajado y sabían desenvolverse en otras tradiciones. Y a todos, en mayor o menor medida, los rompió la guerra.

Como suele pasar con los poetas, la precocidad, salvo en los casos de Aleixandre y Salinas, fue otra de sus cualidades. Lorca publicó *Impresiones y paisajes* a los veinte años y a los veintitrés ya había finalizado el *Poema del cante jondo*, en el que lazó toda la esencia de su Andalucía. Y Rafael Alberti, Gerardo Diego y Dámaso Alonso ganaron el Premio Nacional de Poesía, entonces Concurso Nacional de Literatura en la modalidad de Poesía, en 1925, 1926 y 1927 respectivamente, el primero por la inmortal *Marinero en tierra*.

Compañeros de viaje

El mayor de ellos, Pedro Salinas (1881-1951), fue profesor de Luis Cernuda en la universidad de Sevilla y, tras exiliarse en 1936, ejerció la docencia en diversas universidades de Estados Unidos. Consideraba la poesía como algo «indefendible» a la vez que «inatacable», y apreciaba en ella tres cualidades: la autenticidad, la belleza y el ingenio.

Su obra más leída es la trilogía compuesta por *La voz a ti debida*, *Razón de amor* y *Largo lamento* —esta última publicada tras su muerte—, que lo señala como uno de los grandes poetas de amor de la literatura española. Mucho menos conocidos son sus trabajos en prosa, pero Salinas escribió también relatos, obras de teatro y una novela alegórica de ciencia ficción, *La bomba increíble* (1950), estremecido por el horror de Hiroshima y Nagasaki y el desarrollo nuclear de las potencias. A este tema dedicó también su desolador poema *Cero*.

Como estudioso de la historia de la literatura, sus obras sobre Jorge Manrique y Rubén Darío son insuperables.

> Para vivir no quiero
> islas, palacios, torres.
> ¡Qué alegría más alta:
> vivir en los pronombres!
> Quítate ya los trajes,
> las señas, los retratos;
> yo no te quiero así,
> disfrazada de otra,
> hija siempre de algo.
> Te quiero pura, libre,
> irreductible: tú.

La voz a ti debida, 1933

Jorge Guillén (1893-1984) fue profesor en las mismas universidades españolas que su amigo Pedro Salinas y, tras partir al exilio en 1938, probó también fortuna en Estados Unidos. En 1976, fue el primer autor en recibir el premio Cervantes. Portavoz de la poesía pura en la generación del 27, es autor de una obra desmesurada, *Cántico*, que fue ampliando y corrigiendo a lo largo de más de treinta años de trayectoria, entre 1919 y 1950. Como las *Hojas de hierba* de Walt Whitman –pero la lectura del americano fue posterior en Guillén a la concepción de su proyecto–, *Cántico* expresa la gratitud y el reconocimiento del poeta ante un mundo que esencialmente está bien hecho.

La poesía fue para este autor un símbolo de esperanza; sin embargo, a partir de los años cincuenta emprendió un nuevo camino, el ciclo de *Clamor*, compuesto por *Maremágnum, Que van a dar en la mar* y *A la altura de las circunstancias*, en el que matizaba el optimismo de antaño: «Este mundo del hombre está mal hecho». En otras palabras, la Creación es buena pero la Sociedad no lo es, ya que los hombres la ennegrecen. De la avidez de los primeros días, sus poemas se consumen en la congoja de España, sin caer tampoco en el desaliento. En *Aire nuestro*, el poeta reúne toda su obra, que se completa con *Final* (1981).

> Dije: ¡Todo ya pleno!
> Un álamo vibró.
> Las hojas plateadas
> sonaron con amor.
> Los verdes eran grises,
> el amor era sol.
> Entonces, mediodía,
> un pájaro sumió
> su cantar en el viento
> con tal adoración
> que se sintió cantada
> bajo el viento la flor
> crecida entre las mieses,
> más altas. Era yo,
> centro en aquel instante
> de tanto alrededor,
> quien lo veía todo
> completo para un dios.
> Dije: Todo, completo.
> ¡Las doce en el reloj!

Cántico. Fe de vida (1950)

Gerardo Diego (1896-1987), premio Cervantes en 1979, firmó la primera gran antología del grupo poético del 27, y, tras la Guerra Civil, permaneció en España y dio clases en el instituto Beatriz Galindo de Madrid. Poeta muy versátil, fue una de las figuras más sobresalientes del ultraísmo –que para él era un cubismo en verso–, a la vez que componía *El romancero de la novia* (1918), de acentos becquerianos y con la forma métrica más tradicional de nuestra lengua.

Nada se le resistía: si hubo un Góngora en el siglo XX, ese fue Gerardo Diego, quien lo reivindicó desde la escuela creacionista en la *Fábula de Equis y Zeda*, una parodia de las fábulas mitológicas hecha desde el mayor respeto. «El verdadero organizador del centenario fui yo, porque a mí Góngora me entusiasmaba por las dos vertientes: por la vertiente de poeta y por la vertiente de historia literaria y de catedrático», dijo una vez.

Profesor en Soria, como su admirado Antonio Machado, dedicó un memorable romance al Duero:

> Río Duero, río Duero,
> nadie a acompañarte baja,
> nadie se detiene a oír
> tu eterna estrofa de agua.

Manual de espumas (1924) es hoy su obra más viva y *Versos humanos* (1925) incluye su poema más famoso, *Al ciprés de Silos*, un soneto ejemplar que se abre con este cuarteto:

> Enhiesto surtidor de sombra y sueño
> que acongojas el cielo con tu lanza.
> Chorro que a las estrellas casi alcanza
> devanado a sí mismo en loco empeño.

Tocaba el piano, tenía «cara de pobre», Rafael Alberti *dixit*, y una mano acaudalada que nos legó más de tres mil páginas de humanidad y virtuosismo. Pablo Neruda no le perdonó su simpatía por los nacionales y lo acusó de silenciosa complicidad en el «martirio» de Miguel Hernández: «los Dámasos, los Gerardos, los hijos de perra».

Dámaso Alonso (1898-1990), premio Cervantes en 1978 y director de la Real Academia Española entre 1968 y 1982, fue discípulo de Menéndez Pidal y profesor en las universidades de Valencia y Madrid. Se definió como un «poeta a rachas», y se sintió compañero de viaje del 27 más como crítico literario que como creador. Incluido en la antología de Gerardo Diego de 1932, sus mejores obras fueron hijas de la posguerra. Entre ellas, sobresale *Hijos de la ira* (1944), bajo el influjo de Unamuno y el inglés T. S. Eliot, poderoso arranque de la poesía del desarraigo. La España en blanco y negro de entonces se abre en canal a los ojos de un poeta insomne e inconsolable, que denuncia que «Madrid es una ciudad de más de un millón de cadáveres (según las últimas estadísticas)» y pregunta a Dios por qué su alma «se pudre lentamente».

Para el inmaculado Pablo Neruda, que abandonó a su hija Malva Marina, enferma de hidrocefalia, a los dos años de edad, los Dámasos y los Gerardos eran unos hijos de perra, pero, lejos de esa crueldad en caliente, hoy valoramos la trayectoria de los poetas que permanecieron en España y sufrieron el «exilio interior», un término que cuadraría a la perfección con la obra de Gerardo Diego, Dámaso Alonso y Vicente Aleixandre. Franco vetó la entrada del segundo en la Academia hasta que José María Pemán (1897-1981) intercedió por él, y los tres tendieron puentes con los poetas de exilio y apoyaron su obra. La Guerra Civil no enterró las viejas lealtades ni sepultó los recuerdos. Alonso, que siempre se declaró apolítico, recordaba emocionado que Lorca le había dedicado su poema *Preciosa y el aire*, del *Romancero gitano*.

La posguerra ennegreció el rumbo de la narrativa y la poesía españolas. En *Hijos de la ira* (1944), Dámaso Alonso describió Madrid como «una ciudad de más de un millón de cadáveres».

Cuando en 1977 Vicente Aleixandre (1898-1984) recibió el premio Nobel de Literatura, se reconoció vástago de una tradición que todo su grupo, el del 27, supo absorber: «Nos interesó vivamente todo cuanto tenía valor, sin importarnos donde éste se hallase»; y, a renglón seguido, apuntó una de las claves de su generación y de toda la literatura del siglo XX: «tradición» y «revolución» vienen a ser términos idénticos.

Sus obras son la mejor prueba de esa ley. La tradición romántica, de Garcilaso de la Vega a Bécquer, se reformula en una obra de barniz surrealista, que lustra el amor como una fuerza telúrica, inaprehensible por la razón.

Aquejado de tuberculosis renal, se perdió el homenaje a Góngora en Sevilla, pero para esa fecha era ya uno más del grupo germinal del 27. Había descubierto a Rubén Darío gracias a los consejos de Dámaso Alonso,

Vicente Aleixandre, premio Nobel de Literatura en 1977, tuteló a las nuevas promociones poéticas desde su residencia en el número 3 de la calle Velintonia.

y no tardó en hacer amistad con Alberti, Lorca y Cernuda. Sus primeros poemas vieron la luz en las páginas de la *Revista de Occidente* en 1926; su primer libro, *Ámbito*, en 1928.

Con *Espadas como labios* (1932) y *La destrucción o el amor* (1935), premio Nacional de Literatura, se asentó como una figura capital de su grupo, y su consagración absoluta a la musa poética hizo de él un referente para las nuevas generaciones de poetas, que, en su casa de la calle Velintonia de Madrid, recibían su magisterio.

Afecto a la República y amigo de Lorca y Miguel Hernández, a quien había conocido en 1935, se quedó sin embargo en España, tras el revés de sus gestiones para salir del país en el curso de la guerra, y sufrió la censura del régimen hasta 1944. «Para mí salir de España hubiese sido una catástrofe», explicó en cierta ocasión a su amigo José Luis Cano. *Sombra del paraíso* (1944) fue su primer libro tras el silencio impuesto por Franco, al que seguirían obras como *Mundo a solas* (1950) o *Historia del corazón* (1954), donde la cosmogonía amorosa de sus primeros libros deja paso a una poesía más reconcentrada. Era, ya, un clásico. Fue el primer escritor vivo y en plena madurez creativa de quien se presentó una tesis doctoral. La leyó, en 1949, el genial poeta y teórico Carlos Bousoño (1923-2015).

Rafael Alberti (1902-1999) fue pintor y, por encima de todo, poeta. Estuvo ahí desde el principio: *Marinero en tierra* (1924), un maduro cuaderno de ejercicios habitado de nostalgias y andalucismo, fue aclamado por la crítica y recibió el calor de Juan Ramón Jiménez. En unos años de vanguardia y búsqueda de voces singulares, este hijo del Puerto de Santa María (Cádiz) nos enseñó que a veces no hay nada más atípico que seguir la senda del pasado, la de los clásicos Gil Vicente (1465 - h. 1536), Garcilaso de la Vega y Pedro Espinosa (1578-1650), la de los sonetos y las canciones populares.

Del garbo alegre de su primer libro, evolucionó hacia el gongorismo, contraseña de su grupo y, en *Cal y canto* (1927) dejó atrás los litorales de su infancia para cantar al billete de tranvía o al portero húngaro del Barcelona Franz Platko. «Yo nací —¡respetadme!— con el cine», anuncia en uno de sus poemas.

Pues bien: en su siguiente libro, *Yo era un tonto y lo que he visto me ha hecho dos tontos* (1929), parte de una cita de Calderón de la Barca para homenajear a la comedia muda americana. Charles Chaplin, Buster Keaton, Harold Lloyd, Laurel y Hardy, Ben Turpin o Harry Langdon le inspiran poemas tiernos y divertidos, en los que declara su fascinación por el séptimo arte, común a tantos miembros de su grupo; ese mismo año, Francisco Ayala (1906-2009) publicaría *Indagación del cinema*.

Escritos entre 1927 y 1928, en una fase de profunda crisis espiritual en la que se plantea incluso dejar de escribir, los poemas de *Sobre los ángeles* se echan en brazos del surrealismo, pero sin perder de vista sus raíces hispánicas (de hecho, el título de una de las partes, *Huésped de las nieblas*, remite a una rima de Bécquer). Alberti se desenvuelve a la perfección con los versos cortos de las primeras composiciones y los versículos que se van adueñando de su voz para testimoniar una angustia en la que los ángeles, sueltos «en bandadas por el mundo», encarnan la crueldad, la agonía y la desolación, pero también «lo bueno que había en mí y me cercaba».

A partir de 1931, su poesía se aleja de lo burgués y vibra con la razón revolucionaria. Son los años de *El poeta en la calle*, *De un momento a otro* o *Entre el clavel y la espada*. Miembro del Partido Comunista desde 1931 y de la Alianza de Intelectuales Antifascistas, creada en 1936, partió al exilio al término de la Guerra Civil, y no volvió hasta 1977. Sus memorias, los cinco tomos de *La arboleda perdida*, son una obra indispensable para conocer las vicisitudes no ya de un poeta, sino de la poesía y la cultura española del siglo xx.

Luis Cernuda (1902-1963) fue el poeta del amor, el olvido y, como diría Lorca, del «misterio». Alumno de Pedro Salinas en Sevilla, su primer libro, *Perfil del aire* (1927), publicado por la revista *Litoral*, no fue bienvenido: le acusaron de seguir a Guillén sin aportar nada nuevo. Durante el homenaje a Góngora en su ciudad natal, asistió como público y conoció a Lorca («la sal de nuestro mundo eras», escribirá tras su muerte), y poco después, ya en Madrid, a Vicente Aleixandre. Aunque a la sazón no era muy popular, Gerardo Diego lo incluyó en

Luis Cernuda fue un hombre inseguro, susceptible, atormentado, y también un poeta sensible, inatacable, colosal.

su antología de 1932, por lo que recibió algunas críticas, y cuatro años después, con motivo de la publicación de *La realidad y el deseo*, título que hoy agrupa el conjunto de su obra, Lorca le organizó un homenaje al que acudió la «crema» de la poesía de la época: el citado Aleixandre, Rafael Alberti y María Teresa León (1903-1988), Pablo Neruda, Manuel Altolaguirre, José Bergamín...

Comprometido con la República, colaboró con las Misiones Pedagógicas y Culturales, fue voluntario de las milicias populares y partió al exilio en 1938. Su corazón dijo basta en México. La hija de Altolaguirre, Paloma, fue quien descubrió su cadáver.

El rastro de Garcilaso, Bécquer, Shakespeare, Mallarmé y Hölderlin se reconoce en la obra de Cernuda, quien, siendo alumno de Salinas y por recomendación suya, leyó también a André Gide, homosexual como él: «Me figuro que Salinas no podía suponer que con esa lectura me abría el camino para resolver, o para reconciliarme, con un problema vital mío decisivo», dijo.

Cernuda no calló su condición («Si el hombre pudiera decir lo que ama»), a diferencia de Lorca o Aleixandre, si bien sus poemas amorosos no precisan de adjetivos explicativos:

Un roce al paso,
una mirada fugaz entre las sombras,
bastan para que el cuerpo se abra en dos,
ávido de recibir en sí mismo
otro cuerpo que sueñe;
mitad y mitad, sueño y sueño, carne y carne,
iguales en figura, iguales en amor, iguales en deseo.

La clave de esos versos está en ese «iguales en figura». Tras la Guerra Civil, publicó algunos de sus mejores libros, *Las nubes*, *Ocnos*, obra maestra de la prosa poética en la que trata de descifrar su génesis como poeta, *Como quien espera el alba*, *Vivir sin estar viviendo*, *Con las horas contadas* y *Desolación de la quimera*, en la que se acusa el peso del destierro y el desengaño, la frustración y el dolor.

Lorca, toda la naturaleza

¿Quién era Federico García Lorca (1898-1936)? Si no lo sabemos ya, la culpa es sólo nuestra. Tesis doctorales, estudios críticos, biografías, semblanzas, artículos… consuman el retrato de un autor que, a sus treinta y ocho años, se despidió del mundo en el barranco de Víznar (Granada), tras haber subido el listón de la belleza a una altura inalcanzable.

Fue, lo dijimos al principio de este capítulo, alumno de la Residencia de Estudiantes. Un día, Rafael Alberti llamó a su puerta, y ya no estaba:

> Federico.
> Voy por la calle del Pinar
> para verte en la Residencia.
> Llamo a la puerta de tu cuarto.
> Tú no estás.

Su asesinato, en el primer verano de la Guerra Civil, fracturó a una generación que su carisma había ayudado a cohesionar.

Durante su adolescencia se sintió más inclinado por la música: estudió piano y, en 1920, entabló amistad con Manuel de Falla en Granada. Pero, para entonces, la vocación poética lo había acorralado. Sus primeras obras, *Impresiones y paisajes* (1918) y *Libro de poemas* (1921), subrayaban sus lecturas modernistas y fueron alabadas por Juan Ramón Jiménez.

Exploró el folclore popular y escribió un ensayo sobre el cante jondo: la misma pureza primitiva que encontraba en ese arte se puede disfrutar en su *Poema del cante jondo* (1922) y en el *Romancero gitano* (1928). «Mi gitanismo es un tema literario. Nada más», dijo, cansado de que unos y otros lo tuvieran por un poeta gitano.

Como el resto de sus compañeros de generación, Lorca supo fusionar la tradición con la vanguardia, y, en este sentido, resulta simpático que le colgaran el sambenito de «costumbrista» mientras componía una de sus obras más audaces, *Poeta en Nueva York*, fruto de un viaje por Nueva York y Cuba entre 1929 y 1930, que no se publicaría hasta 1940.

Durante los años treinta, se propuso estimular la curiosidad de los pueblos con *La Barraca*, un grupo de teatro universitario ambulante con el que llevó los clásicos

Federico García Lorca, el escritor más universal de nuestras letras junto con Miguel de Cervantes, recuperó el folclore popular con su innato talento para todo tipo de estructuras métricas.

de nuestra escena a todos los rincones de España, para lo que contó con el apoyo del ministro de Instrucción Pública, Fernando de los Ríos, que había sido profesor suyo en la universidad de Granada. Hasta tal punto le cautivaba el proyecto que no dudaba en aplazar su creación poética y dramatúrgica para lanzarse a «una de esas estupendas excursiones de mi teatro».

A Lorca siempre le había interesado el género. Experimentó los abucheos del respetable con su primera obra, *El maleficio de la mariposa*, estrenada en 1920 en el Teatro Eslava de Madrid; pero su entusiasmo –cualidad que había conmovido a Juan Ramón el día que lo conoció– le urgió a seguir intentándolo. En 1927 estrenó *Mariana Pineda* en Barcelona, con decorados de su entonces amigo Salvador Dalí y Margarita Xirgú en el papel principal, pero fue en la siguiente década cuando aplicó todo su tesón a la escena y estrenó obras como *Bodas de sangre* (1933), *Yerma* (1935) o *La casa de Bernarda Alba* (1936).

Hoy, se considera que Lorca y Valle-Inclán fueron los grandes renovadores del teatro en la primera mitad del siglo XX. El primero siempre elogió el género del esperpento: como poeta y como prosista, Valle le parecía «detestable», pero esa deformación grotesca de la realidad la juzgaba «maravillosa y genial».

Sensualidad y tragedia, color y su ausencia, Andalucía y Nueva York, esterilidad y abundancia, muerte y sueño, violencia y calma, espontaneidad y conciencia, luto y fiesta. Todo eso era –todo eso fue– Federico García Lorca, un hombre tan proteico como la misma naturaleza. Como en el *Llanto por Ignacio Sánchez Mejías*, nadie hubiera querido ver su sangre sobre la arena; pero hoy el ayuntamiento de Víznar recuerda con una placa la fosa que guarda, tal vez, sus restos.

La soledad del «cabrero»

Seis años después, moría en una cárcel de Alicante Miguel Hernández, luminoso epígono de la generación del 27, autor de *Perito en lunas* (1933), *El rayo que no cesa* (1936), *Viento del pueblo* (1937), *Cancionero y romance de ausencias* (1941) o *El hombre acecha* (1939, inédito hasta 1981).

Fue una pena que Lorca lo excluyera de su «banda», tras la insistencia del oriolano en que escribiera un elogio de *Perito en lunas*, que, le constaba, a Lorca le había gustado. Este no lo hizo y le aconsejó que no fuera tan vanidoso, a lo que Miguel Hernández replicó: «No es vanidad, amigo Federico Lorca: es orgullo malherido». Con el tiempo, Miguel Hernández se resarciría del silencio y el desdén de los Lorca, Alberti, Cernuda y otros, y se ganaría el respeto de Neruda, Aleixandre y las celebridades que frecuentaban el salón del diplomático chileno Carlos Morla Lynch, amigo íntimo de Lorca por lo demás. A Miguel lo despreciaban porque no era de su clase y hacía patria del terruño, y este, a su vez, menospreciaba a los poetas aburguesados de la ciudad, cuyo compromiso político le parecía un simple disfraz.

Sea como fuere, la ojeriza fue más o menos llevadera, y la elegía que el poeta «cabrero» escribió tras el asesinato de Federico («Atraviesa la muerte con herrumbrosas lanzas…») es una de las más hermosas y tristes de nuestra literatura.

LA OTRA GENERACIÓN DEL 27

Fue Pedro Laín Entralgo (1908-2001) quien remarcó la categoría de los humoristas de ese grupo al señalar que había «una Generación del 27, la de los poetas, y otra Generación del 27, la de los 'renovadores' –los creadores más bien– del humor contemporáneo».

José López Rubio (1903-1996), uno de sus integrantes, ingresó en la Real Academia Española con un discurso titulado precisamente *La otra generación del 27*, en el que citaba a cinco de sus miembros: Edgar Neville (1899-1967), Antonio de Lara «Tono» (1900-1977), Enrique Jardiel Poncela (1901-1952), Miguel Mihura (1903-1977) y él mismo. Pocos países pueden presumir de un vivero semejante. Cuando el humor absurdo aún no se había «inventado», mucho antes de que el dramaturgo Eugène Ionesco se diera a conocer en todo el mundo con *La cantante calva* (1950), Miguel Mihura escribió *Tres sombreros de copa* (1932), que no estrenó hasta veinte años después, como veremos más adelante.

La otra generación del 27 asombró a la España de los años veinte con un cóctel de modernidad e inocencia, que aún traslucía en *La Codorniz*, el semanario que Mihura fundó en 1941, heredero directo de *La Ametralladora* y, unos años antes, de *Buen humor* (1921), y *Gutiérrez*, fundada en 1927 y en la que colaboraron los cinco tipos de la lista de López Rubio o el ubicuo Ramón Gómez de la Serna.

Revistas como *La Codorniz*, fundada por Miguel Mihura en 1941, dieron voz a la «otra generación del 27», cuya recepción crítica fue siempre por debajo de su enorme aceptación popular.

Eran, como se dice ahora, artistas «transversales»: escribieron libros, rodaron películas, fueron magníficos dibujantes… En esta Breve Historia, nosotros referiremos sólo la primera de sus vocaciones. Si de lo que se trata es de pasar un buen rato, les recomendamos los siguientes títulos: de Mihura, la citada *Tres sombreros de copa* y *Maribel y la extraña familia* (1959); de Jardiel, *Usted tiene ojos de mujer fatal* (1932) y *Eloísa está debajo de un almendro* (1940); de Neville, *Don Clorato de Potasa* (1929) y *El baile* (1952); de José López Rubio, *Celos del aire* (1950) y *La puerta del ángel* (estrenada en 1986); y de «Tono», *Ni pobre ni rico, sino todo lo contrario* (1937, en colaboración con Mihura) y *Guillermo Hotel* (1945).

9

Al tercer año, ¿la guerra acabó?

España despertó de la pesadilla de la Guerra Civil en una cama de clavos. A los cientos de miles de muertos que dejó el conflicto siguió una feroz represión que se cobró miles de víctimas más en campos de trabajo, cárceles y actos de represalia. La depuración de docentes que habían «inculcado el virus republicano» tanto en universidades como en escuelas e institutos comportó un violento retroceso en la enseñanza y la fuga de cerebros afines a la República deshabitó buena parte de las ciencias y las artes; aunque, naturalmente, la cultura española era lo bastante fuerte como para sobrevivir a la tragedia y no languidecer en un erial.

El aislamiento internacional y la destrucción de las infraestructuras sumieron al país en el caos, y el hambre castigó a las clases más desfavorecidas, o sea, a casi todas las clases. En los años cuarenta del pasado siglo España olvidó la palabra «esperanza». La luz sólo volvería, titilante, a comienzos de la década de los cincuenta, cuando los índices de PIB y PIB *per capita* alcanzaran los previos a la guerra.

En mayo de 1939 el Ministerio de Industria y Comercio estableció el racionamiento, que rara vez alcanzaba a cubrir las necesidades básicas de la población. Al principio, las cartillas eran familiares y las raciones tan escasas que obligaban a la gente a la mendicidad y el robo. A partir de 1943, pasaron a ser individuales, con objeto de llevar un control más estricto de los productos para lidiar con el creciente mercado negro. España, que ya vivía de rodillas, se tuvo que poner en fila para poder comer, y más valía colocarse de los primeros. Más de veintisiete millones de personas subsistían del racionamiento en aquellos años.

El fin del aislamiento, con la entrada escalonada de nuestro país en los principales organismos internacionales a lo largo de la década de los cincuenta, nos permitió, por fin, asomar la cabeza.

Naturalmente, todo ese contexto tuvo su reflejo en la producción literaria, que se ocupó de trazar el paisaje después de la batalla: el hambre, la soledad, la frustración y el miedo fueron los temas de una narrativa que, intramuros, afianzaron *La familia de Pascual Duarte* (1942) y *Nada* (1944), de Camilo José Cela y Carmen Laforet (1921-2004) respectivamente, sendos papirotazos a la novela triunfalista tutelada por el régimen.

La frustración rebelde

La primera (re)inauguró la corriente tremendista en la literatura española. Como vimos en su momento, las novelas picarescas de Francisco de Quevedo y Mateo Alemán o, mucho después, las de Pío Baroja interpretaron sus épocas con unos recursos similares a los de esta corriente. Si recurriéramos a un término más arcaico, podríamos decir que *La familia de Pascual Duarte* es una novela neonaturalista, puesto que reproduce el determinismo de Zola y sus seguidores y explica a sus personajes desde un prisma fisiológico. El propio Cela reconoció la vasta tradición del «tremendismo» en España, que podría guarecer tanto a *Los pazos de Ulloa* como a la novela social propia de los años treinta.

El argumento de *La familia de Pascual Duarte* es tremendo, qué duda cabe: el protagonista, un campesino extremeño, narra a modo de exculpación sus desventuras desde la infancia al patíbulo: «Yo, señor, no soy malo, aunque no me faltarían motivos para serlo». La violencia es la única respuesta que conoce a la adversidad, una rabia incontrolable, homicida, que no distingue entre animales o personas, y que lo va degradando hasta su final. El extraño asesinato del conde de Torremejía sirve para contextualizar la acción en la Guerra Civil, pero Cela no enfatiza el crimen y en la trama pesan más las circunstancias del narrador que su conciencia o la historia reciente de España.

A partir de *La familia de Pascual Duarte*, el clima opresivo se irá espesando en títulos como *El bosque de Áncines* (1947), de Carlos Martínez-Barbeito, inspirado en el caso del hombre-lobo Romasanta; *Nosotros los leprosos* (1950), de Luis de Castresana; o *Lola, espejo oscuro* (1950), de Darío Fernández Flórez, sobre una prostituta; así como en las novelas de Rafael García Serrano, por ejemplo *La fiel infantería* (1942), un clásico de la literatura fascista sobre la militarización de las milicias de Falange. Curiosamente, esta última obra, la más conocida de su autor, fue prohibida por la Iglesia, que no «leía» con buenos ojos las «escenas de cabaré y de prostíbulo» ni las «expresiones de sabor escéptico *volteriano*».

La publicación de *La colmena* afianzó a Cela como el gran novelista de la posguerra. Cuando Mario Camus llevó al cine la obra, el escritor se reservó el papel de Matías Martí.

En *La colmena* (1950), de nuevo de Camilo José Cela, cobran vida más de trescientos personajes, en un retrato coral del Madrid de 1942 o 1943. La influencia de *Manhattan Transfer* (1925), de John Dos Passos, es clara: si la protagonista de aquella novela caleidoscópica era Nueva York, Madrid lo es de *La colmena:* el café de Doña Rosa, las casas de citas, las calles, las pensiones, los domicilios particulares, los cines, el cementerio, la imprenta... Publicada por primera vez en Buenos Aires en 1951, su primera edición española hubo de esperar a 1955, y la Biblioteca Nacional conserva un manuscrito inédito, sin ningún tipo de censura (ni autocensura), que no tardará en ver la luz.

Carmen Laforet era una novata cuando sacudió los cimientos del mundillo literario con *Nada* (1944), que ganó el premio Nadal en su primera edición.

¿Qué contaba *La colmena* que resultó tan incómodo a los censores? Pues nada: «un trozo de vida narrado paso a paso, sin reticencias, sin extrañas tragedias, sin caridad, como la vida discurre», que dijo Cela. En ese discurrir, los aspectos eróticos fueron los más reprobados, aunque tampoco sentó bien la visión de un país abrumado por las cicatrices de la posguerra, el hambre, el frío, la enfermedad y el hundimiento moral.

Nada, de Carmen Laforet, no tuvo en cambio problemas con la censura. Su autora, que a la sazón tenía veintitrés años, se convirtió en una de las voces más prometedoras de su generación, tras ganar el premio Nadal en su primera edición. En este caso, hablamos de un texto existencial y urbano: su protagonista, Andrea, es una joven estudiante que se traslada a Barcelona a casa de su abuela tras matricularse en la universidad. La mirada fiera de Pascual Duarte se suaviza aquí con la introspección de su protagonista, que retrata un agobiante tejido de relaciones humanas. La violencia, el silencio y la miseria son productos de la Guerra Civil, pero también de la oquedad de las grandes ciudades, donde la búsqueda de afecto parece una tarea imposible. Desorientada, Andrea se marcha tras constatar que no ha encontrado en esa tierra de promisión «la vida en su plenitud, la alegría, el interés profundo, el amor» que esperaba la noche que llegó a la ciudad condal.

Dos maestros de largo recorrido: Torrente Ballester y Delibes

Durante la década de los cuarenta del pasado siglo, publicaron sus primeras novelas otros autores que, con el paso del tiempo, se ganarían la condición de clásicos. Gonzalo Torrente Ballester (1910-1999), más conocido por la trilogía *Los gozos y las sombras* (1957-1962), presentó *Javier Mariño* en 1943, aunque la obra fue retirada por obscena. El amor del fascista Javier Mariño por una aristócrata comunista que vive en París no encontró su momento entonces, y menos aún ahora.

En plena madurez, Torrente se revelaría como un escritor fresco, juvenil, que en *La saga/fuga de J. B.*, publicada sólo tres años antes de la muerte de Franco, puso en danza su provechosa asimilación de Joyce y Faulkner para contarnos el enfrentamiento entre los Barallobre y los Bendaña en la imaginaria Castroforte del Baralla, una ciudad gallega de vértigo.

Miguel Delibes (1920-2010) empezó su carrera literaria con mejor pie. *La sombra del ciprés es alargada* (1948), una novela de aprendizaje sobre el temor a la muerte, se alzó con el premio Nadal. «Mediocre» y «balbuciente» en palabras de su autor, insinuaba no obstante la fuerza que pertrecharía sus siguientes libros, sobre todo a partir de *El camino* (1950). Las aventuras de Daniel el Mochuelo, un

Miguel Delibes recreó en su última novela, *El hereje*, la Valladolid del siglo XVI, que hoy puede patearse merced a una detallada ruta que nos brinda la ciudad. En la imagen, una placa del escritor en la bulliciosa calle de Santiago.

chaval de once años que pronto dejará la aldea para irse a estudiar a la ciudad, ofrecen muchas de las claves de la obra del vallisoletano: la infancia como territorio mítico, la defensa de la naturaleza, la fidelidad a los recuerdos (en este caso a los paisajes de La Montaña y, concretamente, al municipio de Molledo, donde el autor solía veranear de niño).

Junto con Cela, Delibes fue el gran referente de la novela española de la segunda mitad del siglo XX y eterno candidato al premio Nobel, el único que se le resistió en una carrera de fondo por la que fue reconocido con el Príncipe de Asturias, el Nacional de las Letras o el Cervantes, entre otros.

Sus obsesiones –la muerte, la infancia, el prójimo y la dialéctica campo-ciudad– se repiten de un modo u otro en todas sus obras, desde *El camino* hasta *El hereje*, pasando por *Diario de un cazador*, *Las ratas*, *Cinco horas con Mario* o *Los santos inocentes*. Delibes fue un intelectual a pie de calle, un adalid de la conciencia y el humanismo que en sus libros planteaba los eternos dilemas del hombre, su pertinaz desasimiento, siempre desde una perspectiva ética y compasiva.

Estilista del castellano, con su muerte desapareció, irremediablemente, no sólo un léxico, sino también una manera de decirlo.

Y, amén de un artesano de la ficción, fue también un magnífico periodista. Entre 1958 y 1963, dirigió *El Norte de Castilla*, periódico en el que había ingresado como caricaturista; y fue precisamente su insobornable libertad y el respeto que a sí mismo se tenía lo que le llevaron a presentar su dimisión de ese cargo, por sus constantes enfrentamientos con la censura, que no podía aceptar sus denuncias sobre el abandono del medio rural castellano. En 1985, el autor recordaba que las autoridades le habían prohibido informar del descarrilamiento de un vagón cargado de naranjas en Venta de Baños…

Tras la muerte en 1974 de su esposa, «la mejor mitad de mí mismo», que le había aficionado a la lectura allá en la década de los cuarenta, Delibes guardó silencio durante varios años y volvió a la carga con *El disputado voto del señor Cayo*, sobre las elecciones de 1977, punto de partida de una nueva etapa que clausuró con *El hereje* en 1998, otro monumento de su inimitable prosa castellana que llegó a vender ¡noventa mil ejemplares en sólo tres días! El llorado crítico Ricardo Senabre la definió como «una novela limpiamente escrita, con una prosa que rezuma autenticidad y precisión y que sin alardes constructivos, con una división tripartita clásica, nos reconcilia con la literatura».

Otras voces

Tras la Guerra Civil se publicaron otras novelas que esquivan el concepto tradicional de «literatura de posguerra», aquella que, con un tono realista y próximo al existencialismo, retrató la larga travesía en el desierto de los españoles en la época de la autarquía, la de la soledad y el hambre. Entre ellas, podríamos hablar de *Mariona Rebull* (1944), de Ignacio Agustí (1913-1974), un abigarrado tapiz realista de la burguesía catalana que principiaría el ciclo novelesco de *La ceniza fue árbol*; o *La úlcera* (1948), de Juan Antonio de Zunzunegui (1900-1982), quien, por cierto, «heredó» el sillón de la Real Academia de su maestro Pío Baroja en 1957.

Mientras tanto, extramuros, la literatura «peregrina» del exilio crecía en valor e intensidad. Es imposible «entendernos», tanto histórica como moralmente, si no leemos antes el *Réquiem por un campesino español* (1960), de Ramón J. Sender (1901-1982), que en 1953 apareció con el título *Mosén Millán*, sobre la carga que arrastra un párroco de pueblo por su responsabilidad en la muerte de un feligrés. O *La forja de un rebelde* (1941-1944), trilogía autobiográfica de Arturo Barea (1897-1957), publicada primero en inglés, prohibida en nuestro país hasta la muerte de Franco, y cuya última parte, *La llama*, constituye un documento excepcional para conocer la verdad de la Guerra Civil desde la experiencia inmediata de un republicano. O *El laberinto mágico*, de Max Aub (1903-1972), un ciclo compuesto por las novelas *Campo cerrado* (1943), *Campo de sangre* (1945), *Campo abierto* (1951), *Campo del moro* (1963), *Campo francés* (1965) y *Campo de los almendros* (1968). O las novelas de dictador de Francisco Ayala y las intelectuales de Rosa Chacel (1898-1994), quien afirmó que, para ella, el exilio había sido «un premio». Desde México, el poeta León Felipe (1884-1968) lanzó, a modo de resumen, este lamento: «¡Qué lástima que yo no tenga una patria!».

La prosa de la Generación del 50

La Generación del 50, o de los niños de la guerra, abraza a los autores nacidos en los años veinte del pasado siglo, que rondaban la treintena cuando empezaron a publicar. El crujido de *La colmena*, de Cela, o de *La noria* (1951), de Luis Romero (1916-2009), otra novela de técnica caleidoscópica que cuenta un día en la vida de Barcelona a través de varias decenas de personajes, infunde a los jóvenes la idea de armar una literatura comprometida con los problemas de su tiempo.

Son hijos de buena familia, burgueses, con estudios universitarios, esencialmente urbanos y concentrados en Madrid y Barcelona. Su afán de experimentación no enturbia la claridad de ideas. Conocen a Joyce y Faulkner, pero no los han leído lo suficiente –salvo en los casos de Martín Santos y Juan Benet– como para que ejerzan una influencia muy acusada sobre ellos. Las novelas del grupo de los 50 se apegan a la realidad de su tiempo, son de contenido social y retratan una España concreta, la de la dictadura, pero ya sin la crudeza de la década anterior. Las circunstancias han cambiado.

En Italia, lejos del acartonamiento que había definido el cine del fascismo, Vittorio de Sica, Roberto Rossellini, Luchino Visconti o el primer Fellini rodaron la tristeza cotidiana del pueblo anónimo, trabajadores, niños o jubilados con una pensión miserable, con un tono documental y, preferentemente, actores no profesionales para acentuar el realismo de la narración. Esa corriente, llamada «neorrealismo», se extendería a la literatura que estudiamos ahora, como si creadores de distintas disciplinas asumieran su particular «contrato social» en esos años de derrota («nunca en doma», como precisaría el poeta Claudio Rodríguez).

Fue ese el caso de Rafael Sánchez Ferlosio (1927), el único autor español contemporáneo seleccionado por el crítico José María Castellet en *La hora del lector* (1957), un ensayo en el que bosquejaba unas «notas para una iniciación a la literatura narrativa de nuestros días». Su novela *Industrias y andanzas de Alfanhuí* (1951) reivindica la picaresca en pleno siglo XX y rasga el velo de un incipiente realismo mágico, que luego «usurparían» los autores del *boom* latinoamericano. A su vez, *El Jarama* (1955), otro merecido premio Nadal, aprovecha la excursión de unos muchachos por ese río de Madrid para clavar el habla de toda una generación. Tanto su tono documental como la condición de sus protagonistas encajarían en el concepto de la novela neorrealista.

Al igual que Ferlosio, Ignacio Aldecoa (1925-1969) tomó también el pulso de la calle. No era un escritor de despacho, sino de atmósfera y, antes de escribir *El fulgor y la sangre* (1954), novela sobre la angustia de cinco mujeres que ignoran cuál de sus maridos, guardias civiles, ha muerto en acto de servicio, recorrió los pueblos de España en compañía de su amigo, el también escritor Jesús Fernández Santos (1926-1988), autor de *Los bravos* (1954), para entender mejor a sus personajes. «La espera —leemos en sus páginas— está hecha de una vaga sensación de desamparo». Tras esa obra de salutación y acabada madurez, Aldecoa publicaría tres novelas más, *Con el viento solano* (1956), *Gran Sol* (1957) y *Parte de una historia* (1967), además de soberbias colecciones de relatos, género, este último, en el que también brillaría su coetáneo y amigo Medardo Fraile (1925-2013).

El fulgor y la sangre resultó finalista del premio Planeta, junto con el Nadal uno de los termómetros más fiables para medir la salud literaria del país en esos años. La ganadora de esa edición fue Ana María Matute (1925-2014) con *Pequeño teatro*. A lo largo de su vida, esta «niña de la guerra» sembró de belleza las páginas de sus novelas y cuentos. Como sus hermanos de generación –los citados Cela, Delibes, Aldecoa, Sánchez Ferlosio, Laforet o la gran Carmen Martín Gaite (1925-2000)–, Matute practicó un realismo apegado a las muchas penas de su tiempo, pero no le añadió ningún propósito testimonial. Le dolía la infancia, desvalijada por los piratas feos de la guerra. «Nadie nos había informado de nada y nos encontramos formando parte de un lado o de otro», apuntó la escritora, que bautizó a los cachorros de su generación con el adjetivo «asombrados». Ana María hizo suyo el «érase una vez» de los hermanos Grimm, Perrault y Andersen, y del trauma inevitable de la guerra, que lastima títulos como *Primera memoria* (1961), *Los soldados lloran de noche* (1964) o *La trampa* (1969), la escritora ejecutó un salto sin red a la pura fábula, manifestada a partir de *La torre vigía* (1971) y que alcanzó su cénit con la maravillosa *Olvidado Rey Gudú* (1996).

Nacido en esos mismos años, el psiquiatra Luis Martín Santos (1924-1964) fue amigo de muchos de los autores de esta generación, pero el albur cronológico no bastaría en este caso para adscribirlo a la familia de los 50. Su novela *Tiempo de silencio* (1961) es una rareza en el panorama editorial de entonces, casi un cisma respecto al realismo social imperante. La huella de Joyce es incuestionable en su texto, como la de Faulkner lo fue en la obra de Juan Benet (1927-1993), otro hijo del «calendario» de los 50 cuyo proyecto narrativo, sin embargo, no siguió el

Juan Goytisolo recibió el premio Cervantes en 2014 en atención a «su voluntad de integrar a las dos orillas, a la tradición heterodoxa española y por su apuesta permanente por el dialogo intercultural», entre otras razones.

camino de sus hermanos de armas. Las obras de Benet, como la mítica *Volverás a Región* (1967) o *Una meditación* (1970), no son de fácil lectura, pero la fascinación de su estilo sigue ejerciendo una suerte de hechizo sobre los lectores más valientes.

A modo de cierre, los cachorros de la generación del medio siglo, Juan Goytisolo (1931) y Juan Marsé (1933) han mantenido unas trayectorias impecables hasta nuestros días, muy crítica la primera con la historia de España, e irónica y evocadora de la posguerra en Barcelona la segunda. *Señas de identidad* (1966) y *Reivindicación del conde Don Julián* (1970) son los títulos más notables de Goytisolo, mientras que *Últimas tardes con Teresa* (1966) y *Si te dicen que caí* (1973) sirven como buenas aproximaciones a la obra de Marsé.

UN ESCRITOR SECRETO

Como observamos al final del libro, son muchos los autores que se escapan al encasillamiento que exige un manual de este tipo. Lo malo de exponer una regla es que, a menudo, las excepciones se quedan fuera. Pero sería imperdonable obviar aquí la figura de uno de los escritores más grandes, y paradójicamente más «pequeños», de nuestras letras: José Jiménez Lozano (1930).

Alejado de las tendencias y las muchedumbres, José Jiménez Lozano ha consumado una obra para minorías, cuya entidad supo valorar el jurado del premio Cervantes en 2002.

Ni siquiera el premio Cervantes en 2002 sirvió para sacarlo de las tinieblas del anonimato, lo que tampoco importa mucho. Jiménez Lozano vino a decir una vez que sólo aspiraba a que sus libros se encontraran con alguien «en un plano de intimidad profunda, de apasionamiento, de compañía». Stendhal dedicó *La Cartuja de Parma* «a la inmensa minoría», que hoy es la que goza también con los ensayos, las novelas, los relatos, las poesías y los diarios de este abulense que pasó su infancia, al igual que tantos hijos de aquella época, entre los relatos de los vencedores y los vencidos.

Tras su jubilación en 1995 como director de *El Norte de Castilla*, el ritmo de su producción se aceleró y, en los últimos veinte años, el humanismo de su mirada ha cromado la inteligencia inoxidable de sus lectores. Su escritura, realista, invita siempre a una indagación más profunda de la apariencia, consciente de que, sin esa «ventana abierta a lo que no es, resulta pura banalidad o caña hueca». *El grano de maíz rojo* o *Los cuadernos de Rembrandt* se cuentan entre sus mejores títulos.

LA POESÍA SOCIAL

Durante la posguerra, los poetas podían ser «garcilasistas» o adherirse al realismo social, y cada grupo contaba con su propia revista, *Garcilaso* o *Escorial* para los primeros y *Espadaña* para los segundos. Dámaso Alonso decía que aquellos se expresaban «con una luminosa y reglada creencia en la organización de la realidad», y que los otros, entre los que se incluía él, veían el mundo como «un caos y una angustia» y la poesía como «una frenética búsqueda de ordenación y de ancla».

Si la poesía del arraigo huele a los versos de Leopoldo Panero (1909-1962), Luis Felipe Vivanco (1907-1975) o José García Nieto (1914-2001), su opuesta hospedó a gentes como Ramón de Garciasol (1913-1994), Leopoldo de Luis (1918-2005), Vicente Gaos (1919-1980), Blas de Otero (1916-1979) y Gabriel Celaya (1911-1991). Fueron, estos últimos, las voces lacerantes de un existencialismo que respiraba por la herida de la guerra y se dolía por la suerte de cada individuo, en obras perplejas y arrebatadas, donde las invocaciones a Dios se perdían en el desierto. La poesía social era esencialmente antropocéntrica, no le importaba otro paisaje que la carne del hombre ni otro latido que no protestara en su corazón.

Blas de Otero constituyó la voz más desgarrada de la lírica social de los años cincuenta. Inauguró la década con *Ángel fieramente humano*, a la que siguieron *Redoble de conciencia* (1951), *Pido la paz y la palabra* (1955) o *Ancia* (1958), y resumió sus aspiraciones con esta frase: «demostrar hermandad con la tragedia viva». Acosado por la censura, residió varios años fuera de España y pasó por distintas fases en su creación poética. El silencio de Dios, el amor, la libertad o el compromiso fueron algunos de sus temas predilectos.

Gabriel Celaya acuñó el verso más famoso del movimiento social de los cincuenta: «La poesía es un arma cargada de futuro». En sus versículos, el hernaniense maldijo a los poetas de la evasión, que no tomaban «partido hasta mancharse», en una época en la que a su juicio era necesario hacerlo. Poesía, pues, como herramienta política de quien, durante la Guerra Civil, lucharía en el bando republicano. En los años treinta, Celaya compartió tertulia con Federico García Lorca en un sótano del desaparecido café *Lyon* de Madrid, que frecuentaban también los fundadores de Falange: «Nos conocíamos todos y nos insultábamos, pero era todo como un juego [...]. Esto sería el año 1934. No había hostilidad». Después de insultarse, todos se tomaban una cerveza en el bar del teatro Alcázar.

¿Ética o estética?

José Hierro (1922-2002) devoró la antología de Gerardo Diego, su «padre espiritual», en la cárcel donde estuvo preso cuatro años, al término de la Guerra Civil, y publicó sus dos primeros libros de poesía en 1947: *Tierra sin nosotros* y *Alegría*. Durante los años cincuenta, adoptó el grito de la poesía social, pero siempre con una personalidad propia, más intimista y melancólica que la de sus hermanos de generación; lo abrigaban los ecos de Juan Ramón Jiménez y Antonio Machado. Él mismo dividió sus poemas en dos categorías: «reportajes» y «alucinaciones», los primeros directos y narrativos, y los segundos, envueltos «en niebla». Tras la publicación del *Libro de las alucinaciones* (1964), guardó un silencio poético de veintisiete años, que rompió en 1991 con *Agenda*. *Cuaderno de Nueva York* (1998) que fue su mayor éxito.

A José Hierro le volvía «loco» que compararan el ritmo de su poesía con el ritmo del caminar, y ese elogio podría vestir también los poemas del zamorano Claudio Rodríguez (1934-1999). Militante comunista durante veinte minutos, escribió apenas cinco libros. Por el primero, *Don de la ebriedad* (1953), recibió el premio Adonáis, y con *Alianza y condena* (1965) mereció el de la Crítica. En su vida conoció la viscosidad de las sombras —huérfano de padre a temprana edad, su hermana fue asesinada a los veintiocho años y pasó por grandes apuros económicos—, pero su poesía fue luminosa como el cielo de Castilla, que él recorrió por debajo. Andariego y precoz, publicó su primer poema a los catorce años en las páginas de un periódico y, aunque el término no le agradara, con el paso del tiempo se convirtió en el místico de nuestras letras del siglo XX.

El poema inaugural de *Don de la ebriedad* es, posiblemente, el Everest de la generación del 50:

> Siempre la claridad viene del cielo;
> es un don: no se halla entre las cosas
> sino muy por encima, y las ocupa
> haciendo de ello vida y labor propias.
> Así amanece el día; así la noche
> cierra el gran aposento de sus sombras.
> [...]
> Si tú la luz te la has llevado toda,
> ¿cómo voy a esperar nada del alba?

La antología de Francisco Ribes *Poesía última* (1963) recopiló algunos de sus poemas, y también los de otros autores de su generación: Ángel González (1925-2008), Eladio Cabañero (1930-2000), José Ángel Valente (1929-2000) y Carlos Sahagún (1938-2015).

«González era un ángel menos dos alas», según su amigo el cantante Joaquín Sabina. La poesía social y la amorosa se baten en un duelo de ternura perpetuo, en el que, al final de cada jornada, sale triunfante la belleza. La muerte de su padre en 1926, la Guerra Civil y la tuberculosis fueron tres altos dolorosos en su primer camino, a los que respondió con un poemario introspectivo y franco, *Áspero mundo* (1956), en el que se describió como:

> [...] un escombro tenaz, que se resiste
> a su ruina, que lucha contra el viento,
> que avanza por caminos que no llevan
> a ningún sitio.

En *Palabra sobre palabra* (1965), manda el amor, suficiente para que el mundo exista. Tras pasar varios años en el extranjero, impartiendo clase en distintas universidades, España lo coronó con los mayores laureles, y en 2001 publicó *Otoño y otras luces*, una de cuyas partes lleva por

Breve historia de la Literatura española

título *Glosas en homenaje a C. R.* No se refería a ningún futbolista, claro.

El orensano José Ángel Valente tributó a la poesía el peaje necesario de la metafísica, la de san Juan de la Cruz y Paul Celan, la de la Cábala judía, la mística sufí y el haiku oriental, pasado por el cedazo de su maestra María Zambrano (1904-1991), de la que luego se distanció. Todas sus obras, hasta su postrera *Fragmentos de un libro futuro* (2000), son una indagación de lo sagrado, de lo invisible, una oscura exploración que emprendió ya en su primer poema: «Cruzo un desierto y su secreta / desolación sin nombre», quevedesco pórtico del libro *A modo de esperanza* (1955), que mereció el premio Adonáis. Valente fue, además, uno de los responsables de *Las ínsulas extrañas. Antología de poesía en lengua española (1950-2000)*, más famosa por sus omisiones que por sus rescates. Gabriel Celaya, Carlos Bousoño, José Hierro, Ángel González y José Agustín Goytisolo (1928-1999) se quedaron fuera del florilegio.

Hermano de los novelistas Juan y Luis, José Agustín fue uno de los más eximios representantes de la Escuela de Barcelona, junto con Carlos Barral (1928-1989), más conocido como editor, y Jaime Gil de Biedma (1929-1990), fiados por el influyente crítico literario Josep María Castellet (1926-2014), autor de sendas antologías, *Veinte años de poesía española* (1960) y *Nueve novísimos poetas españoles* (1970), que sellarían el destino de la poesía española en la segunda mitad del siglo xx. Goytisolo, como la mayor parte de la juventud de su tiempo, comprendió la fatiga del garcilasismo y las formas neoclásicas en el contexto social de su tiempo, y manifestó que «el fenómeno de la creación literaria no puede entenderse si se considera aislado de su función social». En sus libros conviven, pues, lo ético y lo estético; y, gracias a su habilidad, el panfleto no tiene razón de ser, ni los aderezos

259

La pasión por la obra de Jaime Gil de Biedma se renovó veinticinco años después de su muerte con la publicación de sus *Diarios 1956-1985*, inéditos hasta 2015.

camuflan la honestidad del cuerpo. Su poema más conocido, *Palabras para Julia*, constituye una lección vital para su hija, a la que anuncia: «Tu destino está en los demás / tu futuro es tu propia vida / tu dignidad es la de todos».

Jaime Gil de Biedma (1929-1990) publicó su primer libro, *Según sentencia del tiempo* (1953), con el hálito de la poesía pura de Jorge Guillén, y *Compañeros de viaje* (1959), el segundo, dentro de las coordenadas de la poesía social y el ya afilado acento de su autobiografía. «Un libro de poemas —dijo— no viene a ser otra cosa que la historia del hombre que es su autor». Su figura se agigantó en los años sesenta, con una poética aún más personal, en la que se advierten la influencia del romanticismo inglés y de su mejor intérprete en España, Cernuda. En el poema final de *Moralidades* (1966), Gil de Biedma define la poesía como «un ángel abstracto / y, como todos ellos, / predispuesto a halagarnos» y el arte como «el resultado / de mucha vocación / y un poco de trabajo». *Poemas póstumos* (1968) entierra prematuramente a su autor, que luego reunirá su obra completa en la mítica *Las personas del verbo*. El distanciamiento, la ironía y la desesperación por el paso de los años definen los sucesivos «autorretratos» de sus postrimerías.

Mención aparte merece José Manuel Caballero Bonald (1926), un poeta y prosista desbordante, que se dio a conocer en su primera faceta con *Las adivinaciones* (1952) y convenció a crítica y público con sus novelas *Dos días de septiembre* (1962) y *Ágata ojo de gato* (1974). Su último libro, *Desaprendizajes* (2015), completa el «testamento» vital de *Entreguerras* (2012), nada menos que tres mil versículos de un superviviente que concluye su cántico con la palabra «Vida».

EL TEATRO DESPUÉS DEL 36

En 1939 los españoles no estaban (ni se les esperaba) en el teatro. La lenta reconstrucción del país y el feroz y represivo asentamiento del régimen franquista abortaron cualquier tentativa que se saliera de los cauces fijados por la censura. El pueblo le dio la espalda y las pantallas de cine reemplazaron su magia.

La escena de los años cuarenta se alimentó con las ingeniosas pero inofensivas comedias a la manera de Benavente firmadas por José María Pemán, Juan Ignacio Luca de Tena o Joaquín Calvo Sotelo. Junto a ellos el humor de Enrique Jardiel Poncela y Miguel Mihura siguió deleitando al público, pero lejos ya de los resonantes aplausos que ambos habían cosechado poco antes de la guerra. Jardiel murió joven, a los cincuenta años, y en la etapa final de su vida no levantó cabeza, muchas veces por circunstancias ajenas a su inmenso talento. Mihura tuvo más suerte.

El estreno de *Historia de una escalera* en 1949 fue el punto de inflexión que necesitaba este arte para seguir avanzando, y Antonio Buero Vallejo, su autor, se convirtió a partir de esa fecha en la figura teatral más sobresaliente de la segunda mitad del siglo xx.

El teatro realista y social se hizo un hueco en los años cincuenta y los dramaturgos aprendieron a sortear la censura. La progresiva apertura internacional de nuestro país y el lavado de cara del régimen impulsaron en los años sesenta una producción más atenta a Europa, que coqueteaba con la experimentación y la búsqueda de nuevos lenguajes, aunque el público no siempre la comprendiera.

Como cualquier manifestación artística, el teatro nos permite reconstruir la historia reciente de España con todas sus servidumbres: del escapismo de los primeros años al testimonio de esa anomalía llamada dictadura, que trataba de poner un bozal a los creadores para que no ladraran más de la cuenta; de las tradicionales comedias de salón a la visión comprometida de una realidad muy poco edificante. He aquí a sus principales artífices, presentados por el director de escena que mejor los comprendió, Gustavo Pérez Puig.

De Mihura a Buero

Los manuales canónicos de historia de la literatura señalan que el estreno en 1952 de *Tres sombreros de copa,* de Miguel Mihura, en el Teatro Español de Madrid, fue uno de los grandes acontecimientos de la escena de la segunda mitad del siglo XX. Como dijimos en el recuadro sobre la otra generación del 27, Mihura había escrito la obra veinte años antes, pero no la estrenó en su momento ante la sospecha de que el público no estaba aún maduro para esa clase de humor. El responsable del montaje fue un jovencísimo Gustavo Pérez Puig (1930-2012), que, como director de escena, preparó el camino por el que luego se movieron los grandes clásicos del teatro de la segunda mitad del siglo XX.

Apenas un año después, Pérez Puig volvió a triunfar, esta vez con la puesta en escena de *Escuadra hacia la muerte* en el Teatro María Guerrero (Madrid), que confirmó a Alfonso Sastre (1926) como otro de los valores indiscutibles de nuestro teatro. La obra, que no tardó en ser prohibida por su antimilitarismo, expone el drama de cinco soldados que se rebelan contra un poder atrabiliario en el curso de una hipotética Tercera Guerra Mundial. En 1954, Sastre volvió a incomodar a las autoridades con *La mordaza*, la historia de un déspota que mata a un hombre con la forzosa complicidad de su familia, amordazada por el tirano a causa del miedo o la servidumbre infranqueable de la sangre.

En 1960, el autor sostuvo una viva polémica con Antonio Buero Vallejo (1916-2000) a propósito del «posibilismo». Para el segundo, lo importante era estrenar en España, acatando ciertas normas, con el fin de cambiar el sistema desde dentro, aunque algunos lo interpretaran como colaboracionismo. Sastre, en cambio, afirmaba que, en ausencia de libertad, los autores debían escribir «como si la hubiera». Aunque *La mordaza* fuera un ejemplo de «posibilismo», con los años Sastre fue radicalizando su postura, tanto artística como políticamente.

Nacido en Guadalajara en 1916, los primeros balbuceos literarios de Antonio Buero Vallejo merecieron un premio en 1932, aunque la obra laureada, *El único hombre*, permaneció traspapelada hasta 2001. Durante los convulsos años treinta, su padre tomó partido por el republicanismo de izquierdas, mientras él se inclinaba hacia el marxismo, si bien no llegó a afiliarse a ningún partido en aquel momento. Tras estallar la guerra, su padre, capitán del Ejército, fue detenido y ejecutado en diciembre de 1936 por su supuesta adhesión al golpe de Estado. Buero se trasladó a Benicasim (Castellón), y allí conoció y se hizo amigo de Miguel Hernández. Al finalizar la contienda, fue condenado a muerte en un juicio sumarísimo. Por fortuna, la condena le fue conmutada por pena de prisión y, tras obtener la libertad condicional, fijó su residencia en Madrid, donde se distanció del Partido Comunista, al que finalmente se había afiliado.

Su primera obra dramática vio la luz en 1946 con el título *En la ardiente oscuridad*. Pero, sin lugar a dudas, su pieza más conocida, aquella que revolucionó la escena española y por la que pasaría a la posteridad, fue *Historia de una escalera*, publicada dos años más tarde. El éxito de esta obra sobre la frustración de la clase media –avalada por el premio Lope de Vega– fue tan descomunal que hizo que el *Tenorio* suspendiera sus tradicionales funciones de noviembre para dejar paso a esta. Uno de los personajes, Fernando hijo, clamaba en la obra: «Tenemos que ser más fuertes que nuestros padres. Ellos se han dejado vencer por la vida. Han pasado treinta años subiendo y bajando esta escalera… Haciéndose cada día más mezquinos y más vulgares. Pero nosotros no nos dejaremos vencer por este ambiente».

En los años cincuenta, la actividad creadora de Buero Vallejo creció en cantidad y calidad, pero afrontó diversos problemas con la censura; en 1954, la Dirección General de Cinematografía y Teatro prohibió su obra *La aventura de lo gris*, así como su personalísima versión de *El puente*, del argentino Carlos Gorostiza. Su mayor éxito de público le sobrevino en 1960 con *Las Meninas*, dirigida por José Tamayo.

Tres años más tarde, renunció a ingresar en el Consejo Superior de Teatro. El régimen veía en él a una figura molesta, contestataria —¿cómo olvidar el argumento de *La doble historia del doctor Valmy*, sobre la tortura infligida a los presos políticos?— y, en 1966, el dramaturgo se marchó temporalmente a Estados Unidos. En 1972, ingresó en la Real Academia Española con un texto sobre García Lorca y el esperpento y cosechó un éxito tras otro con sus obras, la última de las cuales, *Misión al pueblo desierto*, fue estrenada en 1999 bajo la batuta, cómo no, de Gustavo Pérez Puig.

Premio Cervantes en 1986 y Nacional de las Letras diez años más tarde, falleció en Madrid en 2000. El periodista Luis María Anson declaró que su muerte suponía la desaparición de «la primera figura del teatro español desde Calderón de la Barca».

Otros nombres de la antigua farsa

Junto a Alfonso Sastre y la figura benemérita de Buero Vallejo, el teatro posterior a 1936 nos descubrió a personalidades de la talla de José María Rodríguez Méndez (1925-2009), autor de *Bodas que fueron famosas de Pingajo y la Fandanga* y *Flor de otoño*, entre otras; Lauro Olmo (1921-2004), cuya obra maestra, *La camisa*, habla de la miseria del Madrid de las chabolas; José Martín Recuerda (1926-2007), creador de *Las salvajes en Puente San Gil*; o Francisco Nieva (1924), una de nuestras voces más enérgicas, para quien el teatro «es vida alucinada e intensa». En 1971, un censor, por lo demás excelente periodista, escribió lo siguiente en su informe sobre la obra *Malditas sean Coronada y sus hijas*: «Es casi imposible sacar en limpio una línea argumental coherente. Todo es un gran guiñol, donde cierto automatismo de frases pudiera hacerla peligrosa, y en donde las excrecencias de mal gusto, sádicas o eróticas no permiten controlar los efectos de las situaciones y de la acción».

Igual de «travieso» e inconformista, Fernando Arrabal (1932) es otra de las figuras irrefutables del teatro español contemporáneo, autor de más de un centenar de obras inclasificables, geniales, poseedoras de esa «voz propia» que, en palabras de Cela, «es la condición indispensable para poder hacerse un sitio en ese *confuso limbo* de los injustos que se llama el Parnaso». Fundador en 1963 del Grupo Pánico, junto con Alejandro Jodorowsky y Roland Topor, entre sus obras podemos citar *Picnic en el campo de batalla*, *El arquitecto y el emperador de Asiria* y *Carta de amor (como un suplicio chino)*.

10

Un cóctel de generaciones: balance final

En realidad, siempre ha sido así, pero ahora, en el momento presente, lo vemos más claro. Una generación no hace borrón y cuenta nueva con el pasado, sino que convive con él, aprende de sus aciertos y sus errores, toma lo que le interesa y descarta todo lo demás.

La literatura de la democracia ha transitado por caminos diversos. Camilo José Cela, por ejemplo, no dejó de tantear las posibilidades que le ofrecía la arquitectura narrativa, que desde principios del siglo XX se había dotado de nuevas «armas» o técnicas. *Mazurca para dos muertos* (1983) fue la primera parte de la trilogía gallega de su autor, que clausuraría con su última novela, *Madera de boj* (1999). Entre medias, el porfiado salto sin red de nuestro último premio Nobel (si exceptuamos a Mario Vargas Llosa), que, con un estilo inconfundible, sonaba siempre diferente.

No es el tema de este libro, pero, ya que menciona-mos a Mario Vargas Llosa –que este año ha publicado su última novela, *Cinco esquinas*–, no podemos ignorar aquí los vasos comunicantes entre las literaturas transoceáni-cas, más claros aún si recordamos que nuestro país fue la principal puerta de entrada a los escritores del *boom*, muchos de los cuales vivieron aquí, publicaron aquí sus libros, fueron premiados en «nuestros» certámenes literarios o ennoblecieron el catálogo de agentes como la barcelonesa Carmen Balcells (1930-2015). Fue el caso del colombiano Gabriel García Márquez (1927-2014), autor de la prodigiosa *Cien años de soledad*, que todavía hoy conmueve a los lectores de todo el mundo con la historia de una familia, los Buendía, en el ficticio pueblo de Macondo. ¿Acaso algún autor ha podido sustraerse al hechizo de su prosa, o de la de Vargas Llosa, Julio Cortázar (1914-1984), Carlos Fuentes (1928-2012) y los demás autores del *boom*?

La nueva narrativa española

Junto con los veteranos Cela, Torrente y Delibes, ya mencionados en estas páginas, coexistieron los autores de la generación del 50, que, tras la instauración de la demo-cracia, o en los años inmediatamente anteriores a la muerte de Franco, publicaron algunos de sus mejores títulos, por ejemplo *El gran momento de Mary Tribune* (1972), de Juan García Hortelano. A ellos habría que añadir la lista, extensísima, de la llamada «nueva narrativa española», que se hizo fuerte en plena democracia. Sus miembros, salvo aquellos que nos han ido dejando prematuramente, son los mismos a quienes la crítica rinde honores con cada nuevo título –la experiencia suele ser un grado– y a quienes los lectores premian con su fidelidad.

La literatura alumbrada durante la democracia, la de la nueva narrativa española, es inaprehensible. Sus tendencias son tan diversas como la personalidad de sus autores. Si en los años setenta el experimentalismo siguió orquestando una deconstrucción de las formas tradicionales, la consolidación de la democracia, tras el desasosiego que hizo tambalearse el «régimen» de la Transición a finales de los setenta y primeros de los ochenta, forjó a una generación de autores que interrogaba al pasado en busca de respuestas a su presente.

Podemos encontrar, así, una literatura a caballo entre lo sentimental y lo político, que reproduce las carencias y las aspiraciones de una sociedad perdida, que se hizo mayor durante la democracia. La memoria instaura una novela de fondo introspectivo, que se abstrae en la melancolía o el calor de las emociones, así en *La lluvia amarilla*, de Julio Llamazares (1955), o *El jinete polaco*, de Antonio Muñoz Molina (1956), dos títulos fundamentales de este período, publicados con apenas tres años de diferencia, en 1988 y 1991 respectivamente.

Pero, junto a esa tendencia, la prosa que demarca la última literatura española acepta también los desafíos de la literatura de género, con clara propensión hacia lo policiaco. El mismo Muñoz Molina, en *El invierno en Lisboa*, o Eduardo Mendoza (1943), experto en mezclar en un mismo párrafo lo picaresco con lo negro, lo histórico con lo folletinesco, sirven como botones de esta muestra. La literatura erótica gozó también de gran predicamento gracias al premio de novela La Sonrisa Vertical, convocado por la editorial Tusquets, que en 1989 reconoció la novela de Almudena Grandes (1960) *Las edades de Lulú*, luego adaptada al cine.

De algún modo, la literatura a partir de 1975 es un interrogante en sí mismo. A veces se pregunta por su propia razón de ser (las metaficciones de los hermanos

Juan y Luis Goytisolo, imbricadas en un discurso de la posmodernidad tan realista como desencantado), a veces por la historia de España (*Soldados de Salamina*, de Javier Cercas) o, en ocasiones, por los laberintos de la realidad, con el recurso de la ciencia ficción practicado por José María Merino (1941), uno de los maestros del relato corto, en *Novela de Andrés Choz*.

Entre los que ya no están, Manuel Vázquez Montalbán (1939-2003) fue el creador del detective Carvalho, que hizo acto de presencia en *Yo maté a Kennedy* (1972) y protagonizó dieciocho novelas. El autor fue, además, uno de los *Nueve novísimos poetas españoles* de la antología de Castellet.

Rafael Chirbes (1949-2015) fue un escritor tardío, a quien le llovieron los elogios con sus últimas novelas, *Crematorio* (2007), sobre la especulación inmobiliaria, y *En la orilla* (2013), una pesimista visión de la España de la crisis (también este año hemos conocido su novela póstuma, *París-Austerlitz*). Su amigo Vázquez Montalbán dijo de él que era como «una isla que se esfuerza por serlo».

Un caso aparte fue Francisco Umbral (1932-2007), descubierto por Miguel Delibes en las páginas de *El Norte de Castilla*. Amarrado al duro banco de la columna diaria, fue uno de los periodistas más rutilantes del último cuarto del siglo xx. Marsé definió su prosa como «de sonajero», y, si es así, todos los lectores fuimos bebés embelesados en sus letras. Su producción literaria fue excesiva, descomunal, tanto que necesitaríamos algo más de una vida para leerla de principio a fin como merece. También podemos escucharla: era música. Su pasión se nubló tras la muerte de su hijo por leucemia, lo que de algún modo lo encastilló en una fortaleza literaria, una torre de marfil a la que tampoco costaba mucho derretir con la ternura de su mirada. Su libro más amado, *Mortal y rosa*, fue el reventón de dolor de un padre que había perdido a su hijo y conducía a volantazos por una carretera de pena e incertidumbre. *Las ninfas*, premio Nadal, fue un canto a la juventud, y *La noche que llegué al café Gijón* (que «puede que fuese una noche de sábado»), unas memorias palpitantes sobre un escritor, una ciudad y un país que empezaba a despertar. A su vez, *La leyenda del césar visionario* indaga en el papel de los intelectuales de la zona nacional durante la Guerra Civil. No se quedó ahí. Umbral fue poeta, biógrafo, ensayista... Excluido por la crítica oficial que repartía abrazos y sinecuras, poco a poco se sobrepuso a los tapabocas de turno y recogió los premios más prestigiosos de nuestras letras, entre ellos el Príncipe de Asturias y el Cervantes.

A juzgar por las casas de apuestas, si el día de mañana un novelista español ganara el premio Nobel de Literatura, este podría ser Eduardo Mendoza, Enrique Vila-Matas (1948) o Javier Marías (1951).

El primero es el autor de *La verdad sobre el caso Savolta* (1975) y *La ciudad de los prodigios* (1986), la primera sobre la Barcelona «gangsteril» del primer cuarto del siglo XX y la segunda sobre las exposiciones universales de 1888 y 1929 en esa ciudad.

Enrique Vila-Matas, gran maestro del ensayo-ficción, ha trazado a partir de *Historia abreviada de la literatura portátil* (1985) una coherente *summa* acerca del amor a la literatura y de las víctimas de esa pasión: los Bartleby que prefieren no hacerlo –no escribir– o aquellos otros que, como el narrador de *El mal de Montano*, se hacen carne en la misma literatura.

Finalmente, Javier Marías, hijo del filósofo Julián Marías y discípulo de Juan Benet («me enseñó a ver pintura, a oír música, a leer mejor»), lleva treinta años en la cima, prácticamente desde que ganara el premio Herralde con *El hombre sentimental* (1986). Tras la espléndida acogida de *Todas las almas* (1989), *Corazón tan blanco* (1992) y

271

Javier Marías es el escritor más apreciado por el *establishment* literario tanto dentro como fuera de España.

Mañana en la batalla piensa en mí (1994), publicó *Negra espalda del tiempo* (1998), una «falsa novela» o tal vez una falsa autobiografía –aunque el narrador sea él mismo– y, ante todo, un fabuloso juego de espejos, que devuelven la imagen de la ficción a la realidad que se mira en ellos…, y viceversa. Su proyecto más ambicioso, *Tu rostro mañana*, se publicó en 2009 en un solo volumen, tras la sucesiva aparición de sus tres tomos: *Fiebre y lanza* (2002), *Baile y sueño* (2004) y *Veneno y sombra y adiós* (2007). En 2012, el Ministerio de Educación, Cultura y Deporte le distinguió con el Premio Nacional de Narrativa por *Los enamoramientos*, que rechazó, disconforme con los premios oficiales.

La plantilla de la «nueva narrativa española» es inabarcable: Álvaro Pombo (1939), José María Merino, Luis Mateo Díez (1942), José María Guelbenzu (1944), Félix de Azúa (1944), Juan José Millás (1946), Vicente Molina Foix (1946), Soledad Puértolas (1947), Luis Landero (1948), Gustavo Martín Garzo (1948), Arturo Pérez-Reverte (1951) –que aficionó a la lectura a toda una generación con *Las aventuras del capitán Alatriste*–, Rosa Montero (1951), Andrés Trapiello (1953) –autor de una voluminosa colección de diarios, *Salón de pasos perdidos*–, Julio Llamazares, Almudena Grandes, Ignacio Martínez de Pisón (1960) o Antonio Muñoz Molina. Este último, Premio Príncipe de Asturias de las Letras, es autor, insistimos, de una de las mejores novelas del ocaso del siglo XX: *El jinete polaco* (1991), sobre el coraje del recuerdo.

¿HACIA UNA ODISEA DEL ESPACIO?

Nunca se ha publicado tanto como ahora. En el año 2014, se depositaron en la Biblioteca Nacional 48.755 libros –apenas un 0,5 % menos que en 2013– y 7.275 folletos. Tres de cada diez títulos –cerca de diecinueve mil– se podían integrar en el cajón de sastre de la literatura. Esas estadísticas contrastan, sin embargo, con lo poco que se lee en nuestro país. El treinta y cinco por ciento de los españoles no lo hace nunca o casi nunca y, según el Centro de Investigaciones Sociológicas (CIS), un cincuenta por ciento no pasa de los cuatro libros al año.

La saturación del mercado editorial es un fenómeno transparente, como lo es la concentración del sector en unas pocas manos (fundamentalmente Penguin Random House –Bertelsmann– y Planeta). Sin embargo, no por ello dejan de saltar a la arena nuevos sellos editoriales.

Más de tres cuartas partes de los libros que se publican en España son en papel, pero el *e-book* ha llegado para quedarse.

Junto a esta tendencia, hay que hablar de la consolidación –que no del despegue, como muchos se temían– de los libros digitales, que representan en torno al veinte por ciento de la producción total (considerando que los informes oficiales sólo contemplan los títulos con ISBN, este porcentaje sería mayor), y de la autoedición como alternativa para publicar.

Las tertulias en los cafés están de capa caída. Han sido reemplazadas por el púlpito de las redes sociales –fundamentalmente Facebook y Twitter– y por los blogs. A su vez, el crítico que se pronuncia desde las páginas de los suplementos culturales ha perdido relevancia en favor de los prescriptores de la red, lo que ha llevado a los primeros a tantear el terreno de los segundos.

En la nueva era interactiva, han sido muchos los autores que han impulsado su carrera a través de internet. Pero no hay que engañarse: la esencia de la literatura sigue siendo la misma que hace mil años, por lo que el manejo de las redes no faculta a nadie para escribir (bien), ni cabe confundir el número de «seguidores» con el de lectores. Es improbable, por lo demás, que el libro como códice desaparezca en el futuro para transformarse en un intangible, pero, si así fuera, la simplicidad de «subir» nuestras obras a una plataforma requerirá siempre una selección crítica *a posteriori* que establezca algún tipo de canon: si el único criterio para entrar en la «pléyade» fuera el del número de descargas, la literatura dejaría de existir como tal. Los nuevos soportes de lectura, incluido el teléfono móvil, han impuesto una suerte de zapeo intertextual al que podemos achacar la creciente falta de concentración en el ejercicio lector.

Las tendencias, en todo caso, son como las generaciones literarias, que están llenas de excepciones e incongruencias. Como es lógico, el lenguaje audiovisual se ha incorporado a la narrativa contemporánea, pero no hace falta recordar que, en 1929, Rafael Alberti escribió un poema titulado *Buster Keaton busca por el bosque a su novia, que es una verdadera vaca*. Hace cien años, Europa bullía con las vanguardias —alguna, como el ultraísmo, intrínsecamente española, como hemos visto—, mientras que hoy en día los movimientos de ruptura —desde la *Alt Lit* procedente de Estados Unidos, una narcótica literatura del hastío, al viejo *After Pop*— no es que sean marginales, pero no han trascendido a la moda. No son novedad sus penas y, tal como se decía de los políticos de antaño, nos enfrentamos a «los mismos perros con distintos collares», de cuero o nailon, de opio o de Xanax.

Por eso, si han llegado a esta página, sabrán que la «autoficción» no es un invento de ahora, sino que la practicaron Azorín o Unamuno sin darse tanto pisto. Que Truman Capote sea reputado como el padre del «nuevo periodismo» no quiere decir que, antes de los años sesenta, no se practicaran esos pasatiempos. Cambian los términos, se acuñan membretes nuevos, varía el lenguaje de la crítica, pero la soledad del escritor ante el folio en blanco es semejante a la que experimentaron nuestros antepasados.

Así las cosas, los cachorros de nuestras letras –entre los que no hay, que sepamos, un Tolstoi o un Proust: se conoce que la ambición ha decrecido– están haciendo lo único que pueden hacer: interpretar su presente sin necesidad, faltaría más, de enterrar el pasado. Lo fragmentario convive con lo lineal, la literatura policiaca con la introspección psicológica, el pueblo con la ciudad, la atmósfera más sugerente con el nombre exacto de las cosas, la Guerra Civil con las utopías futuristas, el compromiso con la ausencia de él… Todo lo cual despacha una literatura resbaladiza, que no podemos simplificar como antaño en una sola corriente, llámese esta «realismo» o «romanticismo».

CALEIDOSCOPIO NARRATIVO

Por eso, si quisiéramos trazar una perspectiva cabal de la literatura española del siglo XXI el resultado sería un juguete caleidoscópico, no porque los escritores sean géneros en sí mismos, sino porque se ha extinguido la conciencia generacional.

Vender palabras es mucho más difícil que vender coches. Quienes lo consiguen, quienes viven de esto, son, a menudo, notas insignificantes de una partitura llamada *marketing*, que activa sus resortes para lanzar al autor «promotable» de turno. Por supuesto, también hay creadores excepcionales, que han encajado con la sensibilidad de nuestros días sin pervertir su voz.

Desde finales del siglo XX, un grupo de escritores de lo más heterogéneo ha ido señalando título tras título los derroteros de la narrativa contemporánea: Javier Cercas (1962), Manuel Vilas (1962), Luisgé Martín (1962), Juan Francisco Ferré (1962), Pablo d'Ors (1963), Belén Gopegui (1963), Juan Bonilla (1966), Lorenzo Silva (1966), Ray Loriga (1967), Agustín Fernández Mallo (1967), Marta Sanz (1967), Marcos Giralt Torrente (1968), Juan Manuel de Prada (1970), Javier Calvo (1973), Unai Elorriaga (1973), Isaac Rosa (1974), Andrés Barba (1975), Alberto Olmos (1975), Joaquín Pérez Azaústre (1976), Use Lahoz (1976) o el hispano argentino Andrés Neuman (1977) son sólo algunos de ellos, forjadores de mundos en los que cabe todo: las sagas familiares, la historia, la política, el amor, el simple juego de contar…

Hijos de las antologías

Después de unos años de abatimiento, el género de la poesía ha conquistado de nuevo el gusto popular, y aquí las redes sociales han hecho su parte. Los lectores más jóvenes conectan con los versos que recitan en YouTube sus poetas preferidos o con las píldoras sentenciosas que publican en Twitter, a la que vez que interactúan con ellos en sus blogs.

Aquella inmensa minoría que presumía de dotes técnicas y profundos conocimientos literarios, que exigía un sello de pertenencia a la secta poética en boga –o unos halagos para franquear el acceso a ella– ha visto cómo unos tipos con mensajes sencillos les robaban su puesto en las listas de los más vendidos. Quizá estos nuevos trovadores no ganen nunca el premio Adonáis, el Hiperión o el Loewe, pero, a buen seguro, los «viejos» tampoco alcanzarán una tropa de admiradores tan vasta como la de los primeros, redes sociales mediante.

La cuestión es, ¿estamos ante una nueva forma de poesía, ante otra moda o ante un signo de los tiempos? Todo eso y nada a la vez. Estamos ante una evidencia y ante la eterna pregunta de qué es poesía.

Entre los poetas nacidos a partir de 1960, podemos citar a Felipe Benítez Reyes (1960), Carlos Marzal (1961), Lorenzo Oliván (1962), Vicente Valero (1963), Vicente Gallego (1963), Miguel Ángel Velasco (1963-2010), Juan Antonio González Iglesias (1964), Luis Muñoz (1966), Jordi Doce (1967), José Luis Rey (1973), Raquel Lanseros (1973), Antonio Lucas (1975), Carlos Pardo (1975), Martín López-Vega (1975), Vanesa Pérez-Sauquillo (1978), Álvaro Tato (1978), Javier Vela (1981), José Martínez Ros (1981), Ben Clark (1984), Elena Medel (1985) o Luna Miguel (1990).

La reinvención del teatro

Finalmente, el teatro goza de buena salud desde el punto de vista creativo, aunque sufre como ningún otro arte los efectos de la crisis. La generación que vio representados sus primeros textos allá por las décadas ochenta y noventa del pasado siglo ha mostrado su fiabilidad estreno tras estreno, influida, o apadrinada en algunos casos, por tres de los autores más representativos de la segunda mitad del siglo xx: José Sanchis Sinisterra (1940), autor de *¡Ay, Carmela!*, *El cerco de Leningrado* y *El lector por horas*; José Luis Alonso de Santos (1942), cuya obra más conocida es *Bajarse al moro*, y Fermín Cabal (1948), que escribió *Tú estás loco*, *Briones* y *Esta noche, gran velada*.

Hablamos, en fin, de la generación de Lluïsa Cunillé (1961), Sergi Belbel (1963), Jordi Galceran (1964), Antonio Álamo (1964), Juan Mayorga (1965), que es tal vez el más importante de todos ellos, Borja Ortiz de

Filósofo y matemático, Juan Mayorga prueba con cada nueva obra su apabullante dominio de la arquitectura teatral.

Gondra (1965), Angélica Liddell (1966) o David Desola (1971). Tras ellos, asoman los rostros de autores nacidos precisamente en los años en que ellos empezaban a despuntar, como Fernando J. López (1977), Alberto Conejero (1978), Álvaro Tato (1978), Carlos Contreras Elvira (1980) o Antonio Rojano (1982).

Las salas alternativas, que en España eclosionaron en los primeros años de la democracia, el microteatro y un sinfín de fórmulas aspiran a encontrar su hueco, o a no perderlo, en un contexto en el que la asistencia del público depende más de factores exógenos que de la calidad de la obra.

11

Guía de ausentes

A lo largo de esta Breve Historia, hemos repasado la trayectoria de decenas de escritores españoles desde la Edad Media hasta nuestros días; pero, como es lógico, cientos de ellos se han quedado en el tintero. El propósito de esta «guía de ausentes» es proporcionar al lector algunas pistas para ensanchar sus miras, a través de algunas, sólo algunas, de estas figuras, que en ocasiones por nadar a contracorriente, sin el amparo de un grupo literario concreto, suelen ser injustamente arrinconadas en manuales de esta naturaleza.

Ibn Hazm de Córdoba (994-1064): aceptamos que su obra maestra, *El collar de la paloma*, está escrita en árabe, pero no somos capaces de obviar en estas páginas a este poeta andalusí del siglo XI.

Fernán Pérez de Guzmán (1370-1460): sobrino de Pero López de Ayala y tío del marqués de Santillana, fue loado por Marcelino Menéndez Pelayo, quien lo consideró uno de los grandes prosistas del siglo xv. Autor de *Generaciones y semblanzas* y *Coplas a la muerte del obispo de Burgos.*

Hernando del Pulgar (1436-1493): de nuevo Menéndez Pelayo, uno de los forjadores del canon literario español, elogió a este «imitador y émulo» de Pérez de Guzmán, célebre por sus *Claros varones de Castilla*, biografías de diversos personajes de la corte de Enrique IV.

Gil Vicente (1465-1536): este dramaturgo portugués es una institución para el teatro de nuestros vecinos. Si lo hacemos «nuestro» es porque, entre las 44 obras que conservamos de su puño y letra, once las redactó en español, entre ellas la *Tragicomedia de don Duardos*, inspirada en las novelas de caballerías.

Juan del Encina (1468-1529): en palabras del profesor Álvaro Bustos Táuler, su *Cancionero* «recoge la mejor tradición de la poesía cancioneril, al tiempo que anuncia las novedades de las generaciones siguientes». Pero la grandeza de Juan del Encina estriba sobre todo en la fijación del teatro castellano que cuajaría en el Siglo de Oro. Entre sus obras más reseñables, citaremos el *Auto del Repelón* y la *Égloga de Plácida y Victoriano*.

Francesillo de Zúñiga (h. 1480-1532): el bufón de Carlos V escribió una *Crónica burlesca* de la corte del emperador, que circuló de mano en mano y no sentó nada bien a los aludidos por su ingenio. El tributo que este precursor de Quevedo pagó por la libertad de expresión fue morir acuchillado en Béjar (Salamanca).

Bartolomé de Torres Naharro (h. 1485-h. 1530): sus obras dramáticas, entre ellas el *Diálogo del nacimiento*, son deudoras del estilo de Juan del Encina, mientras que la crítica considera su *Propalladia* como la primera poética teatral española y tal vez la primera europea del Renacimiento.

Alfonso de Valdés (1490-1532): hermano de Juan —el autor de *Diálogo de la lengua*—, este erasmista defendió la política de Carlos V en sus célebres *Diálogo de las cosas ocurridas en Roma* y *Diálogo de Mercurio y Carón*. Algunos críticos le han querido conferir la autoría del *Lazarillo de Tormes*.

Cristóbal de Villalón (h. 1510-h. 1588): la vida de este protestante es una inmensa laguna sobre la que flotan los pecios de dos gloriosas atribuciones: una *Gramática castellana* publicada en Amberes y *El Crotalón*, que firmó como Christóphoro Gnosopho.

Lope de Rueda (1510-1565): Cervantes recordaba así las comedias que vio siendo muchacho de este insigne varón: «Eran unos coloquios como églogas entre dos o tres pastores y alguna pastora». En efecto, se conservan varios coloquios de Lope de Rueda, cinco comedias, entre ellas *Los engañados*, y sus prodigiosos *Pasos*, unas piezas cómicas que precedían a las comedias o se representaban en el descanso.

Gaspar Gil Polo (1530-1584): la variedad de «versos y materias» de la *Diana enamorada*, continuación de la *Diana* de Jorge de Montemayor, agradó al mismísimo Miguel de Cervantes, quien dedicó a su autor un poema en *La Galatea*. Menéndez Pelayo seleccionó una canción suya como una de las cien mejores poesías de la lengua castellana.

Baltasar del Alcázar (1530-1606): poeta epigramático, formidable con el soneto, este sevillano es una de nuestras grandes glorias olvidadas. Su poema gastronómico *Cena jocosa* («En Jaén, donde resido, / vive don Lope de Sosa, / y diréte, Inés, la cosa / más brava que de él has oído») nos sigue haciendo reír más de cuatrocientos años después.

Francisco de la Torre (h. 1534-h. 1594): poeta de la Escuela de Salamanca, escribió *A la cierva herida*, que empieza con estos versos: «Doliente cierva, que el herido lado / De ponzoñosa y cruda yerba lleno, / Buscas el agua de la fuente pura, / Con el cansado aliento y con el seno / Bello de la corriente sangre hinchado, / Débil y decaída tu hermosura [...]».

Juan de Mariana (1535-1624): este jesuita escribió una monumental *Historia General de España* hasta el reinado de Fernando el Católico, que en la versión española ocupaba nada menos que treinta volúmenes. Su ensayo *De rege et regis institutione* fue quemado en 1610 por el Parlamento de París por justificar, aparentemente, el tiranicidio del rey Enrique III de Francia.

Francisco de Aldana (1537-1578): para Cervantes, estaba a la altura de Boscán y Garcilaso; fue aclamado por Quevedo; y, ya en el siglo XX, reivindicado por Cernuda. ¿Quién conoce hoy los poemas de Aldana? ¿Quién podría recordar el lírico sopapo que le endosó a su dama? «¡Oh, mano convertida en duro hielo, / turbadora mortal de mi alegría! / ¿Pudiste, mano, oscurecer mi día, / turbar mi paz, robar su luz al cielo?».

Luis Barahona de Soto (1548-1595): rival de Fernando de Herrera, el Divino, este lucentino prosiguió en *Las lágrimas de Angélica* el *Orlando furioso* de Ludovico Ariosto. Fue una de las obras salvadas en el «donoso escrutinio».

Vicente Espinel (1550-1624): los estudiantes conocerán a este autor por la décima espinela, una estrofa de diez versos octosílabos que sigue el siguiente esquema: abba/accd/dc. Su creador, también un innovador de la guitarra –dicen que fue quien le añadió la quinta cuerda–, nos dejó obras como *Relaciones de la vida del escudero Marcos de Obregón* o *Canción a su patria*.

Lupercio Leonardo de Argensola (1559-1613): como hemos visto en este libro, la tradición de los hermanos escritores no es tan atípica: los Álvarez Quintero, los Machado... Y, ahora, los Argensola. Lupercio fue uno de los padres del teatro clásico español con sus tragedias *Isabela* y *Alejandra*, y autor también de poemas amorosos, satíricos y estoicos.

Bartolomé Juan Leonardo de Argensola (1562-1631): se disputa con su hermano la autoría del soneto *A una mujer que se afeitaba y estaba hermosa*, el más citado de estos barbastrenses. Amigo de Cervantes, Góngora y Lope, la claridad de su estilo, nada artificioso, vence cualquier reserva para acercarnos hoy a su obra.

Bernardo de Balbuena (1562-1627): nacido en Valdepeñas (Ciudad Real), firmó un ambicioso fresco de México en tercetos encadenados, *Grandeza mexicana*, y otra joya de la épica culta, *El Bernardo* o *Victoria de Roncesvalles*, cuarenta mil versos en octavas reales que asombraron al mismísimo Voltaire. Fue primo del poeta Miguel Cejudo (1578-1652).

Diego de Silva y Mendoza (1564-1630): en el tiempo libre que le dejó la política, el conde de Salinas y Ribadeo compuso diversas poesías cortesanas y pastoriles y varios ensayos de historia, que serían reivindicadas por Luis Rosales.

Guillén de Castro (1569-1631): de las treinta y cinco obras conservadas de este dramaturgo valenciano, *Las mocedades del Cid* es la más conocida, claro que en su currículum también luce un *Don Quijote de La Mancha*, despojado en su versión de la grandeza original.

Rodrigo Caro (1573-1647): hijo de una época en la que los escritores no eran sólo escritores, este arqueólogo, sacerdote, historiador y poeta compuso la conmovedora *Canción a las ruinas de Itálica*: «Estos, Fabio,

Las mocedades del Cid mira al caballero castellano con un ojo puesto en la historia y el otro en la leyenda. Pierre Corneille se basó en esta obra de Guillén de Castro para su tragedia *Le Cid*.

¡ay dolor!, que ves ahora / campos de soledad, mustio collado / fueron un tiempo Itálica famosa [...]».

Andrés Fernández de Andrada (1575-1648): nacido en Sevilla y muerto en México, este poeta y militar se ganó el paraíso con la *Epístola moral a Fabio,* meditación horaciana en tercetos encadenados: «Fabio, las esperanzas cortesanas / prisiones son do el ambicioso muere / y donde al más astuto nacen canas [...]», en la que, siguiendo el discurso del anterior, también citaba Itálica: «Casi no tienes ni una sombra vana / de nuestra antigua Itálica, ¿y esperas?». Como sabemos menos de lo que nos gustaría sobre este autor, los críticos adjudicaron a Caro la paternidad de su epístola.

Antonio Mira de Amescua (1577-1644): seguidor de Lope de Vega, este poeta y dramaturgo guadijeño compuso numerosos autos sacramentales y el drama fáustico *El esclavo del demonio*, que ejerció una notable influencia sobre *El mágico prodigioso*, de Calderón. En *No hay burlas con las mujeres*, otra de sus obras, hablan galanes y damas para nuestro entero deleite.

Conde de Villamediana (1582-1622): nadie sabe quién lo mató, ni por qué, pero el asesinato de Juan de Tassis y Peralta, II conde de Villamediana, en plena calle Mayor de Madrid, impresionó a otros autores áureos que, como él, habían hablado alto y claro contra los excesos y las flaquezas de Felipe IV y el conde-duque de Olivares. Góngora y Quevedo, compañero suyo en la Academia de los Ociosos, lamentaron la muerte de este poeta de vida turbia, impertinente y violento, autor del precioso soneto *Silencio, en tu sepulcro deposito...*

El asesinato del conde de Villamediana, según la obra de Manuel Castellano, presente en el Museo de Historia de Madrid. Todavía hoy no está claro quién dio la orden de su «ejecución».

Pedro Soto de Rojas (h. 1584-1658): *Desengaño de amor en rimas*, *Los rayos de Faetón* y *Paraíso cerrado para muchos, jardines abiertos para pocos con los fragmentos de Adonis* son los principales libros de este culterano granadino.

Luis Quiñones de Benavente (1589-1651): Cervantes, los hermanos Álvarez Quintero y Quiñones de Benavente son los primeros nombres que se nos vienen a la cabeza cuando pensamos en los entremeses, esas piezas jocosas que se representaban en los entreactos de las comedias. Sebastián de Horozco (1510-1570) fue su introductor, pero Quiñones de Benavente se alzó como su máximo representante, con cerca de mil piezas, una selección de las cuales publicó con el título *Joco seria Burlas veras, o reprehension moral, y festiva de los desordenes publicos.*

Francisco Bances Candamo (1662-1704): dramaturgo de cámara en el reinado de Carlos II, sus principales obras fueron *La piedra filosofal*, *Cómo se curan los celos y Orlando Furioso*, y *El esclavo en grillos de oro*. Culterano de vocación, asumió sin problemas de conciencia la intencionalidad política de su teatro.

Bretón de los Herreros (1796-1873): una expresión pulida para un teatro costumbrista, que supo bandearse entre el Neoclasicismo moratiniano y el Romanticismo. Además de sus obras, *Marcela o ¿a cuál de los tres?* o *Muérete y verás,* entre muchas otras, fue crítico teatral y testigo privilegiado de la España de su época.

Serafín Estébanez Calderón (1799-1867): fue a Andalucía lo que Mesonero Romanos a Madrid. Tío de Cánovas del Castillo, su obra más popular, *Escenas andaluzas*, es una recopilación de «escenas sin par», escritas por uno de los autores más cultos de nuestras letras.

Ramón de Mesonero Romanos (1803-1882): cronista y bibliotecario perpetuo de la villa de Madrid,

Entre los asistentes a esta lectura de José Zorrilla en el estudio del pintor Antonio María Esquivel, se encuentran Bretón de los Herreros y Mesonero Romanos, dos de nuestros «ausentes». La obra se cuenta entre los fondos del Museo Nacional del Prado.

Escenas y tipos matritenses sigue siendo la mejor guía para comprender el ser de la capital. Nació en la céntrica calle del Olivo, hoy llamada, cómo no, de Mesonero Romanos.

Carolina Coronado (1820-1911): tía abuela de Ramón Gómez de la Serna, asidua de tertulias literarias, la «Bécquer femenina» fue ensalzada por Espronceda y Hartzenbusch. Vivió y escribió como romántica, y publicó varias novelas, entre ellas *Paquita*.

Manuel Tamayo y Baus (1829-1898): este dramaturgo dio sus primeros pasos en el seno del neorromanticismo, pero cayó en los brazos del realismo moralizante y la alta comedia. *Locura de amor*, que llevaría al cine Juan de Orduña con Aurora Bautista como Juana la Loca, y *Un drama nuevo*, sobre Shakespeare y la Inglaterra del siglo XVII, son sus mejores obras.

Gaspar Núñez de Arce (1834-1903): natural de Valladolid, fue gobernador civil de Barcelona y ministro de Ultramar, Interior y Educación. Como poeta, nos dejó *Un idilio, La pesca* o *Maruja,* y escribió también elaborados dramas históricos.

Salvador Rueda (1857-1933): precursor del Modernismo, este malagueño sedujo con su «colorismo» a poetas como Francisco Villaespesa o Juan Ramón Jiménez. Autor de *Piedras preciosas* y *Claves y símbolos,* viajó por trabajo a América y fue coronado solemnemente en La Habana.

Manuel Machado (1874-1947): aunque nos hemos referido a él al hablar de Antonio, hay que enfatizar que Manuel tuvo una voz propia, una suerte de andalucismo cosmopolita que obró los milagros de *Ars moriendi,* su excepcional poemario de 1921, y de varias obras de teatro escritas al alimón con su hermano, como *Julianillo Valcárcel, Juan de Mañara* o *Las adelfas.*

Concha Espina (1877-1955): cuando en los años veinte la Academia sueca quiso premiar a una mujer con el Nobel, esta santanderina se quedó a las puertas. *La esfinge maragata* y *Altar mayor* fueron sus libros más ovacionados, y su sensatez uno de los valores más ponderables de la compleja España de su tiempo.

Eduardo Marquina (1879-1946): aunque barcelonés, compuso casi todas sus obras en castellano. Debutó como poeta con el Modernismo y triunfó como dramaturgo con *Las hijas del Cid* y *En Flandes se ha puesto el sol.*

Emilio Carrere (1881-1947): este bohemio de la estirpe de Sawa y Pedro Luis de Gálvez, noctívago y modernista, fue autor de una novela fantástica indispensable, *La torre de los siete jorobados,* que Edgar Neville convirtió en una de las obras maestras del cine español en 1944.

Julio Camba (1882-1962): «Tan esnob que no podía vivir en Madrid», que dijo Francisco Umbral, Camba fue corresponsal para diversos periódicos y cubrió todos los dramas nuevos del siglo XX. *La casa de Lúculo o el arte de comer, Haciendo de República* y *La ciudad automática* valen como introducción a sus principales obsesiones: la gastronomía, la política española y Nueva York, que conoció en plena Depresión.

Agustí Calvet Pascual, *Gaziel* (1887-1964): otro periodista estupendo, publicó sus mejores crónicas en *La Vanguardia*, que llegó a dirigir. Al autor de *Todos los caminos llevan a Roma* y *En las trincheras* lo estamos redescubriendo ahora gracias a la reedición de sus crónicas.

Corpus Barga (1887-1975): ayudó a Machado a cruzar la frontera de Francia en 1939 y puso las *Meninas* a buen recaudo en Ginebra durante la Guerra Civil. Autor de *Cantares, poemas* y *Los pasos contados*, nunca volvió a España tras su exilio y por el último tomo de sus memorias ganó el premio de la Crítica.

Ramón Otero Pedrayo (1888-1976): maestro de las letras gallegas, el autor de *Camiños da vida* y *A romería de Xelmírez* fue uno de los impulsores de la *Asamblea das Irmandades da Fala Galega* en 1918. Ingresó en la Real Academia Gallega con un discurso sobre el Romanticismo, la *saudade* y el sentimiento de la tierra y la raza en Pastor Díaz (1811-1863), Rosalía de Castro y Eduardo Pondal.

Josep Pla (1897-1981): «Desengañado prematuro de toda ideología o credo», en palabras del periodista Jorge Bustos, las obras completas de Pla suman unas treinta mil páginas. Nosotros las recomendamos todas, y, como un arrollador exordio, las de *Vida de Manolo*, sobre el escultor Manolo Hugué, y *El cuaderno gris*, unos apuntes autobiográficos en catalán que pasan por ser su *opus magnum*.

Manuel Chaves Nogales (1897-1944): esta Guía de ausentes está reclamando a gritos una *Breve historia del*

Josep Pla en Llofriu, Girona, por Francesc Català-Roca, fotografía en el Museo Nacional Centro de Arte Reina Sofía, Madrid.

periodismo español... Este sevillano y peregrino sin fronteras escribió *A sangre y fuego* –una de las mejores obras de ficción sobre la Guerra Civil–, *El maestro Juan Martínez que estaba allí* o *Juan Belmonte, matador de toros.*

Eduardo Blanco Amor (1897-1979): tres personajes –Cibrán o Castizo, Xanciño o Bocas, y Aladio Milhomes– en busca de la lucidez protagonizan *A esmorga,* una novela parrandera que fue publicada primero en Buenos Aires por este gallego compadre de la Generación del 27.

Alejandro Casona (1903-1965): la Guerra Civil rompió la trayectoria de este dramaturgo del 27, autor de *La sirena varada, Prohibido suicidarse en primavera* o *La dama del alba,* estas dos últimas estrenadas en México y Buenos Aires respectivamente. Regresó a España en los últimos años de su vida.

Ernestina de Champourcín (1905-1999): su obra de aliento místico fue casi una rareza en el contexto más popular del 27. Entre los títulos de esta aprendiz de Juan Ramón Jiménez, nos quedamos con *Cántico inútil* y *Presencia a oscuras*.

Mercè Rodoreda (1909-1983): Natalia, la Colometa de *La plaza del Diamante,* es un personaje imborrable para las letras catalanas del siglo XX. Su autora amplió el registro psicológico con *Mirall trencat,* la saga generacional de los Valldaura.

José Antonio Muñoz Rojas (1909-2009): la longevidad de este poeta hizo que pudiera ser admirado en vida por lectores de todas las generaciones. *Cantos a Rosa* es uno de los libros amorosos más impresionantes del siglo XX, mientras que *Las cosas del campo,* un hito de la prosa poética, constituye otro canto de amor, en este caso a la tierra.

Dionisio Ridruejo (1912-1975): el catedrático Jordi Gracia ha examinado a fondo la vida y obra de este creador, tan representativo por su evolución política como poética. Autor de los versos iniciales del *Cara al sol,* fue luego un feroz opositor al régimen franquista. Autor de *Escrito en España* o *Casi en prosa.*

Salvador Espriú (1913-1985): *Cementiri de Sinera,* un canto al Arenys de Mar (Barcelona) de su infancia, es uno de los libros más conmovedores de este poeta, propuesto varias veces al premio Nobel. En *La pell de brau* expresó su malestar con la intransigente España de posguerra.

Mercedes Salisachs (1916-2014): ganadora del premio Planeta con *La gangrena,* esta escritora catalana en lengua castellana escribió hasta su último suspiro y hasta su último suspiro fue ignorada por la cultura oficial de España.

Gloria Fuertes (1917-1998): «Autodidacta y poéticamente desescolarizada», la autora de *Que estás en la tierra* o *Poeta de guardia* desarrolló su obra entre la Generación del 50 y el postismo, y fue la voz más estimulante del siglo XX en el campo de la poesía infantil. Entre otros reconocimientos, obtuvo el premio Hans Christian Andersen.

José María Gironella (1917-2003): su trilogía sobre la Guerra Civil –*Los cipreses creen en Dios*, *Un millón de muertos* y *Ha estallado la paz*–, a la que se sumaría un nuevo título en 1986, lo encumbró como el novelista de mayor éxito popular durante la dictadura. «Me hice rico, pero rico de verdad», resumió en cierta ocasión.

José Luis Sampedro (1917-2013): economista comprometido con la sociedad de su tiempo, se descubrió como un novelista encantador a partir de la década de los ochenta del pasado siglo. *La sonrisa etrusca*, acerca del amor de un abuelo por su nieto, es su obra más sólida.

Joan Brossa (1919-1998): cuando en 1970 publicó *Poesía rasa*, una recopilación de casi veinte años de creación literaria, con portada de Tàpies, todos cayeron a los pies de este creador en lengua catalana, ligado a la poesía visual. Las principales galerías de arte contemporáneo contienen obras suyas.

Joan Perucho (1920-2003): escritor en lengua catalana y castellana, amante de la buena mesa, que sabía contar como nadie, todo un polígrafo del siglo XX, escribió poesía, novela, crítica de arte y artículos periodísticos en *La Vanguardia*. *Sota la sang*, *Llibre de cavalleries*, *Les històries naturals* y sus memorias *Els jardins de la malenconia* son algunos de sus libros.

Fernando Fernán Gómez (1921-2007): tan buen actor como dramaturgo y novelista, nos dejó, en estas últimas facetas, la obra de teatro *Las bicicletas son para el verano*, premio Lope de Vega, y la novela *El viaje a ninguna parte*, ambas llevadas al cine por él mismo.

Elena Quiroga (1921-1995): fue la tercera mujer que ingresó en la Real Academia Española, tras María Isidra de Guzmán y Carmen Conde, ganó el premio Nadal en 1950, y en las *Bildungsromans* o novelas de aprendizaje *Tristura* y *Escribo tu nombre* siguió los pasos de Tadea, una niña huérfana en una Galicia que la autora conocía muy bien.

Carlos Edmundo de Ory (1923-2010): abanderado del postismo, un grupo que quiso armonizar todas las vanguardias, este gaditano, homenajeado en 2016 por el Museo Nacional Centro de Arte Reina Sofía, escribió *Técnica y llanto* y *Aerolitos*, y en su poema *Fonemoramas* nos enseñó que «Si canto soy un cantueso» y «Si me hundo me Carlos Edmundo».

Rafael Azcona (1926-2008): el mejor guionista del cine español fue una de las firmas habituales de *La Codorniz*. Todos los artículos que publicara en «la revista más audaz para el lector más inteligente» han sido recuperados estos últimos años por una editorial de Logroño. Además, nos hizo reír con la novela *Vida del repelente niño Vicente y* los relatos de *Pobre, paralítico y muerto*.

La socarrona precisión de Rafael Azcona para retratar a la España de su tiempo hizo de él el mejor guionista de nuestra cinematografía.

Antonio Gala (1930): su dimensión como dramaturgo –con obras como *Los verdes campos del Edén*, *Las cítaras colgadas de los árboles* o *¿Por qué corres, Ulises?*– es la más jugosa de un escritor que se ha prodigado en todos los géneros, desde la novela –premio Planeta por *El manuscrito carmesí*– a la poesía –*Enemigo íntimo*, accésit del Adonáis en 1959.

En la casa natal de Antonio Gala en Brazatortas (Ciudad Real), una placa reza: «Aquí nació el escritor cordobés Antonio Gala». Uno de los vicios confesables de este autor es el coleccionismo de bastones.

Javier Tomeo (1932-2013): el Kafka español tomó prestado el pincel de Goya para construir unas tramas fantásticas, tan insólitas en el panorama literario español de los setenta y ochenta, que triunfó primeramente en Francia y Alemania. *El castillo de la carta cifrada*, *Amado monstruo* y *El crimen del cine Oriente* son sus obras más destacadas.

Francisco Brines (1932): los ecos de Cernuda, Juan Ramón Jiménez y Antonio Machado resuenan en la obra de este poeta valenciano de la Generación del 50, autor de *Las brasas* y *La última costa*, que concibe la poesía como revelación y celebración de la vida.

Gabriel Aresti (1933-1975): renovador de la poesía vasca, escribió también novela y teatro, tradujo al euskera a Lorca y a T. S. Eliot y defendió contra viento y marea el euskera *batúa* o unificado. *Piedra y pueblo* es su obra más estimable.

Manuel Vicent (1936): *Tranvía a La Malvarrosa*, sobre la Valencia de los años cincuenta, es una novela sensual y luminosa. Más que una autobiografía al uso, se trata de la memoria de unas experiencias compartidas por toda una generación. Su autor es uno de los periodistas más respetados de nuestros días.

Alberto Méndez (1941-2004): ligado al mundo editorial, su tardía revelación con *Los girasoles ciegos*, una colección de cuatro relatos, desconcertó a todo el mundo, salvo a él mismo, ya que falleció sin conocer la extraordinaria repercusión de su obra, la primera que ganó el premio Nacional de Narrativa a título póstumo.

Guillermo Carnero (1947): su poemario *Verano inglés* puso de acuerdo a toda la crítica en 1999 y es, junto con *Dibujo de la muerte*, la obra más representativa de este erudito y poeta valenciano, incluido por Castellet en los *Nueve novísimos poetas españoles*.

Luis Alberto de Cuenca (1950): el hombre que lo ha leído todo agita en la coctelera de sus versos lo cotidiano y lo trascendente, desde una ironía nunca exenta de ternura. Dentro de su «poesía transculturalista», nos quedamos con *El desayuno y otros poemas* («Me gustas cuando dices tonterías, / cuando metes la pata, cuando mientes, / cuando te vas de compras con tu madre / y llego tarde al cine por tu culpa») y *Cuaderno de vacaciones*, premio Nacional de Poesía 2015.

José Luis García Martín (1950): crítico literario, poeta, dietarista, García Martín ha escrito *Material perecedero* y *La aventura*, entre otras obras.

Bernardo Atxaga (1951): *Obabakoak* y *El hijo del acordeonista* son dos de las novelas de este escritor, el más exitoso en euskera en nuestros días.

Manuel Rivas (1957): escritor en gallego y castellano, sus obras más conocidas son la colección de relatos *¿Qué me quieres, amor?*, que incluye el cuento *La lengua de las mariposas*, y *El lápiz del carpintero*. En 2015 publicó *El último día de Terranova*.

Luis García Montero (1958): fundador, con Javier Egea (1952-1999) y Álvaro Salvador (1950), del movimiento de la «nueva sentimentalidad», este poeta granadino ganó el Loewe y el Nacional de Poesía con *Habitaciones separadas* y el de la Crítica con *La intimidad de la serpiente*. Últimamente ha escrito también novelas.

Francisco Casavella (1963-2008): su prematura muerte nos privó de seguir gozando con la trayectoria del padre de Fernando Atienza –huérfano, por lo demás–, el protagonista de *El día del Watusi*, una trilogía sobre la Barcelona del último cuarto del siglo XX compuesta por *Los juegos feroces*, *Viento y joyas* y *El idioma imposible*.

Eloy Tizón (1964): quizá el mejor cuentista español de nuestros días. Se dio a conocer en 1992 con *Velocidad de los jardines*, y en 2013 publicó *Técnicas de iluminación*. Ha escrito –o publicado– poco, por lo que cada nuevo libro suyo constituye un acontecimiento.

Glosario

Academicismo: sujeción a las reglas artísticas promovidas por una academia. Para algunos críticos, su incontestable perfección formal no siempre sortea la frialdad de ese vasallaje.

Aforismo: máxima de carácter doctrinal, expuesta de manera concisa, que suele ser fruto de la experiencia de quien la emite.

Alegoría: una suerte de metáfora, bastante utilizada en composiciones religiosas, que puede representar una idea abstracta, por ejemplo el amor, mediante alguna forma concreta, véase un Cupido con los ojos vendados.

Alejandrino: verso de catorce sílabas métricas, dividido en sendos hemistiquios de siete sílabas (ver hemistiquio).

Aljamía: texto en lengua romance escrito con caracteres árabes o hebreos.

Amor loco: en contraste con el «buen amor», hablamos aquí de una pasión profana, engañosa, pecadora, que no atiende a las consecuencias de su desenfreno.

Antiguo Régimen: término que singulariza el régimen absolutista monárquico anterior a la Revolución Francesa (1789).

Arte mayor, verso de: que suma más de ocho sílabas.

Arte menor, verso de: aquel que no rebasa las ocho sílabas. La escala sigue este orden a partir de los versos de dos: bisílabos, trisílabos, tetrasílabos, pentasílabos, hexasílabos, heptasílabos y octosílabos.

[El] Arte por el arte: distintivo del parnasianismo, una corriente literaria que despersonalizó la poesía romántica para concentrarse sólo en la belleza de la forma, a la vez que bandera de una estética que no se sujeta a las servidumbres del dinero.

Autocensura: renuncia, consciente o inconsciente, al ejercicio de la libertad de expresión por miedo a sus consecuencias.

Auto sacramental: pieza de teatro religioso de carácter alegórico, dedicada a la Eucaristía, que se representaba el día del Corpus.

Baile: la danza era, en el teatro del Siglo de Oro, un elemento que trascendía lo popular. De la manera más natural, se incorporaba a la trama de las obras para deleite del público, muy aficionado a la zarabanda y otros pasos. Sin ir más lejos, en *El maestro de danzar*, obra de Lope, el personaje de Aldemaro es un profesor de baile.

Beatus ille: tópico renacentista, inspirado por el poeta latino Horacio y traducido como 'feliz aquel', que ensalza la vida retirada en el campo.

Bildungsroman: término alemán que se traduce como 'novela de aprendizaje', que relata el ciclo vital de un personaje desde su infancia a la madurez.

Boom: fenómeno editorial que, a partir de la década de los sesenta del pasado siglo, popularizó en todo el mundo la obra de grandes narradores latinoamericanos, muchos de ellos publicados por primera vez en nuestro país.

Buen salvaje: mito filosófico-literario, propio de las utopías, que trata de convencernos sobre las virtudes que adornan a los pueblos primitivos, no maleados por la civilización. Tras su enaltecimiento, subyace una crítica a la sociedad del propio autor.

Caleidoscópica, técnica: encadenamiento y acumulación de fragmentos dispersos con el fin de presentar una visión congruente de la colectividad.

Canon: corpus literario fijado a lo largo del tiempo como síntesis de los valores estéticos de un pueblo o civilización. Son nuestros clásicos.

Cesura: espacio, o pausa en la entonación, entre las dos partes de un verso separadas por el hemistiquio (ver hemistiquio).

Comedia de capa y espada: subgénero del teatro clásico, similar a la comedia de enredo, de temática galante y protagonizada por nobles y damas. Lope de Vega fue uno de sus cultivadores.

Comedia mitológica: inspirada libremente en la mitología griega o romana, recurría a los motivos habituales —amor, celo, desengaños— para mantener el interés del público, hasta el punto de que, en ocasiones, sólo los nombres de los personajes y sus atuendos la diferenciaban de una comedia de enredo al uso.

Contrarreforma: movimiento de reacción de la Iglesia católica a la reforma protestante de Martín Lutero, fomentada por el concilio de Trento (1545-1563).

Copla: composición de arte menor, normalmente de versos octosílabos, que adopta múltiples formas para cantar sus motivos populares.

Copla de pie quebrado: composición de versos octosílabos «rotos» por pies de cuatro sílabas.

Corifeo: director del coro en una tragedia griega y, por extensión, líder de opinión.

Cosmopolitismo: cualidad de quien se muestra abierto y poroso a culturas que no son la suya.

Costumbrismo: movimiento literario que retrata los usos sociales de un pueblo para captar su esencia.

Crónica: narración de carácter histórico, o, en lenguaje periodístico, reportaje de actualidad expuesto de manera secuencial.

Cronicón: narración histórica breve que da cuenta de los hechos de forma cronológica.

Cuarteto: cuatro versos endecasílabos, en el que riman el primero con el cuarto y el segundo con el tercero.

Decasílabo: verso de diez sílabas.

Décima o espinela: diez versos octosílabos que, por lo general, se ciñen a esta rima: abba / accd / dc.

Determinismo: doctrina filosófica según la cual las causas determinan irremediablemente las consecuencias, sin que exista forma humana de romper la cadena.

Drama: la etimología de esta palabra nos remite a la acción. Drama es «hacer». Hamlet lo supo cuando dijo: «El drama será el lazo en que enrede la conciencia del rey».

Aunque hoy se usa poco menos que como sinónimo de tragedia, es un concepto mucho más amplio, tanto como el mismo teatro, por lo que abarca tanto la tragedia como la comedia.

Drama histórico: subgénero teatral muy común en el siglo XVI, y más todavía en el XIX, en el que los autores se inspiraban en el pasado para montar sus tramas.

Ecléctico: que gusta de mezclar diversas tendencias o estilos.

Eneasílabo: verso de nueve sílabas.

Enciclopedismo: movimiento de la Ilustración que resume las expectativas de un conocimiento integral por parte de una clase que aspira al desarrollo social de la humanidad entera. Su motor fue la *Enciclopedia*, una obra monumental coordinada por Denis Diderot y Jean le Rond d'Alembert a mediados del siglo XVIII.

Entremés: pieza teatral de carácter breve que se representaba en el intermedio de las comedias.

Épica: género literario que aborda los hechos legendarios de los héroes, presentándolos de forma real.

Epígono: continuador de una corriente estética anterior.

Epístola: como género literario, las cartas o epístolas fueron aprovechadas por la prosa neoclásica, merced a sus intenciones didácticas o morales.

Epopeya: narración en verso o prosa sobre personajes y hechos míticos con carácter fundacional para un pueblo. *La Ilíada* y *La Odisea* son a la epopeya griega lo que *La Eneida* a la romana. En la literatura castellana, *El Cantar de Mío Cid* se tiene por tal, mientras que Miguel de Cervantes presenta en *Don Quijote de La Mancha* una moderna epopeya cómica.

Escapismo: en literatura, tendencia (lícita) a huir de los aspectos más penosos de la realidad, en busca de un arte indoloro y subjetivo. Fue común en el modernismo, así como en parte de la poesía de posguerra.

Esperpento: deformación grotesca de la realidad teorizada por Ramón María del Valle-Inclán a partir de su obra *Luces de bohemia*.

Estrato: capa de una sociedad.

Exégesis: interpretación crítica de un texto, normalmente de carácter religioso.

Exempla: plural de *exemplum*, 'ejemplo' en latín, colecciones de cuentos o fábulas de la Edad Media con intenciones didácticas o moralizantes.

Fábula: composición literaria protagonizada por animales «parlantes», que suelen encarnar virtudes o vicios humanos y se cierran con una moraleja, para enseñanza y deleite de los lectores.

Florilegio: antología de fragmentos selectos de obras literarias.

Folletín: género de la narrativa más popular, típico de las novelas por entregas, en el que la acción, siempre vertiginosa, abruma cualquier aproximación psicológica a los personajes.

Fortuna: en la mitología, diosa de la suerte a la que suele representarse con una rueda o ruleta, símbolo, pues, de lo azaroso de nuestro destino.

Futurismo: movimiento de vanguardia que, en los albores del siglo xx, manifestaba que un automóvil era «más bello que la Victoria de Samotracia». Impulsado por Filippo Tommaso Marinetti, en España tuvo las patas muy cortas.

Hagiografía: relato de la vida de un santo (o biografía en exceso complaciente de un personaje cualquiera, que quizá no merezca tales elogios).

Hemistiquio: cada uno de los dos fragmentos en que puede dividirse un verso en función de su armonía interna.

Heptasílabo: verso de siete sílabas.

Hermenéutica: disciplina que estudia los textos sagrados.

Hermético: cerrado, impenetrable.

Hipérbaton: alteración del orden lógico de las palabras.

Historicismo: corriente que reconoce la trascendencia de la historia en el devenir del hombre, lo que en el arte se tradujo en la recuperación de las formas constructivas (o sentimentales) del pasado. Algo así como un Romanticismo histórico.

Honor/honra: en su *Tesoro de la lengua castellana o española*, Sebastián de Covarrubias dice que «honor vale lo mismo que honra», y lo mismo opina Antonio de Nebrija. No ha lugar en este glosario para entrar en disquisiciones lexicográficas profundas. En el teatro del Siglo de Oro, se empleaban indistintamente –más el honor que la honra, es cierto– para aludir a virtudes que había que defender o dignidades que conservar, incluso –y sobre todo– por la fuerza de las armas.

Humorada: un dicho divertido, transmutado en género literario por Ramón de Campoamor en el siglo XIX. «¿Qué es humorada?», se pregunta este autor. «Un rasgo intencionado», se responde. Nosotros lo precisamos: una composición poética a la que bastan dos versos para iluminarnos sobre alguna verdad, por ejemplo: «Igualdad y miseria. Como todo, / cuando Dios creó el sol, lo hizo de lodo».

Iluminismo: doctrina también conocida como «alumbradismo», que lo fiaba todo al amor de Dios, rechazando, por tanto, conceptos como el pecado, el infierno o la caridad. Fue objeto de la persecución de la Iglesia en los siglos XVI y XVII.

Imaginería: talla o pintura de imágenes religiosas.

Incunable: cualquier obra editada entre la invención de la imprenta por Gutenberg, a mediados del siglo XV, y 1501.

Index librorum prohibitorum: el *Índice de libros prohibidos* fue un catálogo propugnado por la Iglesia en 1564 para informar de aquellas obras censuradas por su contenido «pernicioso».

Infanzón: hidalgo de rango menor que otros caballeros. El Cid lo era.

Intertextualidad: relación de un texto con otros escritos contemporáneos o anteriores, que facilitan su comprensión.

ISBN: siglas de *International Standard Book Number* ('Número Estándar Internacional de Libros'), código para identificar un libro a la manera del carné de identidad que portan en la cartera sus dueños.

Locus amoenus: tópico literario que significa 'lugar ameno'. Desde los poetas clásicos –Homero, Virgilio…– hasta las utopías contemporáneas, el *locus amoenus* ha simbolizado el edén, un jardín propicio al amor, un rincón lejos del mundanal ruido. En definitiva, un ideal geográfico ajeno al «mundo malvado» de que hablara fray Luis de León.

Masonería: hermandad iniciática racionalista de intenciones filantrópicas.

Microrrelato: una manera moderna de llamar a la greguería de Ramón Gómez de la Serna, pero, en lugar de quedarse en el fogonazo intuitivo, poético, de este autor madrileño, narrando una historia breve.

Miscelánea: obra que trata de materias heterogéneas, sin conexión entre sí.

Misterio medieval: drama religioso sobre la vida, pasión y muerte de Jesucristo, o sobre otros episodios de las Sagradas Escrituras. Se extendió por toda Europa durante la Baja Edad Media.

Moralizante: que aspira a corregir las malas costumbres dando ejemplo de las buenas.

Naturalismo: movimiento literario teorizado por el escritor francés Émile Zola a finales del siglo XIX, que retrata a los personajes en función de su entorno social. El método de la observación científica permite a los autores extenderse en los condicionantes del individuo. A diferencia del realismo, una literatura del «qué», el naturalismo es una literatura del «por qué».

Nivola: neologismo con el que Miguel de Unamuno se refería a sus novelas, caracterizadas por la abstracción y la preeminencia del diálogo como método para llegar a la verdad.

Novatores: grupo de científicos y pensadores españoles, antecesores de los ilustrados.

Novela por entregas: aquella que se publicaba en la prensa, por lo general de carácter folletinesco. Sus propiedades «industriales» no se identifican necesariamente con la mala prosa; de hecho, el británico Charles Dickens (1812-1870) fue un magnífico autor de novelas por entregas.

Novela regional: también llamada «regionalista», aquella que, en contraposición a la urbana, se focaliza en el ámbito rural (v. *Regionalismo*).

Novohispano: natural de Nueva España, antiguo virreinato de América que se corresponde con el actual México.

Ontología: rama de la Metafísica que se ocupa del «ser».

Occitano: lengua romance de los trovadores medievales, una de cuyas variantes, el aranés, se habla hoy en día en la comarca del Valle de Arán (Lleida).

Paleografía: ciencia que estudia la escritura y los documentos antiguos.

Parnaso: patria simbólica de los poetas que, en la mitología, habitaron desde Apolo a las Musas.

Platónico: relativo al filósofo Platón, la concepción de este amor tiene un sentido idealizado, no carnal.

Pléyade, La: colección de grandes clásicos de la literatura francesa de la editorial Gallimard, cuyo nombre procede de un grupo de poetas de esa nacionalidad del siglo XVI.

Poema didáctico: composición en verso que alecciona al lector sobre alguna doctrina moral o un conocimiento técnico.

Polimetría: combinación de versos de diferente métrica en un mismo poema.

Posibilismo: orientación que plantea la negociación con el adversario político para mantener vivo el diálogo. En un régimen dictatorial, podría ser la aceptación por parte del autor de una serie de normas a fin de sortear la censura.

Postismo: movimiento fundado en plena ebullición de la poesía del desarraigo, a mediados del siglo XX, que se hizo un hueco en el panorama literario reivindicando una síntesis de todas las vanguardias, con especial hincapié en el dadaísmo.

Prerrenacimiento: período que anticipó en el siglo XIV la inmensa originalidad de la revolución renacentista.

Protestantismo: escisión de la iglesia católica romana en el siglo XVI, promovida por el teólogo alemán Martín Lutero. Defiende, entre otras cosas, la suficiencia de las Escrituras en la vida espiritual del hombre y su salvación por la fe en Cristo, frente a los ritos o tradiciones implantados por los católicos.

Quintilla: combinación de cinco versos octosílabos, muy habitual en el Siglo de Oro, en la que, según los cánones, no pueden ir tres versos seguidos con la misma rima, ni acabar en pareado.

Realismo: corriente seguida por los novelistas del siglo XIX que aspiraba al retrato exacto de la realidad, sin los excesos de la subjetividad romántica.

Redondilla: cuatro versos octosílabos en los que riman, en consonante o asonante, el primero con el cuarto y el segundo con el tercero. Se diferencia del cuarteto en que ésta es de arte menor.

Regeneracionismo: movimiento intelectual inspirado por el político Joaquín Costa (1846-1911) para atajar la decadencia de la nación española, sentando las bases del cambio.

Regionalismo: movimiento político que vela por la excepcionalidad de una región determinada. En literatura, el regionalismo conformó una tendencia de atmósfera rural dentro del Realismo (ver Novela regional).

Retórica: arte de expresarse bien.

Romance: combinación métrica de versos octosílabos, en la que riman en asonante los pares y quedan sueltos los impares.

Rousseauniano: relativo al filósofo Jean-Jacques Rousseau, alude al regreso a los valores eternos de la Naturaleza, así como a los principios de igualdad y justicia social respaldados por su obra.

Sainete: breve pieza teatral cómica de ambiente popular.

Sátira: composición en prosa o verso, burlesca o moralizante, que ridiculiza a personas o vicios sociales.

Seguidilla: estrofa normalmente de cuatro versos asonantes, los impares de siete sílabas, los pares de cinco.

Serga: en español antiguo, hazaña.

Serventesio: cuarteto en el que las rimas se dan entre el primero y el tercer verso y el segundo y el cuarto.

Silva: composición que alterna libremente los versos de siete y once sílabas.

Simbolismo: movimiento literario nacido en Francia en la segunda mitad del siglo XIX como reacción contra el Realismo y el Naturalismo. Fue precursor del Modernismo.

Símbolo: elemento que, por convención cultural, encarna una idea o un aspecto de la realidad.

Soneto: composición de catorce versos endecasílabos, formada por dos cuartetos y dos tercetos.

Sturm und Drang: el movimiento literario *Tormenta e ímpetu* preludió el Romanticismo en Alemania. Su máximo exponente fue Goethe, autor de *Werther*.

Surrealismo: movimiento de vanguardia fundado por André Breton que abogaba por el «automatismo psíquico puro [...], sin la intervención reguladora de la razón». Aunque algunos de sus cultivadores lo redujeron a una mera exaltación de los sueños, fue algo más.

Tenebrismo: contraste dramático entre luces y sombras propio del arte Barroco. Es el claroscuro llevado al extremo.

Teocentrismo: doctrina de la Edad Media que sitúa a Dios en el centro del universo. Se opone al antropocentrismo, en el que el hombre es la medida de todas las cosas.

Terceto: estrofa de tres versos, normalmente de arte mayor, en la que el primero rima con el tercero y el segundo queda libre.

Terceto encadenado: serie de tercetos en la que el primer endecasílabo rima con el tercero, el segundo con el primero (y el tercero) del terceto siguiente; y así hasta el serventesio o el serventesio con pareado final (ver serventesio).

Tragicomedia: obra para la escena que mezcla elementos trágicos y cómicos.

Tremendismo: corriente literaria que, en los primeros años de la posguerra, subrayaba los aspectos más sórdidos de la situación española.

Trolear: intervenir en un foro digital con el único propósito de irritar a los otros usuarios, sin aportar argumentos de valor al debate.

(Regla de las) Tres unidades: convención de Aristóteles para adaptar el teatro a los principios de acción, tiempo y lugar, con el propósito de evitar distracciones. El Neoclasicismo reivindicó esta regla tras siglos de olvido.

Ubi sunt: tópico literario, traducido como 'dónde están', que, al interrogarse por los muertos, reflexiona sobre la fugacidad de la vida.

Vanguardias: movimientos que revolucionaron la expresión cultural en las primeras décadas del siglo xx, una época de cambios e incertidumbres que reclamaba este arte mucho más audaz, que sólo rendía cuentas a la libertad creativa.

Volteriano: relativo a Voltaire, sinónimo de cínico o escéptico.

Bibliografía

HISTORIAS GENÉRICAS

ALBORG, Juan Luis. *Historia de la literatura española.* Madrid: Gredos, 1966-1999.

ALVAR, Carlos, MAINER, José-Carlos y NAVARRO, Rosa. *Breve historia de la literatura española.* Madrid: Alianza, 2014.

MAINER, José-Carlos. *Historia (mínima) de la literatura española.* Madrid: Turner, 2014.

MARTÍNEZ CACHERO, José. *Diccionario de grandes figuras literarias.* Madrid: Espasa Calpe, 1998.

PEDRAZA JIMÉNEZ, Felipe B. y RODRÍGUEZ CÁCERES, Milagros. *Historia esencial de la literatura española e hispanoamericana.* Madrid: Edaf, 2000.

Rico, Francisco. *Breve biblioteca de autores españoles.* Barcelona: Seix Barral, 1993.

—, *Historia y crítica de la literatura española.* Barcelona: Crítica, 1978-1980.

Río, Ángel del. *Historia de la literatura española, vol.* I y II. Madrid: Gredos, 2011.

Rodríguez Cacho, Lidia. *Manual de Historia de la Literatura española,* vol. I y II. Barcelona: Castalia, 2009.

VV. AA. *Historia de la literatura española* (nueve volúmenes). Barcelona: Crítica, 2010-2013.

Zorita Bayón, Miguel. *Breve historia del Siglo de Oro.* Madrid: Ediciones Nowtilus, 2010.

Estudios sobre obras o autores

Edad Media

Álvarez Pellitero, Ana María. *«Edad Media».* En: *Historia de los espectáculos en España.* Amorós, Andrés y Díez Borque, José María (Coords.). Barcelona: Castalia, 1999. p. 19-36.

Anónimo. *Cantar de Mio Cid.* Edición, estudio y notas de Montaner, Alberto, Real Academia Española (Madrid). Barcelona: Galaxia Gutenberg - Círculo de Lectores, 2011.

Ruiz Arcipreste de Hita, Juan. *Libro de buen amor.* Madrid: Espasa Calpe, 1987.

Berceo, Gonzalo de. *Milagros de Nuestra Señora.* Barcelona: Castalia, 2012.

FRENK ALATORRE, Margit (ed.). *Lírica española de tipo popular*. Madrid: Cátedra, 2004.

DON JUAN MANUEL. *El Conde Lucanor*. Madrid: Cátedra, 2004.

GARCÍA CASTAÑÓN, Carmen (ed.). *Jorge Manrique. Coplas a la muerte de su padre*. Barcelona: Castalia, 2010.

MARTORELL, Joanot y GALBA, Martí Joan de. *Tirant lo Blanc*. Madrid: Alianza editorial, 2005.

MENA, Juan de. *Laberinto de fortuna*. (CUMMINS, John G. [ed.]). Madrid: Cátedra, 1996.

PAREDES, Juan. *Alfonso X el Sabio. Poesía. Cantigas de amor, de escarnio y maldecir*. Madrid: Biblioteca Nueva, 2010.

RICO, Francisco (ed.). *Lazarillo de Tormes*. Madrid: Espasa Calpe, 2004.

RODRÍGUEZ DE MONTALVO, Garci. *Amadís de Gaula*. Madrid: Cátedra, 2008.

STERN, Samuel Miklos. *Les vers finaux en espagnol dans les muwassahs hispano-hébraïques. Une contribution à l'histoire du muwassah et à l'étude du vieux dialecte espagnol 'mozarabe'*. En *Al-Andalus. Revista de las escuelas de estudios árabes de Madrid y Granada*, XII (1948), pp. 299-346.

Edad Moderna

ALONSO, Dámaso. *La poesía de San Juan de la Cruz (desde esta ladera)*. Madrid: Aguilar, 1966.

CERVANTES, Miguel de. *Don Quijote de La Mancha*. Edición del IV Centenario. Real Academia Española / Asociación de Academias de la Lengua Española. Madrid: Alfaguara, 2004.

Fernández de Moratín, Leandro. *La comedia nueva / El sí de las niñas*. Madrid: Espasa Calpe, 1996.

Gracián, Baltasar. *El Criticón*. Madrid: Cátedra, 1996.

Quevedo, Francisco de. *Antología poética*. Madrid: Espasa, 2014.

Rojas, Fernando de. *La Celestina*. Madrid: Cátedra, 1997.

Santa Teresa de Jesús. *Obras completas*. Madrid: Biblioteca de Autores Cristianos, 1997.

Vaquero Serrano, María del Carmen. *Garcilaso, príncipe de poetas: una biografía*. Madrid: Marcial Pons, 2013.

Edad Contemporánea

Bécquer, Gustavo Adolfo. *Obras completas (en dos volúmenes)*. Madrid: Biblioteca Castro, 2002.

Díez de Revenga, Francisco Javier. *Las Vanguardias y la Generación del 27*. Madrid: Síntesis, 2014.

Echevarría, Ignacio. *Los libros esenciales de la literatura en español: narrativa de 1950 a nuestros días*. Barcelona: Lunwerg, 2011.

Laín Entralgo, Pedro. *La Generación del 98*. Madrid: Espasa Calpe, 1997.

Pardo Bazán, Emilia. *Miquiño mío*. Madrid: Turner, 2013.

Pérez Galdós, Benito. *Episodios Nacionales (cinco volúmenes)*. Madrid: Aguilar, 1988.

Ramoneda, Arturo (ed.). *Antología poética de la generación del 27*. Barcelona: Castalia, 2011.

Shaw, Donald. *La generación del 98*. Madrid: Cátedra, 1997.

González-Grano de Oro, Emilio. *Ocho humoristas en busca de un humor: la «otra» Generación del 27.* Madrid: Polifemo, 2004.

VV. AA. *La generación del 27.* Madrid: Cátedra, 2014.

Internet

Biblioteca virtual Miguel de Cervantes

http://www.cervantesvirtual.com

Fundación Dialnet

http://dialnet.unirioja.es

Biblioteca Nacional de España.

http://www.bne.es

Instituto Cervantes

http://www.cervantes.es

El poder de la palabra

http://www.epdlp.com

PROLOPE, Grupo de Investigación sobre Lope de Vega de la Universidad Autónoma de Barcelona

http://prolope.uab.cat

Made in the USA
San Bernardino, CA
15 November 2017